本书系国家社会科学基金一般项目"乡村振兴战略下留守老人福祉困境与治理研究"（编号：18BSH171）的阶段性研究成果。

农村老年人福祉困境及多元治理机制研究

NONGCUN LAONIANREN FUZHI KUNJING
JI DUOYUAN ZHILI JIZHI YANJIU

秦永超　著

中国社会科学出版社

图书在版编目(CIP)数据

农村老年人福祉困境及多元治理机制研究／秦永超著. —北京：中国社会科学出版社，2019.8
ISBN 978 - 7 - 5203 - 4741 - 9

Ⅰ.①农… Ⅱ.①秦… Ⅲ.①农村—老年人—社会服务—研究—中国
Ⅳ.①D669.6

中国版本图书馆 CIP 数据核字(2019)第 149179 号

出 版 人	赵剑英	
责任编辑	刘 艳	
责任校对	陈 晨	
责任印制	戴 宽	

出 版	中国社会科学出版社	
社 址	北京鼓楼西大街甲 158 号	
邮 编	100720	
网 址	http://www.csspw.cn	
发 行 部	010 - 84083685	
门 市 部	010 - 84029450	
经 销	新华书店及其他书店	

印 刷	北京明恒达印务有限公司	
装 订	廊坊市广阳区广增装订厂	
版 次	2019 年 8 月第 1 版	
印 次	2019 年 8 月第 1 次印刷	

开 本	710×1000 1/16	
印 张	20.75	
插 页	2	
字 数	309 千字	
定 价	99.00 元	

凡购买中国社会科学出版社图书,如有质量问题请与本社营销中心联系调换
电话:010 - 84083683

序　言

　　社会学博士学业之所以为人敬仰，乃因为数代社会学人通过学术研究把尊严还给底层，乃因为大学薪火相传，生机勃勃，求知求真。社会学博士学业之所以为世人赞，乃因为博士论文研究遵循着孔德、斯宾塞、韦伯、马克思等先驱倡导的社会学理念和严格学术规范，还因为社会福利方向的博士论文必须有问题意识和道义担当。秦永超开始计划报考南京大学社会学（社会福利方向）博士时，我有些犹豫，因为他的本科和硕士都非社会学专业，与社会福利也无关，但在南京大学开放包容、四海一心、群英荟萃和公共精神的环境中，我最后放弃所谓的专业思路，同意他报考并鼓励他坚持不懈。2013 年，永超成功考取了南京大学社会学专业的博士生，在我的指导下从事社会福利方向的研究。有读博想法的人很多，以学术为志业的并不多。社会学博士论文从提出问题开始，从认识论到方法论，从方法论到方法技术，多采用实证方法收集资料。世人如果真正看见博士生收集资料的艰苦和撰写中的焦虑，估计 95% 的人都会放弃读博之念想。社会学博士论文写作是一个凤凰涅槃、浴火重生的过程，永超经历了极其辛苦的博士论文撰写过程，完成了从学子向学者的转化。博士论文历练心智，辉耀或长或短的人生。基于此，我为本书作序。

　　好的博士论文要有好选题、好资料、好方法、好分析。我认为永超的博士论文具备了这四好。在攻读博士学位期间，永超谦虚勤恳、扎实好学。在参与我研究项目的过程中得到启发，成为我团队中第一位以老年人福祉为其博士论文的研究主题的博士生。他在大量的文献回顾基础上，结合中部农村地区的前期调研，认真思考了几个核心问题：一是中国农村老年人福祉困境的基本状况如何？其影响因素主要有哪些？二是家庭、国家和社会等养老主体分别如何影响农村老年人福祉？各个养老主体对提升农村老年人福祉的责任分担状况如何？三是如何建构旨在提升农村老年人福祉的养老福利多元治理机制？永超基于对上述问题的思考，在研究方法上以问卷调查为主，深度访谈为辅，运用定量与定性相结合的多元研究方法。以福利多元主义为分析视角，以养老福利多元主体为自变量，以农村老年人福祉为因变量，在此基础上建立本书的研究框架。其中，把养老福利多元主体具体分为家庭养老主体、国家养老主体和社会养老主体，把农村老年人福祉操作化为自评健康、生活满意度和抑郁倾向。本书的定量研究部分使用的问卷资料和数据来源于北京大学国家发展研究院组织的中国健康与养老追踪调查数据。定性研究资料来源于他主持的河南省哲学社会科学规划项目"老人福祉视域下农村养老福利多元建构"调查的个案访谈资料。通过对两种不同性质实证资料的综合运用，分析了养老福利多元主体对农村老年人福祉的影响关系。永超能站在老年人福祉这一崭新的研究视角，对农村养老福利多元治理机制进行深入研究，这体现了他在长期研究基础上所养成的学术洞察力和不畏艰难的研究行动力，十分值得鼓励和支持。尤其是他对农村老年人这一弱势群体的人文关怀贯穿于全书的始终，对此尤为值得肯定。

通过实证研究得到如下发现：首先，经济状况是影响农村老年人福祉提升的最关键因素。无论是代表绝对收入指标的个人储蓄，还是代表相对收入指标的家庭收入水平都对农村老年人福祉的三个维度，即自评健康、生活满意度和抑郁倾向有显著性影响。只有经济上脱离贫困，物质生活上得到保障，消除晚年生活的后顾之忧，才能真正提升农村老年人的福祉水平。也就是说，经济上得到保障是农村老年人福祉提升的最重要基础。其次，多元治理主体对提升农村老年人福祉的责任分担明显不均衡。家庭承担着最为重要的养老福利责任，是农村老年人所能依赖的绝对核心主体，然而家庭代际互惠背后凸显农村福利制度的薄弱和传统孝文化的变异。国家虽然也承担了一定的养老福利责任，但其责任明显不足，国家主要是在农村贫困老年人福祉提升中承担了一定的责任。社会承担的养老福利责任极其有限。也就是说，三大养老主体在提升农村老年人福祉中责任分担严重失衡。

本书的理论贡献在于，一是发现客观福祉优劣的评价标准最终都要落脚到人的主观福祉的感知和体验上，客观福祉是主观福祉的基础，主观福祉是客观福祉的终极体验和目标。二是验证了伊斯特林幸福悖论这一经济学界影响最为深远的福祉理论在中国农村老年人群体使用的局限性。换句话说，中国农村老年人整体经济收入水平依然处于非常低下的水平，还远远没有达到伊斯特林幸福悖论能够出现的富裕程度。三是福利多元主义理论修正和完善的基本原则应当是各个主体之间福利责任的均衡分担。而福利多元主义分析框架的构建，应当以提升人们的福祉水平为导向和终极目标。本书通过实证研究，对福祉和福利多元主义理论进行了本土的验证和讨论，同时也丰富和发展了福祉和福利多元主义理论。

永超以博士论文为基础完成的专著《农村老年人福祉困境及多元治理机制研究》就要出版了，值得祝贺。他在博士论文研究的基础上拓展了新的研究，获得2018年国家社会科学基金项目的资助。这来之不易的高水平项目支持从一个侧面说明了他的研究的重要的学术价值。我在香港中文大学读博时，导师曾经告诉我，一个好的博士论文能使你在本研究领域领先五至十年。在此，我也希望永超在繁多的行政工作同时，持续做好学术研究，强化研究的创新性，为中国农村老年人的福祉提升提供更多的理论支持、政策支持和服务支持。

"天开教泽兮，吾道无穷；吾愿无穷兮，如日方暾。"共勉。

彭华民

南京大学二级教授

教育部 MSW 教指委委员

中国社会工作教育协会副会长

中国社会学会社会福利专委会理事长

2019 年 6 月于仙林

目　录

第一章

导　　论

本章第一节将着重分析中国农村人口老龄化背景、农村养老主体多元化趋势，以及农村老年人面临的诸多福祉困境；第二节将提出本书的具体研究问题、研究对象，这是本书的重点所在；第三节将讨论主要研究目的、研究的理论意义和政策意义。

第一节　研究背景

一　人口老龄化

人口老龄化是一个世界性的人口发展趋势。所谓人口老龄化是指某一个国家或地区人口总体中老年人口的比重逐渐增加的过程，特别是指在年龄结构类型已属年老型的人口中，老年人口比重继续上升的过程。国际上一般将60岁或65岁定义为老年人的界限。如果一个国家或地区的60岁及以上老年人口的比例在10%以上，或65岁及以上老年人口的比例在7%以上，就可以认为这个国家或地区进入了老龄化社会。① 按照这样一种界定，中国早在2000年就已迈入了老龄化社会的行列。根据国家统计局公布的2010年第六次全国人口普查数据，2010年60周岁及以上人口占全国大陆总人口的13.26%，约为1.78亿，比2000年人口普查上升2.93个百分点；65周岁及以上人口占

---

① 佟新：《人口社会学》，北京大学出版社2010年版。

8.87%，约为 1.19 亿，比 2000 年人口普查上升 1.91 个百分点。[①] 而根据国家统计局公布的 2015 年全国 1% 人口抽样调查数据，截至 2015 年 11 月 1 日零时，60 周岁及以上人口占全国总人口的 16.15%，约为 2.22 亿，比 2010 年上升 2.89 个百分点；65 周岁及以上人口占 10.47%，约为 1.44 亿，比 2010 年上升 1.60 个百分点。[②] 由此可见，中国老年人口呈现绝对数量之多、增长速度之快、占总人口比重较高等特点。随着中国人口生育率持续下降，婴幼儿和年轻人口在总人口中的比重减少；而老年人口平均期望寿命不断延长，老年人口在总人口中的比重相对增加。[③] 另外，随着新中国第一个人口出生高峰阶段，即 20 世纪 50 年代初期出生的人口正在进入老年阶段；而新中国第二个人口出生高峰阶段，即 20 世纪 60 年代初期出生的人口也即将进入老年阶段，中国人口老龄化进程呈现出加速发展和急剧膨胀的态势。[④]

与西方发达国家相比，中国人口老龄化的特殊之处在于其人口老龄化进程和速度远远超前于经济发展速度，是在人均国民收入水平相对较低的情况下，达到了较高程度的老年人口比例，也就是说，中国经济发展水平尚处于世界中下等水平时，人口老龄化程度却已进入了发达国家的行列，呈现出典型的未富先老的特征。这充分表明，中国的人口老龄化进程与经济发展速度不同步的矛盾还将持续较长一段时间。另外，人口老龄化还将对中国经济社会发展产生深远影响：首先，人口老龄化使中国劳动力人口相对下降会导致劳动力供给不足，老年人口相对增多会改变原有的经济消费和收支结构，这样势必会影响中国经济社会发展；其次，人口老龄化会改变原有的传统家庭代际关系，对中国传统家庭养老方式造成严重冲击；最后，人口老龄化还

---

① 中华人民共和国国家统计局：《2010 年第六次全国人口普查主要数据公报》（第 1 号），2012 年 4 月 20 日，中华人民共和国中央人民政府网（http://www.gov.cn/test/2012-04/20/content_2118413.htm）。

② 中华人民共和国国家统计局：《2015 年全国 1% 人口抽样调查主要数据公报》，2016 年 4 月 20 日，中华人民共和国中央人民政府网（http://www.stats.gov.cn/tjsj/zxfb/201604/t20160420_1346151.html）。

③ 苏振芳：《人口老龄化与养老模式》，社会科学文献出版社 2014 年版。

④ 张敏杰：《新中国 60 年人口老龄化与养老制度研究》，浙江工商大学出版社 2009 年版。

会给中国养老福利体系和制度提出新的挑战。①

　　而相对于城市老年人口来说，我国农村老年人口数量增长的速度要高于城镇。由于大量的农村劳动力流向城市，城乡人口年龄结构发生较大变化，农村老龄化水平明显高于城镇。据第六次全国人口普查数据显示，2010 年我国农村 60 周岁及以上老年人口比例为 14.98%，高于城镇 3.3 个百分点。上述数据表明，中国农村老龄人口占较大比重，农村已经先于城市进入老龄化社会。还有学者认为，由于人口普查是按照户籍地进行的，如果考虑到农村青壮年劳动力流向城市等因素的话，我国农村老龄化程度会更高，并将随着我国农村成年劳动力人口不断向城市流动，未来农村老龄化将呈现加剧发展的趋势。② 目前，农村人口老龄化所带来的农村老年人口养老问题，成为我国农村地区所面临和必须要妥善解决的重大人口问题，也成为影响我国广大农村地区社会安全稳定的重大问题。

二　农村养老主体多元化趋势

　　家庭作为最重要的养老福利主体，是人类社会发展到一定阶段后出现的，它是以婚姻关系、血缘关系、收养关系为基础而维系起来的社会基本组成部分。而自从家庭以稳定的形式出现在人类发展的历史上之后，家庭就在整个人类社会的历史进程中发挥着对婴幼儿抚养与对老年人赡养的重要功能。在中国历史上，家庭处于整个社会的核心地位，儒家学说把孝当作为人处世的最高准则，教诲人们孝为德之本，把孝道视为衡量一个人行为的最高尺度，把孝敬父母当作一个人的崇高使命，中国传统的家庭养老制度源远流长、深入人心。③ 中国自古至今所谓的养儿防老、儿孙满堂、天伦之乐等俗语蕴含了依靠家庭代际互惠关系进行养老的某种假设：子女是老人物质生活的基本保障，同时也是老人精神世界的快乐之源。④ 家庭作为担负养老功能的

---

① 关信平：《社会政策概论》（第三版），高等教育出版社 2014 年版。
② 雷继明：《家庭、社区与国家：农村多元养老机制的构建》，博士学位论文，华中师范大学，2013 年。
③ 张敏杰：《新中国 60 年人口老龄化与养老制度研究》，浙江工商大学出版社 2009 年版。
④ 沈可：《中国老年人居住模式之变迁》，社会科学文献出版社 2013 年版。

重要载体，子女和父母是彼此最重要的家庭成员，当日常生活需要时，代际支持是仅次于配偶支持的最重要的福利来源。① 家庭养老就是由子女和配偶等家庭主要成员来完成对老年人经济上的支持、生活上的照料、情感上的支持。② 家庭养老这一传统养老方式在我国已经绵延了数千年，家庭长期以来都是中国农村社会最为重要的养老福利主体。

然而改革开放以来，我国经济社会快速发展，城市化进程也在加速推进，城市化进程在改变农村经济社会生活的同时，也打破了原有的传统农村家庭结构。③ 另外，再加之中国三十多年来计划生育政策的强力实施，我国农村的家庭结构已经发生了巨大的变迁。在当今中国农村家庭，一胎化和少子化的现象已经越来越普遍，家庭平均人口逐渐下降，家庭结构模式呈现出核心化家庭和小型化家庭趋势，家庭的规模正在逐步向两人户、三人户迈进。老年人同已婚子女分开居住的方式已经越来越普遍，即使在广大的农村地区，独生子女结婚后与父母分开居住并另立小家庭的居住方式也越来越常态化。同时加上农村劳动人口流动加速，以及城乡二元结构的存在等多种原因，当今中国农村形成了大量的留守老人、空巢老人、独居老人等农村老年群体和家庭结构。

在中国农村家庭规模日益缩小，以核心家庭为代表的小家庭日益涌现并居于主导地位的社会背景下，农村家庭养老福利资源不断缩减，成年子女照料老年父母的难度越来越大。随着农村女性劳动参与率不断提高，女性照顾家中老人的时间越来越有限，家庭养老这个最为原初、最为核心、最为基本的传统养老福利功能已经越来越弱化。因而在当今中国农村，随着经济社会发展，以及家庭人口结构的变迁，传统家庭养老的功能已经越来越弱化。然而不可否认的是，在当前中国农村社会，家庭养老功能虽然已经在弱化，但它依然不可能被

---

① 王萍、李树茁：《农村家庭养老的变迁和老年人的健康》，社会科学文献出版社2011年版。

② 穆光宗：《家庭养老面临的挑战及社会政策问题——中国的养老之路》，中国劳动出版社1998年版。

③ 张友琴：《城市化与农村老年人的家庭支持——厦门市个案的再研究》，《社会学研究》2002年第5期。

其他任何养老主体完全替代。

改革开放以来，在中国社会福利制度的一系列改革过程中，单位的养老福利功能已基本消失，国家的养老福利功能也在不断转化；随着市场的兴起、社区的发展，以及民间非营利组织、志愿组织的参与，进而形成了养老福利供给主体的多样化。2000 年国务院转发了《关于加快实现社会福利社会化的意见》①，首次提出社会化养老，开始突破长期以来国家包办福利的单一模式，推动形成国家、社区、市场等多元主体参与的老年社会福利院、社区服务中心、老年公寓等社会养老体系。在面对我国未富先老的形势下，国家希望通过推动社会福利社会化的福利多元主义理念，用国家行政力量控制之外的社会养老资源弥补国家养老福利资源的不足，形成家庭、市场、社区、非营利组织和国家共同组成的养老福利多元治理机制，以实现养老福利资源总量的最大化。

然而相对于城市养老福利体系来说，我国农村地区的养老福利体系却非常不完善。农村老年人无论是在经济支持、生活照料还是在情感支持方面都更缺乏家庭之外的制度性福利资源。② 在城镇化推进过程中，农村土地大规模流转，农民在土地增值中处于弱势地位，土地承包权流转收益很低，导致农村的土地养老保障功能也在日益弱化。③ 另外，国家层面的新型农村社会养老保险和新型农村医疗保险体系尚不健全，社会救助又针对农村特殊困难群体，部分地区农村老年人高龄津贴等养老福利政策也刚刚起步。社区层面的养老设施严重不足，社区养老服务水平还较低下，养老机构这一福利供给体系也尚未完善，市场化、非营利性质的养老服务也远远不能满足广大老年人的养老需求。然而养老福利主体多元化是农村养老福利制度改革的大势所趋，因为当前农村老年人依赖任何单一的养老福利资源都不能满足其养老福利需求。在养老金收入和医疗卫生保健方面，农村老年人期待

① 中华人民共和国民政部：《关于加快实现社会福利社会化的意见》，2008 年 9 月 8 日，中国社会福利网（http：//shfl. mca. gov. cn/article/zcfg/200809/20080900019761. shtml）。

② 张友琴：《老年人社会支持网的城乡比较研究——厦门市个案研究》，《社会学研究》2001 年第 4 期。

③ 雷继明：《家庭、社区与国家：农村多元养老机制的构建》，博士学位论文，华中师范大学，2013 年。

国家提供更普遍、更广泛的社会福利；在日常生活照料和精神慰藉方面，农村老年人离不开家庭成员照顾和社区相关服务；在寻求高质量、高标准的养老服务方面，市场化的机构养老福利供给竞争给了农村老年人更多的养老选择。虽然有限的国家责任和被边缘化的社会福利制度妨碍着农村多元化养老福利供给体系的发展，但构建能够满足农村老年人多方面养老需求的养老福利多元治理机制，已经成为被广泛接受的社会共识和发展趋势。①

三　农村老年人面临的福祉困境

联合国千年生态系统评估委员会的报告指出，人类福祉由多种要素构成，包括良好生活所需的基本物质、健康、良好的社会关系、安全、选择与行动自由五大要素。其中，良好生活所需的基本物质包括充分的就业机会、充足的营养食物、安全的住所、商品获取；健康包括体力充沛、良好的感觉、呼吸清新空气和饮用洁净水；良好的社会关系包括社会凝聚力、相互尊重、帮助他人的能力；安全包括人身安全、资源安全、免于灾难；选择与行动自由包括能够获得实现个人价值的机会。人类福祉和贫困是一个连续的统一体，人类福祉在统一体中位于和贫困相反的一端，而贫困就被定义为是对福祉的明显剥夺。人类对福祉的体验与表达与周围的环境和条件密切相关，它反映出当地的自然生态、地理、文化状况、社会福利状况。② 2015 年诺贝尔经济学奖获得者安格斯·迪顿认为，人类福祉是指所有对人类有益的，以及能够帮助人们提高生活质量和生活水平的事物。它包括物质的丰富，比如收入和财富；也包括身心的愉悦，即健康和快乐；还包括在民主和法律制度下得到的受教育机会和参与公民社会的能力。③ 本书所探讨的农村老年人福祉，其本身就是人类福祉的重要组成部分。

---

① 陈立行、柳中权：《向社会福祉跨越：中国老年社会福祉研究的新视角》，社会科学文献出版社 2007 年版。

② 联合国千年生态系统评估委员会：《生态系统与人类福祉——评估框架》，张永民译，赵士洞审校，中国环境科学出版社 2007 年版。

③ 〔美〕安格斯·迪顿：《逃离不平等——健康、财富及不平等的起源》，崔传刚译，中信出版社 2014 年版。

在我国未富先老的社会背景下，面对人口老龄化的提前到来，整个国家和全社会从社会福利制度到心理适应能力等各方面都没有做好充足的应对准备，而对老年人福祉困境问题的关注更是经常被国家和社会忽视。相对于城市而言，农村的养老福利制度落后于国家经济发展水平的问题更为突出。农村社会养老福利体系还非常不健全，农村养老保障资金储备缺口较大，农村养老服务场所及设施比较陈旧，农村养老服务水平和层次又非常低，农村社会养老服务体系发育还严重滞后，农村老年人如何养老面临巨大的压力。如何应对农村老年人口的急剧膨胀及其带来的一系列经济、政治、社会影响，不仅关系到农村老年人群体的福祉问题和自身利益，还影响到国家经济社会发展的进程，甚至涉及全社会的安全与稳定。因此，在这已经到来的老龄化社会中，农村老年人在身体健康、生活满意度、心理健康等方面面临的诸多福祉困境，是亟待解决的社会民生问题，同时也是影响人类福祉提升的重要议题。

经济发展的最终目的是要回归生活，回归民众，回归到民众的福祉上来[1]；福祉是人类社会福利制度设计要实现的终极目标。[2] 中共十八大报告指出，继续改善人民生活、增进人民福祉[3]；中共十八届三中全会指出，以促进社会公平正义、增进人民福祉为出发点和落脚点[4]；中共十八届五中全会指出，坚持共享发展，着力增进人民福祉[5]；中共十九大报告指出，增进民生福祉是发展的根本目的。[6] 党的这些重大会议的相关报告都从国家层面明确指出了福祉研究的政策

① 娄伶俐：《主观幸福感的经济学理论与实证研究》，上海人民出版社2010年版。
② 彭华民：《中国政府社会福利责任：理论范式演变与制度转型创新》，《天津社会科学》2012年第6期。
③ 胡锦涛：《坚定不移沿着中国特色社会主义道路前进，为全面建成小康社会而奋斗》，人民出版社2012年版。
④ 中共中央：《中共中央关于全面深化改革若干重大问题的决定》，2013年11月15日，中华人民共和国中央人民政府网（http://www.gov.cn/jrzg/2013-11/15/content_2528179.htm）。
⑤ 中共中央：《中共中央关于制定国民经济和社会发展第十三个五年规划的建议》，2015年11月3日，新华网（http://news.xinhuanet.com/fortune/2015-11/03/c_1117027676_7.htm）。
⑥ 习近平：《决胜全面建成小康社会，夺取新时代中国特色社会主义伟大胜利》，人民出版社2017年版。

意义，成为研究中国农村老年人福祉的重要政策依据和制度保障。为了应对人口老龄化给中国经济社会带来的挑战和冲击，不断完善老年人福利制度，全力提升老年人福祉，国务院在 1999 年 10 月成立了全国老龄工作委员会，为国务院主管全国老龄工作的高层议事协调机构，负责研究和制定老龄事业发展的重大战略及相关政策，并领导和协调全国的老年人工作。另外，中国政府还在最近几年出台和修订了一系列提升老年人福祉事业的政策和法规，如《中华人民共和国老年人权益保障法》《中华人民共和国国民经济和社会发展第十三个五年规划纲要》《"十三五"国家老龄事业发展和养老体系建设规划》《国务院关于加快发展养老服务业的若干意见（国发〔2013〕35 号)》等。这些政策和法规把老年人福祉事业纳入我国国民经济和社会发展规划之中，为解决中国农村人口老龄化和提升农村老年人福祉提供了坚强的制度和政策保障。

农村老年人福祉水平的高低，不仅关系到他们自身生活水平和生活质量，涉及整个家庭的和谐与稳定，还映射出个体所处的农村社区福利发展水平和人文关怀程度，乃至关系到整个国家和全社会的和谐稳定与全面发展，更成为国家在制定与实施农村社会福利政策过程中的一个不可忽视的关键环节。农村老年人福祉是农村老年人实际上达到的良好的生活状态，是基于个人层面的主观福祉，它包括农村老年人的自评健康、生活满意度、抑郁倾向等维度。因此，分析与界定家庭、国家、社区、市场、社会组织等多元养老福利主体对提升老年人福祉的功能及责任，逐渐成为社会福利理论研究与制度设计中的热点与难点。[1][2] 探讨如何在未富先老的社会经济条件下，构建完善的农村养老福利多元治理机制，最终破解农村老年人面临的诸多福祉困境，已日益成为国家政策设计和学术界理论研究关注的重要议题。

---

① 杨立雄：《老年福利制度研究》，人民出版社 2013 年版。
② 雷继明：《家庭、社区与国家：农村多元养老机制的构建》，博士学位论文，华中师范大学，2013 年。

第二节 研究问题与研究对象

一 研究问题

当一个人进入老年阶段以后，其自身的生理功能和健康状况都会发生不同程度的变化，导致老年人参与各种经济、政治、社会活动的能力和机会下降，老年人的经济收入水平也随之下降，有些老年人甚至完全失去了经济收入来源，成为被社会公众关心和照顾的弱势群体。随着年龄的不断增长，老年人患各种疾病的比例也会不断增大，在高龄老年人中生活半自理和完全不能自理的比例也会越来越高。此外，由于退休、人际交往、休闲娱乐、家庭等方面的变化，使老年人的晚年生活发生很大的变化，有些老年人还会因此陷入孤独寂寞的生活境况，甚至还会导致一些老年人患上不同程度的心理疾病。这些遭遇和变化会使老年人在经济支持、医疗保健、照料服务、休闲娱乐、精神文化活动、权益保护等方面都面临一些特殊的需求和问题。[①] 由于社会保障方面的长期城乡二元化，农村老年人无法同城市老年人一样享受较为完善的养老福利津贴和相关服务。因此，国家和社会更应关心和关注农村老年人的福祉困境，提升农村老年人在自评健康、生活满意度、抑郁倾向等方面的福祉水平，让农村老年人群体安度晚年。

福利多元主义分析框架实现了社会的整合与团结，促进了社会力量的合作，共同为弱势群体提供福利，纠正了仅仅依靠国家提供福利的错误思想，促进了社会福利的社会化，促成国家、家庭、社区、市场及民间组织共同分担福利国家责任。[②] 以福利多元主义为理论视角对农村老年人福祉进行研究，可以引出很多值得研究的课题。在众多课题中，以实证的资料来诠释养老福利多元主体和老年人福祉的概念，研究养老福利多元主体与农村老年人福祉之间的关系，分析养老福利多元主体对农村老年人福祉的作用机制，是社会

---

① 关信平：《社会政策概论》（第三版），高等教育出版社 2014 年版。
② 曹艳春：《我国适度普惠型社会福利制度发展研究》，上海人民出版社 2013 年版。

福利政策和养老服务实践领域的重要任务。然而，从目前已有的相关研究来看，农村养老福利多元主体对农村老年人福祉各维度的影响作用如何、各个主体对提升老年人福祉的责任分担状况如何等核心议题仍然不清晰。

基于此，本书试图探讨以下两个具体问题：（1）中国农村老年人福祉困境的基本状况如何？农村老年人福祉困境的影响因素主要有哪些？（2）家庭、国家和社会等各个福利供给主体分别是如何影响农村老年人福祉的？各个养老福利主体对提升农村老年人福祉的责任分担状况如何？本书希望通过对以上两个问题的探讨，来实证性地分析当前农村老年人福祉困境的基本状况，并试图通过分析福利多元供给中各个养老主体对提升老年人福祉的作用，来探讨如何构建农村养老福利的多元治理机制，最终提升农村老年人福祉水平。

二　研究对象

本书的研究对象集中在农村老年人和养老福利多元主体上，具体分析可以划分为农村老年人福祉和养老福利多元主体的福利供给两个方面。其中，前者主要是对农村老年人福祉的三大维度，即自评健康、生活满意度、抑郁倾向的基本状况进行分析；后者主要是对养老福利多元主体的三大组成部分，即家庭养老主体、国家养老主体、社会养老主体的基本供给状况进行分析。

本书首先对农村老年人福祉在年龄、性别、婚姻状况、受教育程度、个人储蓄状况、家庭收入水平、休闲社交活动、健康状况、地区类型等方面的基本状况及其差异进行深入研究，并明确农村老年人福祉在以上方面存在的主要困境和问题。其次重点讨论农村老年人福祉受到养老福利多元主体的影响和作用，分析福利多元主体对提升老年人福祉的责任分担和现实困境。本书主要探讨农村养老福利多元主体与农村老年人福祉之间的关系，并在此基础上，提出构建以提升老年人福祉为终极目标的农村养老福利多元治理机制的设想。

第三节 研究目的与研究意义

一 研究目的

从上文分析可知，本书的两个具体问题是探讨农村老年人福祉困境的基本状况及其主要影响因素；家庭、国家和社会三大养老主体对农村老年人福祉的具体影响，以及三大主体对提升农村老年人福祉的责任分担。因此，结合研究问题和研究对象，本书的研究目的有以下三个方面：

第一，深入描述和分析农村老年人福祉困境的基本状况，重点是自评健康、生活满意度和抑郁倾向三个维度的福祉困境，并试图解释农村老年人福祉困境与其社会人口特征等主要影响因素（如年龄、性别、婚姻状况、受教育程度、收入水平、社交休闲活动、地区类型等）的相关关系；

第二，通过探讨养老福利多元主体与农村老年人福祉之间的关系，分析养老福利多元主体影响农村老年人福祉的具体维度，研究家庭、国家和社会三个福利主体在提升农村老年人福祉过程中的责任分担状况；

第三，从政策和实务角度探讨如何在福利多元主体视域下提升农村老年人的福祉水平，为政府相关部门提供参考意见和政策咨询，帮助构建未来农村养老福利多元治理机制。

二 研究意义

本书从福利多元主义视角来分析农村老年人福祉问题，因此，研究的意义与福利多元主义和福祉理论及其相关实践密切相关。本书的理论意义在于：

第一，本书以自评健康、生活满意度、抑郁倾向三个维度为基础建立了农村老年人福祉的新理论框架。将三个具体维度构成的福祉从一般的社会成员集中到中国农村老年人群体，以农村老年人为分析单位。在三个维度中，自评健康是老年人对自身健康状况的主观评价，是衡量老年人总体福祉水平权重最大的维度；生活满意度作为老年人对生活态度的认知层面的正向评价指标，是衡量老年人福祉水平的重要维度；抑郁倾向作为老年人对个人生活态度的情感层面的负向评价指标，是衡量老年人福祉水平的核心维度。本书通过对老年人福祉三个维度的分析，旨在发现农村老年人福祉受福利多元主体影响的制度因素，从而深化农村老年人福祉问题的理论解释。

第二，本书把福利多元主义理论应用于农村养老福利的经验研究框架中，演绎为由家庭、国家、社会三部分组成的养老福利多元主义的具体分析框架。其中，家庭养老主体是最原初和最基础的养老供给主体，它主要依靠家庭成员向老年人提供经济上的支持、生活上的照料、情感上的支持；国家养老主体是主导性的养老供给主体，它主要依靠国家向老年人提供养老保险、医疗保险、社会救助、相关服务；社会养老主体是新兴的具有较大发展潜力的养老供给主体，它主要依托社区和养老机构向老年人提供社区养老服务、营利或非营利性质的老年照顾服务。本书通过养老福利多元主义的具体分析框架，深化了福利多元主义的新的理论解释和研究。

第三，本书将产生于西方的福利多元主义理论应用到中国农村老年人福祉问题的讨论中，丰富和发展了对福利多元主义和老年人福祉问题的研究。本书以福利多元主义为理论工具，具体分析中国农村老年人福祉与养老福利多元主体之间的关系，不仅具有很强的经验性和实证性，也具有比较重要的理论贡献，拓展了福利多元主义领域和福祉领域的本土化理论研究，具有较强的学术价值。

本书的政策意义在于：

第一，提升老年人福祉是农村养老福利政策制定和养老福利服务提供的出发点和终极目标。但是，中国既有的农村养老福利政策较少从农村老年人福祉出发，考虑农村老年人福祉方面的主观认知和情感体验，因而其政策设计也难以真正提升农村老年人福祉。本书将从微观的老年人福祉出发，提出构建农村多元化养老福利体系的政策性建议。

第二，本书的养老福利分析框架包括福利多元主体中的家庭、国家和社会主体。本书关于农村老年人福祉问题讨论表明，单一养老主体或者政策的改变并不能有效地提升农村老年人的福祉水平。本书表明，家庭、国家、社会三大养老主体应该均衡分担责任，构成养老福利多元责任分担体系，只有这样才能真正提升农村老年人福祉。

第三，本书使用的定量资料是具有全国代表性的随机抽样调查数据，覆盖了不包括西藏、宁夏和海南在内的中国大陆 28 个省（区、市）的农村社区。研究结果将对中国农村养老福利政策的发展起到一定的促进作用。本书通过对老年人福祉与养老福利多元主体的关系分析，对未来养老福利各个主体的角色和责任进行准确的定位，为真正提升中国农村老年人福祉提供一个可以借鉴的政策模式。

本章小结

本书以福利多元主义为理论视角，指出中国农村老年人福祉困境是在人口老龄化、家庭结构变迁与养老福利主体多元化趋势背景下产生的，应该放在人类福祉大背景下去阐述和分析。

本书的两个具体研究问题为：一是中国农村老年人福祉困境的基本状况如何，其影响因素主要有哪些；二是家庭、国家和社会养老主体分别如何影响农村老年人福祉，各个养老福利主体对提升农村老年人福祉的责任分担状况如何。因而，本书的研究对象集中在农村老年人与养老福利多元主体上。

本书的研究目的在于：深入描述和分析农村老年人福祉困境的基本状况及其主要影响因素；探讨养老福利多元主体与农村老年人福祉之间的关系；提出提升农村老年人福祉的社会政策建议。本书的研究意义包括两个方面。其理论意义在于：从福利多元主义理论入手，建立家庭、国家、社会养老福利体系与农村老年人福祉之间关系的新框架，丰富和升华了福利多元主义和福祉理论。其政策意义在于：对养老福利多元主体与农村老年人福祉关系的研究，将有助于社会政策更加合理地分配有限的养老资源，构建农村养老福利多元责任分担体系，最终提升农村老年人福祉水平。

第二章

文献回顾

本章为理论回顾和文献述评部分。根据本书的研究问题和研究目的，本章第一节将回顾福祉的概念内涵、福祉理论的相关研究、福祉与老年人福祉的维度。第二节将回顾福利多元主义的概念内涵、福利多元主义理论的相关研究、养老福利多元治理机制研究。第三节将分别回顾家庭、国家、社会养老主体与老年人福祉关系研究的相关文献，并对研究文献进行述评。

第一节　福祉研究

一　福祉的概念界定

福祉是人类的一种生存状态，是一种良好的或满意的生活状态[1][2]，是指一个人的生活对其本人来说好的程度，或者个人生命存在的质量的良好程度。[3][4] 福祉是指在人类生产生活过程中，符合人类本质的自我精神和物质欲望得到满足而带来的积极愉快的心理体

---

① Gasper, D., "Human Well-Being: Concepts and Conceptualizations", *WIDER Discussion Papers*∥*World Institute for Development Economics* (*UNU-WIDER*), No. 06, 2004.

② 王圣云：《区域发展不平衡的福祉空间地理学透视》，博士学位论文，华东师范大学，2009年。

③ Crisp, R., "Well-Being", in Zalta, E. N., The Stanford Encyclopedia of Philosophy, 2013. http://plato. stanford. edu/archives/sum2013/entries/Well-Being.

④ Sen, A., "Capability and Well-Being", in Sen, A. and M. Nussbaum, *The Quality of Life*, Oxford: Clarendon Press, 1993.

验，它是一种有意义的生活经历和存在状态。① 福祉不仅包括收入水平等经济方面的状况，也包括躯体的健康状况，还包括生活满意度等社会心理方面的状况。②③

在研究层面上，福祉分为个体层面和社会系统层面。个体层面的福祉基本等同于个体的生活质量。而在研究维度上，福祉可分为客观和主观两类研究维度。④ 其中，福祉的客观研究维度将好的生活状态看作是客观的，一种是从生活的多个维度对福祉进行客观方面的综合性评价，如客观生活质量等都是从健康、环境、收入、教育、住房、文化休闲等围绕人的基本生活的诸多具体方面展开评价；另一种是从生活中某一重要性的部分进行客观评价，如以身体健康为中心的生活质量研究等。⑤⑥ 福祉的主观研究维度将人的良好生活状态认定是主观的，一是把生活作为整体进行主观感知或情感评价，如生活满意度、幸福感⑦⑧⑨⑩；二是对生活的一些主要方面进行主观感知或评价，如对身体健康的自我评价。⑪⑫ 而福祉的以上几种主观维度研究主要

---

① 万树：《国民福祉理论与实证研究》，中国财政经济出版社 2012 年版。

② 骆为祥：《中国老年人的福祉：贫困、健康及生活满意度》，社会科学文献出版社 2016 年版。

③ 慈勤英、宁雯雯：《家庭养老弱化下的贫困老年人口社会支持研究》，《中国人口科学》2018 年第 4 期。

④ Krishna Mazumdar, "Causal Flow Between Human Well-Being and per Capita Real Gross Domestic Product", *Social Indicators Research*, Vol. 50, 2000.

⑤ Barbara, K. H., "Clarification and Integration of Similar Quality of Life Concepts", *Journal of Nursing Scholarship*, Vol. 31, 1999.

⑥ 周长城：《生活质量的指标构建及其现状评价》，经济科学出版社 2009 年版。

⑦ Andrews, F. M. and S. B. Withey, *Social Indicators of Well-Being: Americans' Perceptions of Life Quality*, New York: Plenum Press, 1976.

⑧ Lyubomirsky, S. and H. S. Lepper, "Measure of Subjective Happiness: Preliminary Reliability and Construct Validation", *Social Indicators Research*, Vol. 46, 1999.

⑨ Veenhoven, R., "Subjective Measures of Well-Being", *WIDER Discussion Papers// World Institute for Development Economics* (*UNU-WIDER*), No. 7, 2004.

⑩ 聂鑫、汪晗、张安录：《城镇化进程中失地农民多维福祉影响因素研究》，《中国农村观察》2013 年第 4 期。

⑪ 谭康荣、吴菲：《中国城市居民的社会经济地位和福祉（Well-Being）：CLDS2012 和 CGSS 2003—2011 的比较分析》，中山大学社会科学调查中心中国劳动力动态调查会议论文，广州，2013 年 12 月。

⑫ 檀学文、吴国宝：《福祉测量理论与实践的新进展》，《中国农村经济》2014 年第 9 期。

是通过自我汇报或自我评价方式来进行的。

在实际学术研究中，福祉是与幸福感、生活质量、福利极为相似的概念，很容易混淆。首先，从福祉与幸福感的关系上看，福祉概念远远大于幸福感概念，幸福感包含在福祉里面，幸福感仅仅是福祉的一个组成部分。其次，从福祉与生活质量的关系上看，福祉即良好的生活质量，表示良好的生活状态，它比生活质量更有人类生活与存在的意蕴和内涵。① 最后，从福祉与福利的关系上看，福利是实现好的生活即福祉的基本条件和保障性措施，福祉则是人们实际上达到的良好的生活状况，即福祉就是人类福利制度设计要实现的终极目标。② 综上所述，本书把福祉概念界定为：福祉是人类的一种生存状态；是健康的、满意的、幸福的生活状态；是指一个人生活与存在要达到的终极目标。

二　福祉理论的相关研究

现代意义上的福祉理论研究主要集中在经济学、心理学和社会学这三大社会科学。每个学科对福祉理论的界定标准和研究视角都有所不同，但随着福祉理论的不断进步和发展，不同学科之间对福祉理论的研究正在相互补充和趋向融合。

（一）经济学的福祉理论研究

经济学领域的福祉研究最早应追溯到 18 世纪末的英国功利主义学者杰里米·边沁（Jeremy Bentham）那里，他提出了最大多数人的最大幸福的功利主义原则。③ 他还在《道德与立法原理导论》一书中，把幸福体验联系到数的意义并认为幸福总量可以计算，开启了现代意义上的福祉研究的数量化先河，他对福祉理论的数量化研究为现代福祉理论的发展奠定了坚实的基础。④ 与边沁同时代的亚当·斯密（Adam Smith）认为，财富并不是人类唯一的发展目标，公民的幸福和

---

① 秦永超：《福祉、福利与社会福利的概念内涵及关系辨析》，《河南社会科学》2015年第 9 期。
② 彭华民、孙维颖：《福利制度因素对国民幸福感影响的研究》，《社会建设》2016年第 3 期。
③ ［英］边沁：《道德与立法原理导论》，时殷弘译，商务印书馆 2000 年版。
④ 钱宁：《现代社会福利思想》（第二版），高等教育出版社 2013 年版。

谐才是人类经济发展的终极目标；政府各种组织体制的所有价值，完全在于是否有助于增进人们的幸福，换句话说，增进人民的幸福是政府唯一的用处和目的。① 约翰·斯图亚特·穆勒（John Stuart Mill）在他的著作《政治经济学原理》中也阐述到，社会发展的目的应该以全体公民的幸福为终极目标。② 因此，在古典经济学的幸福论看来，公民的幸福是政府执政和公共政策制定的终极目标和唯一目标。③

在福利经济学创立者庇古（Pigou）看来，经济福利主要体现在商品对消费者的效用上，因此，可以用基数效用与边际分析结果的大小来测量和研究个人福祉的增减。④ 新福利经济学却认为不能简单地用基数来测量和研究效用的大小，而只能用序数和无差异曲线分析来测量和研究效用的大小。然而，新福利经济学在序数效用论与无差别曲线的基础上用社会福利函数来测量人们的福祉最大化，又受到肯尼思·阿罗（Kenneth Arrow）的不可能定理所带来的严重质疑。所谓阿罗不可能定理，即不可能从个人偏好次序达到社会偏好次序，也就是不可能得出包括社会经济所有方面的社会福利函数。⑤ 而阿玛蒂亚·森（Amartya Sen）以能力为中心的福祉理论认为，社会政策的制定要把促进人类的福祉当作其终极目标，而一个人的福祉又是同他个人自身的自由和能力联系在一起的，个人的福祉在很大程度上受到其个人能力及社会参与的影响，能力是效用的重要来源和评价标准。⑥ 阿玛蒂亚·森采用基数效用来研究福祉，推动了福祉研究重新关注经济学古典主义精神的本质所在，即关注人的自由和全面发展，关注人类的福祉，而不是仅仅关注经济增长和资源配置。⑦

在西方经济学的福祉理论发展过程中，幸福悖论具有重要的历史

---

① ［英］亚当·斯密：《道德情操论》，蒋自强等译，商务印书馆 2009 年版。

② ［英］约翰·穆勒：《政治经济学原理》，金镝等译，华夏出版社 2009 年版。

③ 蒲德祥、傅红春：《经济学的重新解读：基于幸福经济学视角》，《经济学家》2013年第 8 期。

④ ［英］庇古：《福利经济学》，金镝译，华夏出版社 2007 年版。

⑤ ［美］肯尼思·阿罗：《社会选择与个人价值》，陈志武等译，四川人民出版社1987 年版。

⑥ Sen, A., "Capability and Well-Being", in Sen, A. and M. Nussbaum, *The Quality of Life*, Oxford: Clarendon Press, 1993.

⑦ 蒲德祥：《幸福测量研究综述》，《中国统计》2009 年第 8 期。

地位，这一理论的创始人是理查德·伊斯特林（Richard Easterlin）。他于 1974 年在他的论文《经济增长可以在多大程度上增进人们的幸福》中提出著名的幸福悖论（又称为伊斯特林悖论、幸福—收入之谜），即更多的收入并没有带来更大的幸福，收入与幸福之间并不存在明显的正相关性。[①] 一方面，在一个国家内部，国民的幸福水平与收入水平之间具有正相关关系，但收入增长到一定程度之后，幸福与收入之间的正相关性将会减弱或者不存在；另一方面，在不同国家之间进行比较，富裕国家与贫穷国家之间国民的幸福水平与收入水平之间没有明显的差距，发达国家的人民并没有比贫困国家的人民更加幸福。也就是说，在国民的收入水平非常低的时候，幸福水平与收入水平之间存在着显著的正相关关系，而随着国民的收入水平增长到一定富裕程度之后，国民的幸福水平就不再随着收入水平的增长而增长。幸福悖论证明了收入水平与幸福之间的弱相关性的普遍存在，这一规律的发现引发了经济学界探索经济发展与主观福祉之间关系研究的热潮，成为对经济学福祉研究影响最为深远的理论。[②]

当今经济学界福祉理论研究的前沿学者是行为经济学的代表丹尼尔·卡尼曼（Daniel Kahneman）、幸福经济学的代表奚恺元和快乐经济学的代表黄有光（Yew-Kwang Ng）。现代经济学已开始利用心理学、生物学方法对福祉进行研究，以寻求福祉研究方法的新突破。在阿玛蒂亚·森（Amartya Sen）之后，2002 年诺贝尔经济学奖授予丹尼尔·卡尼曼，以表彰他把心理学研究的悟性和洞察力与经济学融合到一起，用实证方法证明福祉的体验效用可以准确测量。[③] 丹尼尔·卡尼曼在阐释和测量体验效用的方法上提出日重现法来测量和研究福祉。[④] 日重现法就是以一定问题作为框架，引导被测试对象在脑

---

① Easterlin, R. A. , "Does Economic Growth Improve the Human Lot? Some Empirical Evidence", in Paul A. David and Melvin W. Reader（eds.）, *Nations and Households in Economic Growth: Essays in Honor of Moses Abramowitz*, New York: Academic Press, 1974.

② 娄伶俐：《主观幸福感的经济学理论与实证研究》，上海人民出版社 2010 年版。

③ 高启杰等：《福利经济学——以幸福为导向的经济学》，社会科学文献出版社 2012 年版。

④ Daniel Kahneman, Alan B. Krueger, David A. Schkade, Norbert Schwarz and A. Arthur Stone. , "A Survey Method for Characterizing Daily Life Experience: The Day Reconstruction Method", *Science*, Vol. 306, 2004.

海中回忆和再现一天中有关快乐与幸福的状态，并对这种快乐与幸福的状态进行评估和测量的研究方法，这种即时体验法被认为是对个体主观幸福感的真实体验最为科学、最为准确的测量方法。卡尼曼还提倡使用体验效用，呼吁现代经济学研究要回到边沁，恢复效用的幸福内涵，使主观幸福感重新进入现代经济学的领域。①

华裔经济学家奚恺元在《从经济学到幸福学》一文中首次提出幸福学概念，认为幸福最大化是经济发展的终极目标。② 他因此被认为是幸福学的创始人。他的幸福学认为人们的终极目标是追求幸福，而金钱、财富、民主等都只是实现幸福的手段而已。幸福主要来自于比较。人们觉得自己幸福，在很大程度上是通过比较而产生的，比较可以让人们幸福。这种比较包括自身状况的横向的社会性比较和纵向的时间性比较。他认为幸福学倡导的是作为终极目标的幸福最大化，而并不是财富数量最大化，财富多少和物质生活只不过是实现幸福的手段而已，从这个意义上说，幸福学更能体现经济发展中社会效用最大化的目标。

华裔经济学家黄有光把主流经济学的理性效用偏好演变为主观快乐偏好，因而被称为快乐经济学之父。③ 黄有光的快乐论④⑤认为，传统福利经济学只分析偏好，而不分析作为终极目标的福祉（或者快乐），这是不完整的；由于不完全知识、不完全理性，以及对别人福祉的关心，所以偏好和福祉是不同的。而福祉经济学（或者快乐经济学）是一门致力于评定社会福祉（或者快乐），在一种经济形态下比在另一种经济形态下更高或者更低的学科。社会福祉应该是一个社会中所有个人的福祉（即快乐）的无权（即每个人的权数相等）总和，从终极目标来看，公共政策应该把所有个人的福祉（即快乐）的无权总和极大化。幸福和快乐是人生的终极目标，而且是唯一有理性的

① Daniel Kahneman, Peter P. Wakker and Rakesh Sarin, "Back to Bentham? Explorations of Experienced Utility", *Quarterly Journal of Economics*, Vol. 112, 1997.

② 奚恺元、张国华、张岩：《从经济学到幸福学》，《上海管理科学》2003年第3期。

③ 万树：《国民福祉理论与实证研究》，中国财政经济出版社2012年版。

④ ［澳］黄有光：《福祉经济学：一个趋于更全面分析的尝试》，张清津译，东北财经大学出版社2005年版。

⑤ ［澳］黄有光：《社会福祉与经济政策》，唐翔译，北京大学出版社2005年版。

最终目标；公共政策的最终目标都应该是为了增加人们的快乐；一个政策是不是好政策，最终要看是否会增加人们的福祉（即快乐）。

在国内经济学界，高启杰等提出了以幸福为导向的经济学。他认为人类社会发展的终极目标就在于满足其社会成员的各种需要，从而提升全体社会成员的福利水平和幸福感受。① 肖仲华在回顾了西方幸福经济学理论的基础上提出，人类行为的终极目标是幸福和快乐，因此，经济学的发展也一直在从财富（收入）与幸福（快乐）之间的关系视角研究幸福问题。② 陈惠雄是国内最先系统进行快乐和幸福研究的经济学家。他的幸福学认为，幸福是经济社会发展和人类行为的根本动因和终极目标，幸福还是政府执政行为与公共事业管理的核心价值与意义。他还提出最大多数人的最大快乐的经济学体系，运用快乐的可测量理论及其研究方法，设计了非常具有经济学特色的快乐指数调查量表，并在浙江省居民中进行了试用，为经济学领域的福祉理论研究提供了非常有针对性的研究方法。③④⑤ 傅红春等编制的中国民众收入满足度与生活幸福度水平量表涉及总体幸福度、生活满足度、收入满足度等 23 个指标。⑥ 而吴国宝主持的中国农民福祉研究框架把客观福祉和主观福祉结合起来进行研究。其中，客观福祉研究包括健康、教育、个人活动、生活水平、住房及设施、就业、政治参与、社会联系、环境、安全 10 个维度，主观福祉包括生活满意度、幸福感、生活意义评价 3 个维度。⑦ 吴国宝的福祉研究旨在将客观福祉研究与主观福祉研究结合起来以呈现福祉的全貌。国内经济学界的相关研究为今后福祉理论研究提供了重要的借鉴和参考。

---

① 高启杰等：《福利经济学——以幸福为导向的经济学》，社会科学文献出版社 2012 年版。

② 肖仲华：《西方幸福经济学理论研究》，中国社会科学出版社 2010 年版。

③ 陈惠雄、刘国珍：《快乐指数研究概述》，《财经论丛》2005 年第 3 期。

④ 陈惠雄、吴丽民：《国民快乐指数调查量表设计的理论机理、结构与测量学特性分析》，《财经论丛》2006 年第 9 期。

⑤ 邱夏、陈惠雄：《幸福悖论下居民生活质量提升的政策思考》，《财经论丛》2014 年第 5 期。

⑥ 傅红春等：《满足与幸福的经济学》，上海人民出版社 2008 年版。

⑦ 吴国宝：《福祉测量：理论、方法与实践》，东方出版社 2014 年版。

（二）心理学的福祉理论研究

心理学领域的福祉理论研究起源于 20 世纪 60 年代，其标志是旺纳·威尔逊（Wanner Wilson）在 1967 年撰写的第一篇关于福祉理论研究的综述《自称幸福的相关因素》。[①] 布拉德伯恩（Bradburn）在 1969 年对心理学福祉理论进行了开创性研究，他区分了正性情感与负性情感，并把幸福感作为一种情绪的平衡，由此奠定了幸福感的情绪研究模式。[②] 迪尔纳（Diener）于 1984 年撰写的《主观幸福感》，把心理学福祉理论研究的重点引向发展幸福感的理论与解释模型，研究幸福感形成的心理机制。[③] 而现代心理学领域的福祉理论研究包括基于快乐论（hedonic）的主观幸福感（Subjective well-being）和基于实现论（eudaimonic）的心理幸福感（Psychology well-being）两种不同的理论研究范式与研究方向，并正在逐渐走向融合，这已经较早得到心理学界的认可。[④][⑤] 主观幸福感起源于快乐论，认为幸福是通过人的情感表达出来的。对生活比较满意、拥有较多的积极情感、很少具有消极情感就是幸福，其研究指标包括积极情感、消极情感、生活满意度。[⑥] 而心理幸福感的研究并没有得到研究者们的共识。不同学者从不同理论出发，得出自己对心理幸福感的合理界定，并通过实证研究验证自己的假设。瑞夫（Ryff）等结合人类发展理论、临床心理学、心理健康三个方面思想，尤其是从积极的心理健康思想出发，总结出了心理幸福感的研究指标，并通过实证研究界定为自我接受、自立自主、个人成长、生活目标、环境控制、良好关系六个维度。[⑦] 因此，心理幸福感更倾向于积极的心理健康和临床心理卫生的研究

① Wilson, W., "Correlates of avowed happiness", *Psychological Bulletin*, Vol. 67, 1967.

② Bradburn, N. M., *The Structure of Psychological Well-Being*. Chicago: Aldine, 1969.

③ Diener, E., "Subjective Well-Being", *Psychology Bulletin*, Vol. 95, No. 2, 1984.

④ Waterman, A. S., "Two Conceptions of Happiness: Contrasts of Personal Expressiveness (Eudaimonia) and Hedonic Enjoyment", *Journal of Personality and Social Psychology*, Vol. 64, 1993.

⑤ Keyes, C. L. M., D. Shmotkin and C. D. Ryff, "Optimizing Well-Being: The Empirical Encounter of Two Traditions", *Journal of Personality and Social Psychology*, Vol. 82, 2002.

⑥ Campbell, A., P. E. Converse and W. L. Rodgers, *The Quality of American Life: Perceptions, evaluations and satisfactions*, New York: Russell Sage Foundation, 1976.

⑦ Ryff, C. D. and C. L. M. Keyes, "The Structure of Psychological Well-Being Revisited", *Journal of Personality and Social Psychology*, Vol. 69, 1995.

范式。

在主观幸福感与心理幸福感关系方面，一些学者研究证明，主观幸福感和心理幸福感存在中等程度的相关性。① 但另有一些学者研究证明，主观幸福感和心理幸福感是相对独立的，两者之间没有必然的相关性。② 鉴于两者既有联系又有区别，学者们近年来倾向于主观幸福感和心理幸福感研究的整合。③④ 还有一些学者认为，对福祉的研究不应仅仅局限于主观幸福感和心理幸福感，还应该更为全面地考察福祉的研究指标，这样才能测量出更为准确的福祉水平。佐斌（2010）认为中国人的福祉是家庭福、外在福、健康福、个性福的四维结构，健康也是中国人的福的成分，也就是要重视人们的健康问题。⑤ 近年来，生理研究方法越来越多被用于人的福祉研究中，这说明身体健康因素也成为研究福祉的极为重要的指标。而国内外也已有不少研究将身体健康作为福祉的重要指标加以研究，福祉研究应包括主观幸福感、心理幸福感，身体健康的新的福祉研究观念已经得到了心理学界的普遍认可。⑥⑦⑧

（三）社会学的福祉理论研究

社会学领域的福祉理论研究是指对生活质量的研究，而国外对客观生活质量的研究早已演变成社会指标（social indicator）的研究内

---

① Ryan, R. M. and E. L. Deci, "On Happiness and Human Potentials: A Review of Research on Hedonic and Eudaimonic Well-Being", *Annual Review of Psychology*, Vol. 52, 2001.

② McGregor, I. and B. R. Little, "Personal Projects, Happiness and Meaning: On Doing Well and Being Yourself", *Journal of Personality and Social Psychology*, Vol. 74, 1998.

③ 严标宾、郑雪、邱林：《SWB 和 PWB：两种幸福感研究取向的分野与整合》，《心理科学》2004 年第 4 期。

④ 宛燕、郑雪、余欣欣：《SWB 和 PWB：两种幸福感取向的整合研究》，《心理与行为研究》2010 年第 3 期。

⑤ 佐斌：《"为了中国人民的幸福和尊严——心理学解读与建议"研讨会发言纪要》，《心理科学进展》2010 年第 7 期。

⑥ 喻承甫、张卫、李董平、肖婕婷：《感恩及其与幸福感的关系》，《心理科学进展》2010 年第 7 期。

⑦ Milyavskaya, M., F. L. Philippe and R. Koestner, "Psychological Need Satisfaction Across Levels of Experience: Their Organization and Contribution to General Well-being", *Journal of Research in Personality*, Vol. 47, 2013.

⑧ Suk-sun Kim R., D. Hayward and Youngmi Kang, "Psychological, Physical, Social, and Spiritual Well-Being Similarities Between Korean Older Adults and Family Caregivers", *Geriatric Nursing*, Vol. 34, 2013.

容，并且越来越淡出生活质量研究的领域，成为了人类社会发展研究领域的一种指标。因此，本部分主要回顾主观生活质量的文献研究。所谓主观生活质量，指的是人们对自身整体生活状况的主观评价，对它的研究指标也主要是对认知层面的生活满意度及对情感层面的主观幸福感的研究。①

　　社会学领域的福祉理论研究起源于20世纪50年代在美国兴起的生活质量运动。在这一时期，美国一些社会学家注意到社会发展与经济发展之间的不协调性，认识到社会发展与经济发展在国民生活中应该具有同等重要的地位，而实质上二者的发展极不平衡，从而发起了社会指标运动，生活质量问题也被提到了议事日程上来。② 1957年，密歇根大学的古瑞（Gurin）、威若夫（Veroff）和费尔德（Feled）在美国进行了第一次全国范围的随机抽样的生活质量调查，调查内容与精神疾病有关，主要研究美国民众的精神健康和主观幸福感。③ 20世纪60年代以后，生活质量转向更为宽广领域的研究，既有情感、心理健康方面的研究，也有对认知层面满意程度的研究。坎特里尔（Cantril）于1965年推出自我等级量表，要求人们按照自己的评价标准对自己过去、现在以及未来预期的生活满意程度作出等级评价。④ 20世纪70年代，坎贝尔（Campbell）等人建立了一种感觉指标模型来研究美国社会的生活质量。他们把人们对生活质量的感觉分成完全满意到完全不满意等几个测量等级，重点测量对生活整体的满意度和对13个具体领域的满意度。⑤ 20世纪80年代以后，社会学界尝试构建多项目总体满意感量表。戴（Day）完全从满意度的角度对美国生活中的14个领域进行主观测量研究，即对生活总的看法、家庭生活、社会生活、工作领域、

　　① 风笑天：《生活质量研究：近三十年回顾及相关问题探讨》，《社会科学研究》2007年第6期。
　　② 刘渝琳：《养老质量测评——中国老年人口生活质量评价与保障制度》，商务印书馆2007年版。
　　③ Gurin, G., L. Veroff and S. Feled, *Americans View Their Mental Health*, New York: Books, 1960.
　　④ Cantril, H., *The Pattern of Human Concerns*, New Brunswick: Rutgers University Press, 1965.
　　⑤ Campbell, A., P. E. Converse and W. L. Rodgers, *The Quality of American Life: Perceptions, evaluations and satisfactions*, New York: Russell Sage Foundation, 1976.

个人健康、娱乐、精神生活、自我、健康、物品与服务的购买与消费、物质拥有、联邦政府的工作表现以及当地政府的工作表现等。① 20 世纪90 年代以来，社会学界对主观生活质量的测量研究继续得到深化，并引起国际社会的日益重视和向前推进。

在国内社会学界，林南等于 1985 年和 1987 年分别在天津和上海展开生活质量调查，对影响生活满意度的具体领域（如健康、家庭、工作等）进行了研究，为我国居民的主观幸福感研究积累了最初的调查资料。②③ 周长城用总体生活满意度和幸福感两个维度，对我国 8 个城市居民的主观生活质量进行研究，并从健康状况、工作状况、自我发展、休闲娱乐、家庭生活、社会交往、物质拥有与消费、公共服务与公共政策满意度、居住情况 9 个方面来探讨居民主观生活质量的影响因素。④ 邢占军首先在系统研究主观幸福感测量量表基本原理的基础上，结合中国的文化传统和价值理念创造了中国城市居民主观幸福感测量量表，实现了标准化幸福量表中国化与本土化的转化。⑤ 另外，他在 2011 年又构建出输出型幸福指数评价体系，包括三大方面：生活状况、生活环境、主观福祉，其中主观福祉包括满意感、快乐感、价值感。他的输出型幸福指数评价体系已在经济发达县市试测量，为主观生活质量的福祉研究积累了重要的实证研究资料和经验。⑥

通过梳理经济学、心理学、社会学这三个学科对福祉理论的研究文献，可以看出，学术界对福祉理论的研究正在逐渐走向统一，综合运用主观维度和客观维度对福祉理论进行研究正在成为主流和趋势。而本书的研究焦点为老年人个体的主观福祉，因此，本书是基于主观维度来研究农村老年人个体的主观福祉。

---

① Day，R. ，"Relationship Between Life Satisfaction and Consumer Satisfaction"，in *Marketing and the Quality of Life Interface*，edited by A. Coskun Samli. NY：Quorum Books，1987.

② 林南、王玲、潘允康、袁国华：《生活质量的结构与指标——1985 年天津千户户卷调查资料分析》，《社会学研究》1987 年第 6 期。

③ 林南、卢汉龙：《社会指标与生活质量的结构模型探讨——关于上海城市居民生活的一项研究》，《中国社会科学》1989 年第 4 期。

④ 周长城：《生活质量的指标构建及其现状评价》，经济科学出版社 2009 年版。

⑤ 邢占军：《测量幸福——主观幸福感测量研究》，人民出版社 2005 年版。

⑥ 邢占军：《公共政策导向的生活质量评价研究》，山东大学出版社 2011 年版。

三　福祉与老年人福祉的维度

本部分先从回顾福祉的测量维度入手，并结合老年人福祉的相关研究，进而回顾老年人福祉的相关测量维度，从而为农村老年人福祉困境状况的测量提供相关文献研究的支持。

（一）福祉的测量维度

在主观福祉研究领域，虽然各个学科在主观福祉研究中所使用的测量维度有所差异，但目前学科之间大多逐渐倾向于从自评健康、生活满意度、抑郁倾向等维度来对个体的主观福祉展开探讨和研究。

在国外关于福祉测量维度的研究中，迪尔纳（Diener）的研究认为福祉（well-being）由三个维度组成：生活满意度、保持积极情感、避免消极情感。[①] 特拉弗斯和理查森（Travers and Richardson）把福祉分为四个维度：好的拥有（well-having）、幸福、健康、社会参与。[②] 罗伯特和贾斯特（Robert and Juster）在研究中，把福祉的维度总结为三大组成部分，即生活满意度、健康、积极功能。[③] 康明斯（Cummins）认为福祉是一个衡量人们总体生活满意度的概念，包括生活水平的满意度、健康、生活成就、人际关系、安全、社区联系、未来的安全七个方面的维度。[④] 阿尔伯特等在研究欧洲人与美国人在不平等与福祉的差异时，把福祉操作化为幸福自评和生活满意度两个维度。[⑤] 赫利威尔（Helliwell）在研究主观福祉的个人与国家变量的比较时，把福祉操作化为生活满意度自评这一个维度。[⑥] 而费勒·卡波纳（Ferrer-i-Carbonell）在收入与个人福祉的关系研究中，同样也把福祉

①　Diener, E., "Subjective Well-Being", *Psychology Bulletin*, Vol. 95, No. 2, 1984.

②　Travers, P. and S. Richardson, "Material Well-Being and Human Well-Being", Summary in F. Ackerman et al. (eds), 1993.

③　Robert, L. K. and F. T. Juster, "Well-Being: Concepts and Measures", *Journal of Social Issues*, Vol. 58, No. 4, 2002.

④　Cummins, R. A., et al., "The Australian Unity Well-Being Index: An Overview", *Social Indicators Research*, Vol. 76, 2003.

⑤　Alberto Alesina, Rafael Di Tella and Robert MacCulloch, "Inequality and Happiness: Are Europeans and Americans Different?", *Journal of Public Economics*, Vol. 88, 2004.

⑥　Helliwell, J. F., "How is Life? Combining Individual and National Variables to Explain Subjective Well-Being", *Economic Modelling*, Vol. 20, 2003.

操作化为生活满意度自评这一个维度。① 克鲁格和施凯德（Krueger and Schkade）在研究主观福祉测量的信度时，使用了生活满意度、积极情感、消极情感三个福祉的测量维度。② 安格斯·迪顿（Angus Deaton）认为人类福祉的主观方面是指人们身心的愉悦，包括健康和幸福这两个主观测量维度。③

　　在当今西方社会学领域的几家大型社会调查中，关于主观福祉的测量维度往往采用单一问项的自评量表，来直接对人们生活总体的福祉或者某一方面的福祉维度进行测量。例如，美国综合社会调查（General Social Survey，GSS）④ 有关测量主观福祉的维度有三个。一是关于自评健康的问题：一般来说，您怎样评价自己的健康？要求被调查者单选以下五项之一：非常健康、健康、一般、不健康或不知道。二是关于生活满意度的问题：一般来说，您感觉自己的生活怎么样？要求被调查者单选以下五项之一：很有激情、一般、乏味、没意见或不知道。三是关于幸福感的问题：综合各方面因素，您觉得最近的生活怎么样？要求被调查者单选以下四项之一：非常幸福、幸福、不太幸福或不知道。世界价值观调查（World Value Survey，WVS）⑤ 有关测量主观福祉的维度有三个。一是关于自评健康的问题：您怎样描述自己近期的健康状况？要求被调查者单选以下四项之一：非常健康、健康、一般或不健康。二是关于生活满意度的问题：整体而言，您对自己近期的生活满意吗？选项是从完全不满意到完全满意共十个级别，要求被调查者单选十个级别之一。三是关于幸福感的问题：您幸福吗？要求被调查者单选以下五项之一：非常幸福、幸福、不太幸福、一点也不幸福或不知道。路德·魏荷文（Ruut Veenhoven）的调查显示，针对 GSS 和 WVS 福祉问题的调查回答率都高达 99% 左右

① Ferrer-i-Carbonell, A., "Income and Well-Being: An Empirical Analysis of the Comparison Income Effect", *Journal of Public Economics*, Vol. 89, 2005.

② Krueger, A. B. and D. A. Schkade, "The Reliability of Subjective Well-Being Measures", *Journal of Public Economics*, Vol. 92, 2008.

③ ［美］安格斯·迪顿：《逃离不平等——健康、财富及不平等的起源》，崔传刚译，中信出版社 2014 年版。

④ 美国综合社会调查网（http：//www3. norc. org/GSS + Web site/）。

⑤ 世界价值观调查网（http：//www. worldvaluessurvey. org/wvs. jsp）。

（即回答"不知道"或拒答的比率在1%左右），高于其他涉及人们主观判断和态度的调查问题，这在一定程度上表明人们对自身主观福祉这一生活感受和体验都有一个非常清晰的认识。[①]

在国内关于福祉测量维度的研究中，中国综合社会调查（China General Social Survey，CGSS）[②] 有关主观福祉的测量维度有两个。一是关于自评健康的问题：您觉得您目前的身体健康状况怎样？要求被调查者单选以下五项之一：很不健康、比较不健康、一般、比较健康或很健康。二是关于幸福感的问题：总的来说，您认为您的生活是否幸福？要求被调查者单选以下五项之一：很不幸福、比较不幸福、居于幸福与不太幸福之间、比较幸福或完全幸福。奚恺元等认为主观幸福感由三个维度组成：一是情感维度，它表示人们对生活幸福的实时性主观评价，分为正向情感与负向情感，即人们所说的幸福感；二是认知维度，它是比情感维度更为高级的幸福体验，人们可通过高级的认知过程体验幸福，即人们所说的生活满意度；三是过程维度，它表示过程中的流体验。[③] 邢占军在进行我国城乡居民输出型福祉指数指标体系构建时，就把主观福祉操作化为三个维度：生活满意感、快乐感、价值感；其中，生活满意感这一维度就包括对健康、环境、安全等居民日常生活的七大方面的满意感。[④] 聂鑫等在研究城镇化进程中失地农民多维福祉影响因素时，把福祉操作化为收入满意度、生活保障满意度、被他人认可度、全部状态满意度四个维度。[⑤] 檀学文在研究时间利用对个人福祉的影响时，把福祉操作化为生活满意度和幸福度两个维度。[⑥] 吴国宝在主持中国社科院个人福祉概念框架构建时，

① Veenhoven, R., "Freedom and Happiness: A Comparative Study in Forty-four Nations in the Early 1990s", in Ed Diener and Eunkook M. Suh, *Culture and Subjective Well-Being*, Cambridge, Mass: MIT Press, 2000.

② 中国综合社会调查（http://www.chinagss.org/）。

③ 奚恺元、王佳艺、陈景秋：《撬动幸福——一本系统介绍幸福学的书》，中信出版社2008年版。

④ 邢占军：《公共政策导向的生活质量评价研究》，山东大学出版社2011年版。

⑤ 聂鑫、汪晗、张安录：《城镇化进程中失地农民多维福祉影响因素研究》，《中国农村观察》2013年第4期。

⑥ 檀学文：《时间利用对个人福祉的影响初探——基于中国农民福祉抽样调查数据的经验分析》，《中国农村经济》2013年第10期。

就把主观福祉操作化为生活满意度、幸福感和生活意义评价；其中，生活满意度评价就包括对健康、社会关系等生活的重要领域的满意度评价。[①] 徐岩在回顾社会资本与儿童福祉研究文献时提到，国外多数研究者都把福祉操作化为健康水平和幸福感两个维度。[②] 谭康荣和吴菲把福祉区分为评价性福祉（evaluative well-being）和体验性福祉（experiential well-being）。[③] 其中，评价性福祉倾向于用评价性的福祉维度，比如广泛被使用的主观幸福感、生活满意度；而体验性福祉则倾向于用更加客观的个人体验的维度，比如身体健康、情绪问题。基于此，谭康荣和吴菲在研究中把福祉的维度分为四个组成部分，即整体主观幸福感、生活满意度、自评健康、自评情绪问题。

综合国内外福祉维度研究文献，本书把福祉操作化为三个维度：自评健康、生活满意度、抑郁倾向。其中，第一个维度是自评健康。自评健康状况是一个准确测量个人健康的维度，它是被调查者对自身健康状况的主观评价，因为它考虑到了被调查者的主观认知，从而具有较高的科学性。[④] 另外，自评健康还综合了被调查者健康状态的主观和客观两个方面。它不仅是人们对自身健康状况的主观评价，而且是人们客观健康状况的反映。[⑤] 健康状况如何是决定人们总体生活质量高低权重最大的一个变量。[⑥] 健康是讨论福祉问题的起点。人首先得活着，然后才能去想如何过上美好的生活。身体不健康，或者有任何生存的障碍，都会严重削弱人们享受美好生活的能力。[⑦] 因此，自评健康是衡量人们福祉水平的权重最大的维度。第二个维度是生活满

---

① 吴国宝：《福祉测量：理论、方法与实践》，东方出版社 2014 年版。

② 徐岩：《社会资本与儿童福祉——基于社会学视角的理论述评》，《中山大学学报》（社会科学版）2015 年第 5 期。

③ 谭康荣、吴菲：《中国城市居民的社会经济地位和福祉（Well-Being）：CLDS 2012 和 CGSS 2003—2011 的比较分析》，中山大学社会科学调查中心中国劳动力动态调查会议论文，广州，2013 年 12 月。

④ 胡宏伟、刘国恩：《城镇居民医疗保险对国民健康的影响效应与机制》，《南方经济》2012 年第 10 期。

⑤ 王莉莉：《老年人健康自评和生活自理能力》，中国社会出版社 2009 年版。

⑥ 陈立行、柳中权：《向社会福祉跨越：中国老年社会福祉研究的新视角》，社会科学文献出版社 2007 年版。

⑦ ［美］安格斯·迪顿：《逃离不平等——健康、财富及不平等的起源》，崔传刚译，中信出版社 2014 年版。

意度。生活满意度是人们对自己各方面的需要和愿望得到满足所产生的主观满意程度，主要反映人们对客观事物的喜好和接受程度。① 生活满意度是人们对自己生活质量的整体认知和较为稳定的评价，它作为人们对生活态度的认知层面的指标，是衡量人们福祉水平的重要维度。第三个纬度是抑郁倾向。抑郁倾向是人的主观福祉的负向量度指标，是人的精神生活质量水平的重要维度。②③ 抑郁倾向作为人们对生活态度的情感层面的负向评价指标，是衡量人们福祉水平的核心维度。

（二）老年人福祉的内涵及测量维度

老年人通常指年龄超过某一界限的人，不同的国家和地区在不同的历史发展阶段对此有不同的规定。目前国际上一般将 60 岁或 65 岁定义为老年人的界限。国内外的老年学家们对老年人的定义有十几种观点，公认的有四种界定标准，即出生年龄、生理年龄、心理年龄和社会年龄，虽然不同标准界定的老年人有所不同，但以上四种年龄都以 60 岁为老年人开始的年龄。④⑤《中华人民共和国老年人权益保障法》也明确规定，老年人为六十周岁以上的公民。因此，本书的研究对象群体即为 60 岁以上的老年人。根据上文对福祉概念的界定，本书把老年人福祉的概念界定为：老年人良好的、健康的、满意的生活状态。

在老年人福祉的测量维度研究上，西尔弗斯坦（Silverstein）等在进行家庭代际支持与老年人心理福祉的关系研究时，把老年人心理福祉操作化为自评健康和抑郁倾向两个维度。⑥ 而他们在研究代际转移、

---

① 陈功：《社会变迁中的养老和孝观念研究》，中国社会出版社 2009 年版。

② 陈肇男、林惠玲：《家庭、社会支持与老人心理福祉：二十世纪末的台湾经验》，台北："中央研究院"联经出版公司 2015 年版。

③ 郑晓冬、方向明：《农村空巢老人主观福利：经济支持还是情感支持》，《华南理工大学学报》（社会科学版）2016 年第 6 期。

④ 吴华、张韧韧：《老年社会工作》，北京大学出版社 2011 年版。

⑤ 华宏鸣：《积极养老的全方位探索——应对人口老龄化方针、内容和动力的研究》，复旦大学出版社 2013 年版。

⑥ Silverstein, M. and X. Chen, "Too Much of a Good Thing? Intergenerational Social Support and the Psychological Well-Being of Older Parents", *Journal of Marriage and Family*, Vol. 58, No. 4, 1996.

居住安排与农村老年人心理福祉的关系时，把老年人福祉操作化为生活满意度和抑郁倾向两个维度。[1] 芮默（Raymo）等在研究日本家庭结构与日本老年人福祉的关系时，把老年人福祉操作化为自评健康和抑郁倾向两个维度。[2] 梅锦荣在进行香港高龄老人主观幸福感的社会性因素研究时，把主观幸福感操作化为三个维度，即生活满足感、抑郁倾向、自评身体健康。[3] 李建新在 2007 年进行老年人口生活质量与社会支持的关系研究时，从自评健康、孤独感、生活满意度三个维度去考察老年人的生活质量[4]；而他在 2012 年进行城市空巢老人研究时，又从生活自理能力、自评健康、孤独感和生活满意度四个维度去考察老年人的生活质量。[5] 陈东和张郁杨进行不同养老模式对我国农村老年群体幸福感的影响分析时，把总体幸福感操作化为生活水平评价、总体生活满意度、自评健康状况三个测量维度；把情绪幸福感操作化为正向情绪、负向情绪两个测量维度。[6] 陈肇男等[7]和郑晓冬等[8]在研究老年人心理福祉时，均把福祉操作化为两个测量维度，即生活满意度和抑郁倾向。其中，前者是心理福祉的正向测量维度，后者是心理福祉的负向测量维度。

综合既有研究，本书认为老年人福祉的测量应由三个维度组成：自评健康、生活满意度、抑郁倾向。第一，老年人的自评健康。它不仅是老年人对自身健康状况的主观评价，而且是老年人客观健康状况的总体反映。自评健康维度是衡量老年人总体福祉水平权重最大的维

---

① Silverstein, M., Z. Cong and S. Li, "Intergenerational Transfers and Living Arrangements of Older People in Rural China: Consequences for Psychological Well-Being", *Journal of Gerontology*, Vol. 61, No. 5, 2006.

② Raymo, J. M., S. Kikuzawa, J. Liang and E. Kobayashi, "Family Structure and Well-Being at Older Ages in Japan", *Journal of Population Research*, Vol. 25, No. 3, 2008.

③ 梅锦荣：《老人主观幸福感的社会性因素》，《中国心理卫生杂志》1999 年第 2 期。

④ 李建新：《老年人口生活质量与社会支持的关系研究》，《人口研究》2007 年第 3 期。

⑤ 李建新、李嘉羽：《城市空巢老人生活质量研究》，《人口学刊》2012 年第 3 期。

⑥ 陈东、张郁杨：《不同养老模式对我国农村老年群体幸福感的影响分析——基于 CHARLS 基线数据的实证检验》，《农业技术经济》2015 年第 4 期。

⑦ 陈肇男、林惠玲：《家庭、社会支持与老人心理福祉：二十世纪末的台湾经验》，台北："中央研究院"联经出版公司 2015 年版。

⑧ 郑晓冬、方向明：《农村空巢老人主观福利：经济支持还是情感支持》，《华南理工大学学报》（社会科学版）2016 年第 6 期。

度。第二，老年人的生活满意度。生活满意度是老年人对自身生活质量的整体认知和较为稳定的评价，它作为老年人对生活态度的认知层面的指标，同样是衡量老年人福祉水平的重要维度。第三，老年人的抑郁倾向。抑郁倾向是指老年人基于自身生活获得感、幸福感与安全感不能满足而主观产生的负向情绪。抑郁倾向作为老年人对个人生活态度的情感层面的负向评价指标，是衡量老年人福祉水平的基本维度。

本书中的抑郁倾向维度来自 CHARLS 调查问卷中的由美国流行病研究中心开发并被广泛使用的抑郁倾向量表。美国流调中心用抑郁量表（CES－D）是主观福祉最常用的负面测量工具之一。苗元江的研究显示 CES－D 与负性情感相关为 0.634，与其他 8 个维度的相关在 －0.217——－0.417 之间。在所有维度中，抑郁（CES－D）与负性情感相关最高。① 抑郁（CES－D）在主观福祉测量中，主要反映的是主观福祉的情感层面，特别是负性情感。因此，利用美国流调中心抑郁量表（CES－D）来测量老年人的抑郁倾向具有较高的信度和效度。

第二节　福利多元主义研究

一　福利多元主义的概念界定

在英语中，福利（welfare）一词，是由 well（好）与 fare（生活）组合而成的，含有美好的生活、幸福的人生等意义，即表示让人们获得幸福和利益，过上美好的生活。福利一般有两层含义：一是指帮助人们满足经济、社会、医疗、教育等需要的项目、补助或服务制度；二是指一个社会共同体的理想的幸福状态。② 而福利多元主义作为福利研究中的一项重要理论，主张福利来源的多元化，即福利既不能完全依赖市场，也不能完全依赖国家，福利应当成为全社会的共同

① 苗元江：《心理学视野中的幸福——幸福感理论与测评研究》，天津人民出版社2009 年版。
② 黄晨熹：《社会福利》，上海人民出版社 2009 年版。

产物。①

　　从福利多元主义理论产生的背景来看，福利多元主义的兴起来源于自由主义福利理论和福利国家理论的破灭。早在工业革命时代，古典自由主义者重视市场的作用，赋予市场在资源配置中的支配性地位，经济发展过程中着力强调自由主义，这成为资本主义早期发展的最重要原则和核心价值观。自由主义理论主张国家绝对不能给民众提供过多福利，这样不仅会干涉市场经济的自由主义原则，又会使很多福利接受者剥夺劳动者的财产，造成他们的懒惰与自私的秉性。因此，在资本主义早期的自由主义思想主导下，社会福利在解决市场失灵问题上的作用极其有限，它仅仅扮演着补缺和应急的角色和作用。②③④ 然而西方国家在经历了 1929 年爆发的空前严重的经济危机，以及随后的第二次世界大战之后，自由主义思想受到严重挑战和质疑，逐渐让位给国家干预理论，国家介入社会问题解决的凯恩斯—贝弗里奇的社会福利范式从此开始占据主导地位。20 世纪 40 年代末期，通过《贝弗里奇报告》建立起来的福利国家标志着西方社会福利发展到了崭新阶段。从此，西方发达国家纷纷建立从摇篮到坟墓的全方位保障的福利国家模式。然而，西方福利国家在经历了二十多年的大力发展和迅速扩张之后，于 20 世纪 70 年代中后期随着两次石油危机的到来显露出巨大的危机。过分依赖国家高福利的提供成为一个严重的问题，政府失灵和福利国家危机使居于主导地位的凯恩斯—贝弗里奇范式遭受致命性的打击。

　　福利多元主义（Welfare Pluralism）理论就是在以上的时代背景下提出来的，它的概念内涵就在于，福利多元主义主张社会福利供给来源的多元化，既不能完全依赖国家，又不能完全依赖市场，社会福利是全社会共同的产物。其中，国家是社会福利提供责任的主要承担

---

① 彭华民、黄叶青：《福利多元主义：福利提供从国家到多元部门的转型》，《南开学报》2006 年第 6 期。

② Wilenskey, H. L. and C. N. Lebeaux, *Industrial Society and Social Welfare*, New York: The Free Press, 1965.

③ Titmuss, R. M., *Social Policy: An Introduction*, London: Allen and Unwin, 1974.

④ Anderson, A., *The Three Words of Welfare Capitalism*, Cambridge: Policy Press, 1990.

者，其他多元部门也担负着社会福利提供的次要责任，国家、市场、家庭、社区、民间组织连接成为功能互补、相互支持、互为补充的多元福利体系。① 福利多元主义理论的核心理念就是分权与参与，强调国家权力的分散化和社会福利的民营化。它的优点在于，实现了社会的整合与团结，促进了社会力量的合作，共同为弱势群体提供福利，纠正了仅依靠国家提供福利的错误思想，促进了社会福利的社会化，促成国家、家庭、社区、市场及民间组织共同分担福利国家责任。②

二　福利多元主义理论的相关研究

　　早期的福利多元主义概念应追溯到 1978 年英国发表的题为《志愿组织的未来：沃尔芬德社区的报告》。③ 沃尔芬德报告主张把志愿组织也纳入社会福利政策的供给者队伍，将福利多元主义运用到英国社会福利政策的具体实践中。从理论上看，该报告第一次明确提出了推动福利多元主义的发展，将福利的供给和来源多元化，并试图在政策实践上打破国家与市场的二元福利供给与分配格局，因此，一般将沃尔芬德报告视为福利多元主义理论的起源。而对福利多元主义有明确论述的应该是罗斯（Rose），他于 1986 年在《相同的目标、不同的角色——国家对福利多元组合的贡献》一文中详细剖析了福利多元主义理论。④ 罗斯首先对福利国家概念予以澄清，他认为国家在福利提供上扮演起着关键性的角色，但绝不是对福利供给的独揽与垄断。他主张福利是全社会共同的产物，市场和家庭也是福利供给的重要主体，国家、市场和家庭作为单独的福利提供者都存在一定的缺陷，三个部门应该联合起来，相互补充，扬长避短，三者此消彼长，一方的增长对其他方的贡献具有替代性和补充性，这样，三者就形成了一个社会的福利整体。在福利国家面临危机的时代，由罗斯开创的福利多

---

　　① 彭华民：《中国组合式普惠型社会福利制度的构建》，《学术月刊》2011 年第 10 期。

　　② 曹艳春：《我国适度普惠型社会福利制度发展研究》，上海人民出版社 2013 年版。

　　③ Wolfenden, J., *The Future of Voluntary Organizations：Report of the Wolfenden Committee*, London：Croom-Helm, 1978.

　　④ Rose, R., *Common Goals but Different Roles：The State's Contribution to the Welfare Mix*, Oxford：Oxford University Press, 1986.

元主义理论由于强调国家以外的其他社会部门在福利供给方面的作用而受到重视，在后来的福利研究领域，不少学者使用福利多元主义理论来建构他们的福利分析框架。①

1988 年，伊瓦斯（Evers）在罗斯研究的基础上，提出了著名的福利三角（Welfare Triangle）理论，即充分调动国家、市场、家庭等各个福利供给主体的各自力量，形成福利供给的合力。② 在福利三角理论中，伊瓦斯不但将福利多元供给主体进行了清晰的界定，而且将各自的功能也进行了具体的解释：首先，市场主体代表的是正式组织，其价值为选择和自主；其次，国家主体代表的是公共组织，其价值为平等和保障；最后，家庭主体代表的是非正式的或私人的组织，其价值为团结和共有。这种开创性的制度设计将福利多元主义理论引向实证分析框架，使一些研究开始从福利多元主义理论中演绎出一整套研究范式，并采取实证性的分析框架开展福利供给主体的探讨。③

20 世纪 90 年代以后，在既有的福利多元主义分析框架基础上，又发展出了许多新的分析框架和范式。如 1993 年伊瓦斯和斯维特里克（Evers and Svetlik）合著的《平衡的三角：老年照顾中的新福利多元主义》一书中，他将志愿组织、家庭、市场与国家一起视为福利供给的主体，并认为各个主体的具体责任则需要不同的国家根据不同的社会传统和问题而设计与确定。④ 约翰逊（Johnson）在福利三角中的国家、市场、家庭的基础上也加入了志愿组织，他强调福利多元主义就意味着福利供给主体的非垄断性，家庭、志愿组织等非正式组织在福利供给过程中发挥着极其重要的作用。⑤ 而伊瓦斯（Evers）和德克（Dekker）在 2009 年又进一步强调了第三部门的作用，并主张第

① 彭华民、黄叶青：《福利多元主义：福利提供从国家到多元部门的转型》，《南开学报》2006 年第 6 期。
② Evers, A., *Shifts in the Welfare Mix: Introducing a New Approach for the Study of Transformations in Welfare and Social Policy*, Vienna: Eurosocial, 1988.
③ 万国威：《社会福利转型下的福利多元建构：兴文县留守儿童的实证研究》，博士学位论文，南开大学，2013 年。
④ Evers, A. and I. Svetlik, *Banlancing Pluralism: New Welfare Mixes in Care for the Elderly*, London: Averbury, 1993.
⑤ Johnson, N., *Mixed Economies of Welfare: A Comparative Perspective*, London: Prentice Hall, 1999.

三部门虽然不能够在培育和创造公民权和公民性的过程中起到必然的优势功能和作用，但它却能够为两者的建构路径与方法、社会服务的概念转型起到至关重要的作用。①

与早期福利多元主义关于国家与市场之间的二元融合不同，现代意义上的福利多元主义已经摆脱了国家与市场的二元性争论，而是更多地关注市场、国家、家庭、社区、志愿组织之间的系统性体系与主体的多元融合。从福利多元主义理论的发展路径可以看出，来自于国家主体的福利衰退和市场主体的福利挑战，使得社会福利制度建构的过程已经不可能依赖任何一个单独的主体而构建，市场、国家、家庭、社区、志愿组织等主体的总体平衡，才能够成为福利多元供给体系构建保持平衡的重要支撑力量。同时，正是志愿组织的发展壮大才使得苏萨（Zsuzsa）、梅杰斯（Meijs）等学者有更大的空间对原有的福利多元供给体系进行理论上的重组。②③ 而珍森（Jenson）在《重新构筑家庭的福利组合：政策挑战》一文中也提到，福利再也不可能仅依靠任何一个单一的主体来提供，而是需要来自一个由国家、市场、家庭、社区、志愿组织等组成的福利供给联合体。④

而与西方福利多元主义理论研究相比，国内福利多元主义的理论研究出现较晚，最早的研究也在进入 21 世纪以后才开始较为清晰地涌现。中国期刊网目前能够检索到的最早的关于福利多元主义研究的文章来自黄黎若莲发表于 2000 年的《"福利国"、"福利多元主义"和"福利市场化"》。⑤ 黄黎若莲在这篇论文中，对福利国家、福利多元主义、福利市场化三个概念进行了详细的阐述，并提出应当重新界

① Dekker, P. and A. Evers, "Civicness and the Third Sector: Introduction", *Voluntus*, Vol. 20, 2009.

② Zsuzsa, S., "The Voluntary Sector in the Welfare Mix: The Hungarian Maltese Charity Service", *Journal of European Social Policy*, Vol. 1, 1993.

③ Meijs, L., "Changing the Welfare Mix: Going from Acorporatist to a Liberal Non-profit Regime", Toronto: ISTR Sixth International Conference, July 11-14, 2004.

④ Jenson, J., "Redesigning the Welfare Mix for Families: Policy Challenges", *Disscution Paper F | 30 Fammilly Network*, 2003.

⑤ 黄黎若莲：《"福利国"、"福利多元主义"和"福利市场化"》，《中国改革》2000年第 10 期。

定国家、家庭、志愿机构、慈善社团和市场经营者的关系。到了 2001 年，福利多元主义视野之下的非营利组织受到了学术界的关注，林闽钢的文章对福利多元主义视野中的非营利组织进行了相关研究，指出福利供给应由公共部门、家庭与社区、营利组织、非营利组织四个部门共同负担，并重点阐述了非营利组织的起源、历史演变及其在我国社会保障领域的新生力军作用。① 随后，他又对福利多元主义的兴起及其政策实践进行了较为全面的介绍和梳理。② 2006 年，彭华民和黄叶青发表的论文《福利多元主义：福利提供从国家到多元部门的转型》从福利多元主义理论的起源、内涵、三分法与四分法、未来发展趋势等多方面进行了详尽的介绍和阐述，该论文对于福利多元主义理论的梳理从国家供给主体到市场、家庭、社区、民间社会等多元供给主体的基本路径更为明晰，同时也在理论上进一步推动了福利多元主义的深入探索和发展。③

在这些社会福利研究者的带动下，福利多元主义作为一个极其重要的理论，开始在中国社会福利学界有了较多研究。2000 年关于福利多元主义的论文仅为 1 篇，而到 2015 年底已经达到了 134 篇，可以看出，国内福利多元主义理论研究呈现出了良好的发展势头。在论文数量增长的同时，我国福利多元主义的研究近几年也开始从理论探讨向分析框架转型，一些从福利多元主义理论来展开的实证分析研究也开始在社会福利学界日益涌现。如曹克奇等关于新型农村合作医疗基金所有权的福利多元主义分析④；杨发祥基于广州市社区福利建构实践的福利多元主义分析⑤；黄佳豪关于民办养老福利机构发展的福

---

① 林闽钢、王章佩：《福利多元化视野中的非营利组织研究》，《社会科学研究》2001 年第 6 期。

② 林闽钢：《福利多元主义的兴起及其政策实践》，《社会》2002 年第 7 期。

③ 彭华民、黄叶青：《福利多元主义：福利提供从国家到多元部门的转型》，《南开学报》2006 年第 6 期。

④ 曹克奇、孙淑云：《关于新型农村合作医疗基金所有权——在福利多元主义的视角下》，《理论探索》2009 年第 1 期。

⑤ 杨发祥：《社区福利建构的理念与实践——基于广州市的实证分析》，《社会主义研究》2010 年第 6 期。

利多元主义分析[1]；董春晓有关居家养老服务的福利多元主义分析[2]；吴炜等在福利多元主义体系下对农民工住房福利现状与政策走向的分析[3]；曲绍旭关于灾后残疾人社会救助体系的福利多元主义分析[4]；韦克难关于我国城市社区福利服务弱可获得性的福利多元主义分析[5]；岳经纶等基于福利多元主义视角的社会服务购买中政府与 NGO 关系研究[6]；王争亚和吕学静关于我国养老服务供给主体的福利多元主义分析[7]；同春芬等用福利多元主义框架来分析中国养老保障体系的四维供给主体与职责定位[8]；陈静和周沛基于福利多元主义视角来研究老年社会福利供给中的市场作用及实现机制。[9]

综上所述，国内福利多元主义理论已经开始蓬勃发展，学者们都试图综合运用福利多元主义理论框架，去分析福利多元供给主体的合作关系与责任分担，旨在推动国家对福利供给多元化进行更为完善的制度设计和政策实践。这些研究推进了国内福利多元主义理论走向实证分析研究，也在理论上检验了福利多元主义在中国本土的学术价值。同时，福利多元主义的相关研究不仅为多元治理机制奠定了坚实的理论基础，而且为其提供了可操作化的多元分析框架，成为养老福利多元治理研究的理论基础和实践来源。

---

① 黄佳豪：《福利多元视域下民办养老福利机构的发展思考——以安徽为例》，《天府新论》2011 年第 1 期。

② 董春晓：《福利多元视角下的中国居家养老服务》，《中共中央党校学报》2011 年第 4 期。

③ 吴炜、朱力：《农民工住房福利现状与政策走向——基于福利多元主义的视角》，《长白学刊》2012 年第 2 期。

④ 曲绍旭：《福利多元主义视角下灾后残疾人社会救助体系的构建》，《学术论坛》2012 年第 6 期。

⑤ 韦克难：《我国城市社区福利服务弱可获得性的实证分析——以成都市为例》，《社会科学研究》2013 年第 1 期。

⑥ 岳经纶、郭英慧：《社会服务购买中政府与 NGO 关系研究——福利多元主义视角》，《东岳论丛》2013 年第 7 期。

⑦ 王争亚、吕学静：《福利多元主义视角下我国养老服务供给主体问题解析》，《中国劳动》2015 年第 4 期。

⑧ 同春芬、汪连杰、耿爱生：《中国养老保障体系的四维供给主体与职责定位——基于福利多元主义范式的分析框架》，《湘潭大学学报》（哲学社会科学版）2015 年第 3 期。

⑨ 陈静、周沛：《老年社会福利供给中的市场作用及实现机制研究——基于福利多元主义视角》，《天津行政学院学报》2015 年第 2 期。

三　养老福利多元治理机制

养老由"养"和"老"两部分组成。"养"在老年学研究中常常表达为供养、奉养、赡养等层面。供养是指供给长辈或老年人生活上的需求，与奉养、赡养的含义大致相同。① 在《中华人民共和国老年人权益保障法》中规定：国家和社会应当采取措施，健全保障老年人权益的各项制度，逐步改善保障老年人生活、健康、安全以及参与社会发展的条件，实现老有所养、老有所医、老有所为、老有所学、老有所乐。概括起来就是要对老年人提供经济上的供养、生活上的照顾、情感上的支持。本书认为养老就是奉养老年人，它包括经济上的支持、生活上的照顾、情感上的支持三大方面的内容。

多元治理是社会学和政治学领域理论研究的热点问题。多元治理源于 20 世纪 90 年代美国学者埃莉诺·奥斯特罗姆（Elinor Ostrom）提出的多中心治理理论。② 多元治理倡导政府、市场和社会通过相互协商与合作，组成多元主体共同治理的社会共治模式，以弥补各个主体单方面治理的不足和失灵。自党的十八届三中全会把治理作为全面深化社会改革的总目标以来，多元治理成为我国社会领域一个广泛的实践框架。③ 机制在语义学上有四层含义：一是机器的物理构造或工作原理；二是有机体的结构、功能及相互关系；三是物理、化学中的自然现象或规律；四是泛指系统内部各要素间相互作用过程或方式。④ 本书对上述四层含义进行综合，将机制定义为事物及其各要素间相互作用的方式、过程、规律及原理。而养老福利多元治理机制就是由福利多元主义分析框架嵌入养老福利供给体系构成的，主要探讨各个主体在养老福利治理中的责任分担状况和相互作用机制，它是养老福利研究领域较为可行的分析框架和治理机制。

---

① 王萍、李树茁：《农村家庭养老的变迁和老年人的健康》，社会科学文献出版社 2011 年版。

② Ostrom Elinor, *Governing the Commons*: *The Evolution of Institutions for Collective Action*, New York: Harvard University Press, 1990.

③ 王名、蔡志鸿、王春婷：《社会共治：多元主体共同治理的实践探索与制度创新》，《中国行政管理》2014 年第 12 期。

④ 同雪莉：《抗逆力：留守儿童研究新视角》，中国社会科学出版社 2017 年版。

　　陈立行和柳中权就曾提出构建由国家、家庭、社区、社会资源组成的养老福利多元机制。[①] 其中，国家是提供养老保障资源及经济支持的福利责任主体；家庭是老年人生活照料和情感支持的福利责任主体；社区是提供社会养老服务的最佳责任主体；社会资源是提供老年人生活照料的辅助性责任主体，它包括营利性质的企业、非营利组织、非政府组织等福利供给主体。张敏杰提出构建由家庭、国家、社会、自我同构互补的四足鼎立的养老多元化体系。[②] 其中，家庭养老功能虽然有所萎缩，但在提供老年人经济支持、生活照料、情感支持等养老支持方面仍具有不可替代的作用；国家养老在多元化养老体系中处于主导地位，它主要是国家向老年人提供城乡社会养老保险、城乡老年人医疗保障、贫困老年人救助等；社会养老是多元化养老体系中的重要组成部分，它包括社区、非政府组织、社会养老机构、志愿者等提供的养老支持；自我养老也是多元化养老体系中的重要成分，它包括土地养老、以房养老、商业养老保险等。雷继明提出构建由家庭、社区、国家三大养老福利主体组成的农村多元化养老模式。[③] 其中，家庭养老承担传统家庭养老功能；社区居家养老承担社会公共服务功能；国家养老是政府对农村养老的制度实践与机制创新。杨立雄提出构建基于家庭养老文化的国家主导的多元主义养老福利供给模式，它是由国家、社会、家庭、个人四大养老福利主体组成。[④] 其中，国家供给的来源是财政预算，目的是社会效用最大化，对象是全体公民；社会供给的来源是社会资助或个人参保，目的是社会福利最大化，对象是参与者或全体社会成员；家庭供给的来源是代际转移为主，目的是家庭效用最大化，对象是家庭成员；个人供给的来源是自我积蓄，目的是个人一生效用最大化，对象是个人。因此，应在基于家庭供给的基础上，强化国家供给的责任，提升社会供给的能力，形

---

　　① 陈立行、柳中权：《向社会福祉跨越：中国老年社会福祉研究的新视角》，社会科学文献出版社 2007 年版。
　　② 张敏杰：《新中国 60 年人口老龄化与养老制度研究》，浙江工商大学出版社 2009 年版。
　　③ 雷继明：《家庭、社区与国家：农村多元养老机制的构建》，博士学位论文，华中师范大学，2013 年。
　　④ 杨立雄：《老年福利制度研究》，人民出版社 2013 年版。

成家庭、国家、社会供给相结合的福利供给的多元化机制。

综合以上文献，本书拟从家庭、国家和社会三大养老主体来对农村养老福利的多元治理机制进行梳理和构建：

第一，家庭养老主体包括经济支持、生活照料和情感支持三个方面的维度。它主要依靠子女等家庭主要成员向农村老年人提供经济上的支持、生活上的照料、情感上的支持。

第二，国家养老主体包括社会保险和救助服务两个维度。它主要依靠国家向老年人提供以养老保险和医疗保险为主要内容的社会保险、社会救助及其相关服务。在本书中，医疗保险特指新型农村合作医疗保险；养老保险特指新型农村社会养老保险；社会救助特指最低生活保障制度。

第三，社会养老主体包括社区服务和机构服务两个维度。在本书中，社区服务特指通过农村基层社区向老年人提供社区养老设施以及相关的社区养老服务，如社区老年活动中心、社区居家养老服务站；机构服务指的是专业养老机构提供的养老服务，如农村养老院。

本书把社区服务作为社会养老福利体系的一个维度。在中国乡村治理格局中，乡镇党委、政府以及农村党支部代表着国家的力量，而村民委员会和村民小组等组成的基层社区则代表着社会的力量。[①] 社区将是未来中国经济和社会发展的新的生长点，社区和其他非营利组织共同组成新的社会结构，将成为公众的自组织，这是继中国把政府与企业分开之后，把政府职能与社会职能分开的又一巨大社会变革。[②] 另外，国务院办公厅《社会养老服务体系建设规划（2011—2015年)》明确规定，社区服务和机构服务是社会养老服务体系的两个有机组成部分。基于此，本书也将把社区服务和机构服务纳入社会养老福利体系之中，作为社会养老福利体系的两个维度。

---

① 徐勇、朱国云：《农村社区治理主体及其权力关系分析》，《理论月刊》2013 年第 1 期。

② 张敏杰：《新中国 60 年人口老龄化与养老制度研究》，浙江工商大学出版社 2009 年版。

第三节 养老福利多元主体与老年人福祉的关系研究

一 家庭养老主体与老年人福祉的关系研究

家庭主体是养老福利多元体系中最基础的主体，它主要依靠家庭成员向老年人提供经济上的支持、生活上的照料、情感上的支持。[1][2]本书从老年人自评健康、生活满意度和抑郁倾向出发，来梳理老年人福祉与家庭养老主体之间关系的相关研究文献。

（一）家庭养老主体与老年人自评健康

传统的家庭代际互惠关系表现为成年子女为老年父母提供经济上的支持、生活上的照料和情感上的支持，这种支持被称为家庭养老。[3]来自家庭成员的经济支持、生活照料、情感支持都会对老年人的自评健康产生不同程度的影响。而居住方式作为对老年人的特殊形式的家庭支持，同样会对老年人的自评健康产生一定的影响。

1. 家庭成员经济支持与老年人自评健康

已有研究表明，家庭经济支持对老年人自评健康具有显著性影响。杨菊华等基于中国老年人口健康状况调查项目（CLHLS）2002年和2005年数据对老年社会贫困的研究[4]，以及张苏和王婕基于中国健康与养老追踪调查项目（CHARLS）2011—2012年数据对健康老龄化与养老服务体系构建的研究[5]，都得出相同的研究结论，即控制了其他变量之后，儿女的经济支持明显提高了老年人自评健康较好的几率。李建新和李嘉羽基于中国老年人口健康状况调查项目（CLHLS）2008年跟踪数据，从不同的维度分析考察中国城市空巢老年人口生活质量状况。研究结果发现，相对于生活来源主要靠政府或其他亲属

---

① 陈立行、柳中权：《向社会福祉跨越：中国老年社会福祉研究的新视角》，社会科学文献出版社2007年版。
② 杨立雄：《老年福利制度研究》，人民出版社2013年版。
③ 王萍、李树茁：《代际支持对农村老年人生活满意度影响的纵向分析》，《人口研究》2011年第1期。
④ 杨菊华、姜向群、陈志光：《老年社会贫困影响因素的定量和定性分析》，《人口学刊》2010年第4期。
⑤ 张苏、王婕：《健康老龄化与养老服务体系构建》，《教学与研究》2013年第8期。

的老年人，生活来源靠家庭成员如配偶或子女的老年人对自身的健康评价较高。由此可见，家庭成员的经济支持能让老年人更有一种生活有所依靠的感觉和信心，因而也就增强了他们对自身健康状况的积极评价。① 国内外大量关于成年子女向老年父母提供经济支持的相关研究表明，西方发达国家发展极其成熟完善的养老金、医疗保险等社会福利体系能够给老年人提供足够的养老收入和经济保障，基本可以代替子女对老年父母的经济支持。而包括中国在内的广大发展中国家没有像西方福利国家那样完善的社会福利体系，老年人养老在很大程度上依赖儿女们提供经济上的支持和物质上的保障，因而子女提供的经济支持和物质保障对老年人健康状况有着重要影响。②

2. 家庭成员生活照料与老年人自评健康

已有研究表明，家庭成员如配偶或子女生活照料与老年人健康状况之间存在相关关系，但生活照料与老年人健康之间孰因孰果的问题尚有争议。祖恩祖恩吉（Zunzunegui）等对西班牙老年人群体自评健康与抑郁症状的研究发现，控制了其他变量之后，子女提供的生活照料能够显著地提升老年人自评健康水平。③ 李建新基于中国老年人口健康状况调查项目（CLHLS）2002 年跟踪数据，对我国老年人生活质量与社会支持的关系研究同样也发现，来自配偶或子女的日常生活照料会对老年人自评健康产生积极影响。④ 一些学者认为家庭成员生活照料与老年人健康之间存在互为因果的关系。一是获得子女生活照料的老年人大多因为自身健康状况较差，老年人在身体健康状况良好时，很少需要子女的生活照料。因而，老年人能否获得子女们的生活照料反而取决于老年人自身的健康状况。⑤ 二是子女提供的生活照料

---

① 李建新、李嘉羽：《城市空巢老人生活质量研究》，《人口学刊》2012 年第 3 期。

② 王萍、李树茁：《农村家庭养老的变迁和老年人的健康》，社会科学文献出版社 2011 年版。

③ Zunzunegui, M. V., F. Béland and A. Otero, "Support from Children, Living Arrangements, Self-Rated Health and Depressive Symptoms of Older People in Spain", *International Journal of Epidemiology*, Vol. 30, No. 5, 2001.

④ 李建新：《老年人口生活质量与社会支持的关系研究》，《人口研究》2007 年第 3 期。

⑤ 熊跃根：《中国城市家庭的代际关系与老人照顾》，《中国人口科学》1998 年第 6 期。

有助于健康状况较差的老年人的康复，来自子女的生活照料能够缓解老年人的心理紧张，提升老年人的精神状态，从而改进老年人的健康状况。[①] 因而，家庭成员生活照料与老年人健康之间的关系并没有统一的定论。

3. 家庭成员情感支持与老年人自评健康

已有研究发现，来自包括配偶或子女的家庭成员的情感支持如倾听心事、亲人之间见面与联系频率、儿女孝顺、家庭和睦等都对老年人的自评健康有显著性影响。刘（Liu）等利用武汉老年人健康状况1991 年调查数据的研究发现，获得家庭成员的情感支持对老年人自评健康的提升起到了关键性作用，而生活照料方面的支持对老年人自评健康没有明显的影响。[②] 而祖恩祖恩吉（Zunzunegui）等的研究结论与刘（Liu）的研究结论大致相同，即来自子女的情感支持与老年人的自评健康显著相关。[③] 李建新基于中国老年人口健康状况调查项目（CLHLS）2002 年跟踪数据，对我国老年人生活质量与社会支持的关系研究发现，相对于有心事或想法向其他人或无人诉说的参照组来说，有子女或有配偶诉说的老年人的自评健康较好的几率显著提高。两者相比，有心事或有想法能够向配偶诉说，更加有利于老年人对自评健康产生积极影响。[④] 宋月萍利用中国流动人口问题研究课题组 2009 年调查数据对农村留守老人健康状况进行的分析结果认为，外出打工子女与家中老年父母的联系频率对老年父母的自评健康具有显著性的正向影响，联系频率越多，老年人的自评健康越好。[⑤] 综上所述，家庭成员情感支持对老年人自评健康总体上具有积极的影响。

---

① Silverstein, M. and V. L. Bengtson, "Does Intergenerational Social Support Influence the Psychological Well-Being of Older Parents? The Contingencies of Declining Health and Widowhood", *Social Science and Medicine*, Vol. 38, No. 7, 1994.

② Liu, X., J. Liang and S. Gu, "Flows of Social Support and Health Status Among Older Persons in China", *Social Science and Medicine*, Vol. 41, No. 8, 1995.

③ Zunzunegui, M. V., F. Béland and A. Otero, "Support from Children, Living Arrangements, Self-Rated Health and Depressive Symptoms of Older People in Spain", *International Journal of Epidemiology*, Vol. 30, No. 5, 2001.

④ 李建新：《老年人口生活质量与社会支持的关系研究》，《人口研究》2007 年第 3 期。

⑤ 宋月萍：《精神赡养还是经济支持：外出务工子女养老行为对农村留守老人健康影响探析》，《人口与发展》2014 年第 4 期。

4. 家庭居住方式与老年人自评健康

　　家庭居住方式也就是家庭成员之间的空间距离，空间距离决定着家庭成员之间的心理距离，换句话说，居住方式就是情感支持的一种形式。从国内外已有文献来看，作为情感支持的一种，居住方式对老年人自评健康具有显著性影响，但具体是正向影响还是负向影响存在争议。韦特和休斯（Waite and Hughes）基于1992年美国健康与退休跟踪调查（HRS）数据的研究发现，控制了其他因素之后，仅与配偶同住的老年人在自评健康方面显著胜于其他组的老年人。[①] 伦德（Lund）等对美国老年人的研究发现，相对于独居老年人来说，与子女共同居住的老年人健康状况明显更好。[②] 卡里查（Kharicha）等基于英国2601名65岁以上老年人样本的研究发现，空巢老人自评健康较差的风险显著高于非空巢老人。[③] 陈和肖特（Chen and Short）利用中国老年人口健康状况调查项目（CLHLS）调查数据的研究显示，在所有老年人中，与女儿居住的老年人的健康状况最好，独居老年人的健康状况最差。[④] 而李（Li）等也利用中国老年人口健康状况调查项目（CLHLS）数据进行研究，却发现，仅与配偶居住的老年人健康状况最好，独居的老年人在日常生活活动能力方面较好，而与子女一起居住的老年人自评健康较好。[⑤]

　　国内学者李建新和李嘉羽利用中国老年人口健康状况调查项目（CLHLS）2008年跟踪数据对中国城市空巢老年人口生活质量的研究发现，与家人住在一起的城市老人的自评健康明显好于城市空巢

① Waite, L. J. and M. E. Hughes, "At Risk on the Cusp of Old Age: Living Arrangements and Functional Status among Black, White and Hispanic Adults", *The Journals of Gerontology: Series B*, Vol. 54, No. 3, 1999.

② Lund, R., P. Due, J. Modvig, B. E. Holstein, M. T. Damsgaard and P. K. Andersen, "Cohabitation and Marital Status as Predictors of Mortality—An Eight Year Follow-Up Study", *Social Science and Medicine*, Vol. 55, 2002.

③ Kharicha, K., S. Iliffe, D. Harari, C. Swift, G. Umann and A. E. Stuck, "Health Risk Appraisal in Older People: Are Older People Living Alone An At-risk Group", *The British Journal of General Practice*, Vol. 57, No. 537, 2007.

④ Chen, F. and S. E. Short, "Household Context and Subjective Well-Being among the Oldest Old in China", *Journal of Family Issues*, Vol. 29, No. 10, 2008.

⑤ Li, L. W., J. Zhang and J. Liang, "Health among the Oldest-Old in China: Which Living Arrangements Make a Difference?", *Social Science and Medicine*, Vol. 68, 2009.

老人的自评健康，这也充分说明家庭成员的情感支持对老年人的自评健康具有显著性的正向影响。① 杨菊华等基于中国老年人口健康状况调查项目（CLHLS）2002 年和 2005 年数据对老年社会贫困的研究却发现，与同配偶或子女同住的老年人相比，独居老人的自评健康反而更好。② 这一结论与以上几位学者的研究结论刚好相反。究其原因可能是独居老人身体健康状况原本就较好，而身体健康状况不好的老人往往选择与家人同住。这带来的问题就是居住方式与老年人健康两者之间谁因谁果的问题，很容易得出两者之间的相关关系，而很难把握两者之间的因果关系。

（二）家庭养老主体与老年人生活满意度

对于家庭养老主体与老年人生活满意度关系的研究文献，本书也从来自家庭成员的经济支持、生活照料、情感支持，以及作为对老年人情感支持特殊形式的家庭居住方式等方面，来回顾它们与老年人生活满意度关系的研究文献。

1. 家庭经济支持与老年人生活满意度

已有研究表明，来自家庭成员经济上的支持能够显著地提升老年人的生活满意度。西尔弗斯坦（Silverstein）等对中国农村留守老年人的居住方式与代际之间的经济支持、生活照料、情感支持如何影响老年人生活满意度的研究发现，控制了其他变量之后，受到成年子女经济上的资助能显著提升老年人的生活满意度。③ 王萍和李树茁基于安徽省农村老年人生活状况跟踪调查数据，对家庭代际支持对农村老年人生活满意度的研究④，以及王彦方和王旭涛对四川泸州农村留守老人生活满意度的研究⑤，都同样支持西尔弗斯坦的研究结论，即子

① 李建新、李嘉羽：《城市空巢老人生活质量研究》，《人口学刊》2012 年第 3 期。
② 杨菊华、姜向群、陈志光：《老年社会贫困影响因素的定量和定性分析》，《人口学刊》2010 年第 4 期。
③ Silverstein, M., Z. Cong and S. Li, "Intergenerational Transfers and Living Arrangements of Older People in Rural China: Consequences for Psychological Well-Being", *Journal of Gerontology*, Vol. 61, No. 5, 2006.
④ 王萍、李树茁：《代际支持对农村老年人生活满意度影响的纵向分析》，《人口研究》2011 年第 1 期。
⑤ 王彦方、王旭涛：《影响农村老人生活满意度和养老模式选择的多因素分析——基于对留守老人的调查数据》，《中国经济问题》2014 年第 5 期。

女提供的经济支持对老年人生活满意度具有显著性的正向影响。李建新和李嘉羽对城市空巢老人生活质量的研究也发现，与生活来源主要靠政府或其他亲属的参照组相比，生活来源靠子女和配偶的老年人的生活满意度较高，这意味着家庭成员的经济支持能让老年人对生活更加满意。① 由此可以看出，家庭经济支持对老年人生活满意度总体上具有积极的影响。

2. 家庭生活照料与老年人生活满意度

已有研究表明，来自家庭成员生活上的照料能够显著地提升老年人的生活满意度。杨和冯（Yeung and Fung）对家庭支持与香港老年人生活满意度的关系研究发现，得到家庭成员的日常生活照料越多，老年人的生活满意度明显更高。② 郭志刚和刘鹏基于中国老年人口健康状况调查（CLHLS）2002 年跟踪数据的研究③，同样支持杨和冯的研究结论，即来自配偶或子女等家庭成员的生活照料能够显著提升老年人的生活满意度。李建新的研究也发现，在可感知的实质性生活支持上，即遇到问题和困难时向谁寻求帮助，相对于与其他人求助而言，向配偶和子女寻求帮助的老年人的生活满意度有显著性提升，特别是子女的生活支持显得更为重要。④ 高歌和高启杰使用河南省叶县农村 2010 年养老调查数据对农村老年人生活满意度的研究发现，生病时有儿女来照顾能够显著地提升老年人的生活满意度；另外，有配偶在日常生活中的照料也能显著地提升老年人的生活满意度。⑤ 因此，家庭生活照料是影响老年人生活满意度的重要因素。

3. 家庭成员情感支持与老年人生活满意度

已有研究发现，来自包括配偶或子女的家庭成员的情感支持如唠家常或倾听心事、见面与电话联系频率、儿女孝顺、家庭和睦等都对

---

① 李建新、李嘉羽：《城市空巢老人生活质量研究》，《人口学刊》2012 年第 3 期。

② Yeung, G. T. Y. and H. H. , Fung, "Social Support and Life Satisfaction Among Hong Kong Chinese Older Adults: Family First?", *European Journal Ageing* , Vol. 4 , 2007.

③ 郭志刚、刘鹏：《中国老年人生活满意度及其需求满足方式的因素分析——来自核心家人构成的影响》，《中国农业大学学报》（社会科学版）2007 年第 3 期。

④ 李建新：《老年人口生活质量与社会支持的关系研究》，《人口研究》2007 年第 3 期。

⑤ 高歌、高启杰：《农村老年人生活满意度及其影响因素分析》，《中国农村观察》2011 年第 3 期。

老年人的生活满意度有显著性的正向影响。一些对中国大陆或香港地区老年人生活满意度的研究发现，获得子女或孙子女的情感支持能够显著地提升老年人的生活满意度。①② 另有一些研究也已经证明，子女孝顺、家庭和睦都能显著地提升老年人的生活满意度。③④ 子女孝顺能够给老年父母提供情感上的支持，满足老年人对亲情的渴望。子女孝顺的家庭，其代际关系肯定是美满与和谐的，老年人生活在这种美满与和谐的家庭氛围中，对生活的满意度肯定就会高。李建新和李嘉羽对城市空巢老人生活质量的研究还发现，同与其他人聊天相比，能够与家人聊天多的老人对生活更加满意。⑤ 另有研究发现，与子女的情感支持相比，配偶的情感支持更能积极提升老年人的生活满意度。曾宪新利用中国老年人口健康状况调查（CLHLS）2008 年跟踪数据对老年人生活满意度的研究发现，子女的代际情感支持对单身老年人生活满意度具有显著性的正向影响；而对配偶健在的老年人生活满意度却没有统计上的显著性。这足以说明，配偶对于老年人情感支持的重要性胜过子女。⑥

4. 家庭居住方式与老年人生活满意度

作为对老年人情感支持的一种典型形式，家庭居住方式势必会影响到老年人的生活满意度。有研究已经证明，相对于独居老人来说，与家人同住对老年人的生活满意度具有显著性的正向影响。⑦ 李建新和李嘉羽的研究同样发现，与家人居住在一起的老人比空巢

① Krause, N. , J. Liang and S. Gu, "Financial Strain, Received Support, Anticipated Support, and Depressive Symptoms in the People's Republic of China", *Psychology and Aging*, Vol. 13, No. 1, 1998.

② Xu, L. and I. Chi, "Life Satisfaction Among Rural Chinese Grandparents: The Roles of Intergenerational Family Relationship and Support Exchange with Grandchildren", *International Journal of Social Welfare*, Vol. 20, 2011.

③ Okun, M. A. , R. W. Olding and C. M. Cohn, "A Meta-analysis of Subjective Well-Being Intervention among Elders", *Psychological Bulletin*, Vol. 108, No. 2, 1990.

④ 同钰莹：《亲情感对老年人生活满意度的影响》，《人口学刊》2000 年第 4 期。

⑤ 李建新、李嘉羽：《城市空巢老人生活质量研究》，《人口学刊》2012 年第 3 期。

⑥ 曾宪新：《居住方式及其意愿对老年人生活满意度的影响研究》，《人口与经济》2011 年第 5 期。

⑦ 李建新、刘保中：《城乡老年人口生活满意度差异及变化分析——基于 CLHLS 项目调查数据》，《学海》2015 年第 1 期。

老人对生活感到更加满意，这说明他们在平时生活中能够与家人有更多的交流、得到更多的帮助，来自家人精神上和心理上的慰藉对老年人的生活满意度产生了积极的作用。① 还有研究探讨了何种形式的居住方式对老年人生活满意度影响最大。比如任强和唐启明的研究就发现，与其他居住方式相比，与配偶一起单独生活的老年夫妇的生活满意度最高。② 纪传如和邢大伟基于苏北 5 市农村老年人样本的研究发现，生活在祖孙三代大家庭的老年人生活满意度最高，老年夫妇二人居住的老年人生活满意度次之，而独居的老年人生活满意度最低。③

（三）家庭养老主体与老年人抑郁倾向

对于家庭养老主体与老年人抑郁倾向关系的研究文献，本书也从来自家庭成员的经济支持、生活照料、情感支持，以及作为对老年人情感支持特殊形式的家庭居住方式等方面，来回顾它们与老年人抑郁倾向关系的研究文献。

1. 家庭经济支持与老年人抑郁倾向

从已有的关于家庭经济支持与老年人抑郁倾向关系的研究文献中可以发现，来自家庭成员经济上的支持对老年人抑郁倾向具有不同程度的影响。王萍和李树茁对农村老年人健康的研究显示，控制了其他变量之后，获得子女经济支持会显著地降低农村老年人的抑郁程度。④ 西尔弗斯坦（Silverstein）等对中国农村老年人心理幸福感的研究发现，来自儿女们的最大化经济支持会显著地降低中国农村老年人的抑郁倾向。⑤ 祖恩祖恩吉（Zunzunegui）等对西班牙老年人的研究发现，与未受到子女经济支持的老年人相比，受到子女经

---

① 李建新、李嘉羽：《城市空巢老人生活质量研究》，《人口学刊》2012 年第 3 期。
② 任强、唐启明：《中国老年人的居住安排与情感健康研究》，《中国人口科学》2014 年第 4 期。
③ 纪传如、邢大伟：《农村老年人生活满意度实证分析——以苏北 5 市 1008 个样本为例》，《南京人口管理干部学院学报》2012 年第 3 期。
④ 王萍、李树茁：《农村家庭养老的变迁和老年人的健康》，社会科学文献出版社 2011 年版。
⑤ Silverstein, M., Z. Cong and S. Li, "Intergenerational Transfers and Living Arrangements of Older People in Rural China: Consequences for Psychological Well-Being", *Journal of Gerontology*, Vol. 61, No. 5, 2006.

济支持的老年人的抑郁症状得分显著降低。[1] 陈肇男和林惠玲对台湾老人心理福祉的研究表明，来自配偶及子女等家庭成员组成的户基护航网络第一圈的经济支持会显著地降低老年人有抑郁倾向的可能性。[2] 综上所述，来自子女们的经济支持总体上会降低老年人有抑郁倾向的几率。

2. 家庭生活照料与老年人抑郁倾向

从家庭生活照料与老年人抑郁倾向关系的研究文献中可以发现，来自家庭成员生活上的照料对降低老年人抑郁倾向具有一定的积极影响。王萍和李树茁对农村老年人健康的研究显示，获得子女家务和起居帮助会显著地降低农村老年人的抑郁程度。[3] 西尔弗斯坦（Silverstein）等对老年人心理福祉的研究表明，来自子女们的生活照料与帮助会显著地降低老年人有抑郁倾向的可能性。[4] 祖恩祖恩吉（Zunzunegui）等对西班牙老年人的研究发现，与未得到过子女生活起居上帮助的老年人相比，得到过子女生活起居上帮助的老年人的抑郁症状得分显著降低。[5] 因此，家庭生活照料有助于降低老年人有抑郁倾向的几率。

3. 家庭成员情感支持与老年人抑郁倾向

已有研究表明，来自家庭成员情感上的支持能够显著地降低老年人有抑郁倾向的几率。梅锦荣对香港高龄老人的研究发现，控制了其他变量之后，家庭成员良好的关系能显著降低老年人有抑郁倾向的可

---

[1] Zunzunegui, M. V., F. Béland and A. Otero, "Support from Children, Living Arrangements, Self-Rated Health and Depressive Symptoms of Older People in Spain", *International Journal of Epidemiology*, Vol. 30, No. 5, 2001.

[2] 陈肇男、林惠玲：《家庭、社会支持与老人心理福祉：二十世纪末的台湾经验》，台北："中央研究院"联经出版公司 2015 年版。

[3] 王萍、李树茁：《农村家庭养老的变迁和老年人的健康》，社会科学文献出版社 2011 年版。

[4] Silverstein, M., Z. Cong and S. Li, "Intergenerational Transfers and Living Arrangements of Older People in Rural China: Consequences for Psychological Well-Being", *Journal of Gerontology*, Vol. 61, No. 5, 2006.

[5] Zunzunegui, M. V., F. Béland and A. Otero, "Support from Children, Living Arrangements, Self-Rated Health and Depressive Symptoms of Older People in Spain", *International Journal of Epidemiology*, Vol. 30, No. 5, 2001.

能性。① 王兴华等对老年人抑郁情绪的研究发现，良好的家庭关系能有效缓解老年人的抑郁情绪。② 瑞玛（Raymo）等对日本老年人心理幸福感的研究表明，经历失去配偶、没有配偶精神安慰和慰藉的家庭结构变迁会明显增加他们抑郁倾向的可能性。③ 西尔弗斯坦（Silverstein）等对老年人心理幸福感的研究表明，儿女的数量越多，老年人有抑郁倾向的可能性就会越低；来自儿女们的最大化的情感凝聚力会显著地降低老年人有抑郁倾向的可能性。④ 祖恩祖恩吉（Zunzunegui）等对失能老年人的研究发现，家庭成员的情感支持能明显缓解失能老年人的抑郁症状。⑤ 由此可以看出，家庭成员情感支持与老年人抑郁倾向之间的关联程度。

4. 家庭居住方式与老年人抑郁倾向

关于老年人与子女共同居住的影响有两大理论。一是家庭支持理论，认为老年人与成年子女同住可以获得心理安慰和情感支持，从而能够降低老年人有抑郁倾向的可能性。二是家庭冲突理论，认为与子女共同生活引发的家庭矛盾有可能会增加老年人的抑郁倾向。王萍和李树茁对农村老年人健康的研究显示，与配偶或其子女同住都会显著地降低农村老年人的抑郁程度。⑥ 祖恩祖恩吉（Zunzunegui）等对西班牙老年人的研究发现，与子女共同居住的老年人的抑郁症状得分显著低于未同住的老年人，也就是说，与子女共同居住显著降低了老年

---

① 梅锦荣：《老人主观幸福感的社会性因素》，《中国心理卫生杂志》1999 年第 2 期。

② 王兴华、王大华、申继亮：《社会支持对老年人抑郁情绪的影响研究》，《中国临床心理学杂志》2006 年第 1 期。

③ Raymo, J. M. , S. Kikuzawa, J. Liang and E. Kobayashi, "Family Structure and Well-Being at Older Ages in Japan", *Journal of Population Research*, Vol. 25, No. 3, 2008.

④ Silverstein, M. , Z. Cong and S. Li, "Intergenerational Transfers and Living Arrangements of Older People in Rural China: Consequences for Psychological Well-Being", *Journal of Gerontology*, Vol. 61, No. 5, 2006.

⑤ Zunzunegui, M. V. , F. Béland, A. Llácer and I. Keller, "Family, Religion, and Depressive Symptoms in Caregivers of Disabled Elderly", *Journal of Epidemiology and Community Health*, Vol. 53, No. 6, 1999.

⑥ 王萍、李树茁：《农村家庭养老的变迁和老年人的健康》，社会科学文献出版社 2011 年版。

人有抑郁倾向的可能性。[①] 沈可基于中国老年人口健康状况调查项目（CLHLS）的跟踪数据对中国老年人居住模式的研究发现，与子女同住的老年人有抑郁倾向的可能性显著低于空巢老人。[②] 而 Waite 和 Hughes 基于 1992 年美国健康与退休跟踪调查（HRS）数据的研究发现，仅与配偶同住的老年人有抑郁倾向的可能性显著低于其他组的老年人。[③] 也就是说，不与子女同住的老年人有抑郁倾向的可能性更低。

二 国家养老主体与老年人福祉的关系研究

国家是提供养老保障资源及经济支持的主导性福利责任主体，它主要向老年人提供养老保险、医疗保险、社会救助及相关服务。[④] 本部分将探讨国家养老主体与老年人福祉之间的关系，重点梳理国家养老主体与老年人自评健康、生活满意度、抑郁倾向维度之间关系的相关研究文献。

（一）国家养老主体与老年人自评健康

对国家养老主体与老年人自评健康的关系研究，主要回顾医疗保险、养老保险、救助服务等方面与老年人自评健康之间关系的研究文献。

1. 医疗保险与老年人自评健康

参与医疗保险和人们健康水平之间的关系在学术界存在较大争议。一些研究表明，参与医疗保险有助于提高人们的健康水平。[⑤] 卡德（Card）等通过自然实验设计测量了保险参与面的扩大对老年人健康水平的影响。研究结果发现，控制了其他变量之后，保险参与面扩

① Zunzunegui, M. V., B. E. Alvarado, T. Delser and A. Otero, "Social Networks, Social Integration, and Social Engagement Determine Cognitive Decline in Community Dwelling Spain Older Adults", *The Journals of Gerontology*: *Series B*, Vol. 58, No. 2, 2003.

② 沈可:《中国老年人居住模式之变迁》, 社会科学文献出版社 2013 年版。

③ Waite, L. J. and M. E. Hughes, "At Risk on the Cusp of Old Age: Living Arrangements and Functional Status among Black, White and Hispanic Adults", *The Journals of Gerontology*: *Series B*, Vol. 54, No. 3, 1999.

④ 陈立行、柳中权:《向社会福祉跨越: 中国老年社会福祉研究的新视角》, 社会科学文献出版社 2007 年版。

⑤ Lichtenberg, F. R., "The Effects of Medicare on Health Care Utilization and Outcomes", *Frontiers in Health Policy Research*, Vol. 5, No. 3, 2002.

大有助于提高自评健康水平。[1] 芬克尔斯坦（Finkelstein）等通过研究发现，美国俄勒冈州标准医疗保险计划显著提升了 19—64 岁成年人的自评健康水平。[2] 但另有一些研究认为，医疗保险的参与并不一定会提高人们的健康水平。[3][4] 孔（King）等通过研究墨西哥全民医疗保险对全体国民健康水平的影响，发现控制了其他变量之后，全民养老保险对国民个人的自评健康没有产生显著性的影响。[5]

　　国内一些研究认为城镇居民医疗保险显著提升了弱势群体如老年人群体的自评健康水平。胡宏伟等使用国务院城镇居民医疗保险 2008 年至 2010 年数据，对城镇居民医疗保险对国民健康的作用机制进行研究。结果发现，城镇居民医疗保险没有显著促进城镇居民自评健康水平，却显著提升了低健康群体的自评健康水平，尤其提升了老年人和低收入低健康群体的自评健康水平。[6] 潘杰等也同样使用国务院城镇居民医疗保险调查数据，得出了与胡宏伟等大致相同的结论，即城镇居民医疗保险尤其显著提升了弱势群体的自评健康水平。[7] 秦永超基于 2012 年中国适度普惠型老年人社会福利数据库的研究同样发现，城市基本医疗保险显著提升了老年人的自评健康水平。[8]

---

① Card, D., D. Carlos and M. Nicole, "The Impact of Nearly Universal Insurance Coverage on Health Care Utilization: Evidence from Medicare", *The American Economic Review*, Vol. 98, No. 5, 2008.

② Finkelstein, A., S. Tanbman, B. Wright, M. Bernstein, J. Gruber, H. Allen and K. Baicker, "*The Oregon Health Insurance Experiment: Evidence from the First Year*", National Bureau of Economic Research (NBER) Working Paper No. 10365, Cambridge, MA, 2011.

③ Brown, M. E., B. B. Andrew and L. Nicole, "Monitoring the Consequences of Un-insurance: A Review of Methodologies", *Medical Care Research Review*, Vol. 55, No. 2, 1998.

④ Levy, H. and D. Meltzer, "What do We Really Know about Whether Health Insurance Affects Health?", in Catherine. G. Mclaughlin (ed.), *Health Policy and the Uninsured*, Washington, D. C.: The Urban Institute Press, 2004.

⑤ King, G., E. Gakidou, K. Imai, J. Lakin, R. T. Moore, C. Nall, N. Ravishankar, M. Vargas, M. M. Tellez-Rojo, J. E. H. Avila, M. H. Avila and H. H. Llamas, "Public Policy for the Poor? A Randomized Assessment of the Mexican Universal Health Insurance Programme", *The Lancet*, Vol. 373, 2009.

⑥ 胡宏伟、刘国恩：《城镇居民医疗保险对国民健康的影响效应与机制》，《南方经济》2012 年第 10 期。

⑦ 潘杰、雷晓燕、刘国恩：《医疗保险促进健康吗？——基于中国城镇居民基本医疗保险的实证分析》，《经济研究》2013 年第 4 期。

⑧ 秦永超：《老人福祉视域下养老福利多元建构》，《山东社会科学》2015 年第 12 期。

还有学者把城镇职工基本医疗保险和新型农村合作医疗保险两者作对比，来研究它们与老年人自评健康之间关系的差异性。研究结论是：城镇职工基本医疗保险对老年人自评健康的影响较大，而新型农村合作医疗保险对老年人自评健康的影响较小。如刘晓婷基于浙江省城乡老年人生活状况的 2010 年调查数据，对社会医疗保险对老年人健康水平的影响进行研究。[①] 结果发现，相比没有职工医疗保险的老年人来说，拥有城镇职工基本医疗保险的老年人拥有更高的自评健康水平；而新型农村合作医疗保险参保者却比其他保险项目参保者具有更低的自评健康水平。而王丹华利用中国老年人口健康状况调查（CLHLS）数据，对新农合的健康绩效进行了动态追踪分析，并进一步分析新农合对健康的影响途径。[②] 结果发现，新型农村合作医疗保险仅仅在短期内提高参合老年人的自评健康，但随着参合年限的增加，新型农村合作医疗保险就降低了参合老年人的自评健康，其中原因可能是新型农村合作医疗保险增加了老年人的体检次数，原先没有发现的一些疾病被检查出来，从而导致自评健康水平的下降。

另有学者对公费医疗或医疗救助与老年人自评健康关系进行研究的结果发现，享受公费医疗能够显著地提升老年人的自评健康水平。如杨菊华等基于中国老年人口健康状况调查项目（CLHLS）2002 年和 2005 年数据对老年社会贫困的研究也同样发现，与子女等家人支付医疗费用相比，享受公费医疗的老年人的自评健康状况更好。[③] 另外，莱维和梅尔泽（Levy and Melzer）相关研究发现，通过医疗救助等相关社会救助干预手段，可以维护和提升人们的健康水平。[④]

2. 养老保险与老年人自评健康

享有养老保险与老年人自评健康之间的关系在学术界也存在争

---

① 刘晓婷：《社会医疗保险对老年人健康水平的影响——基于浙江省的实证研究》，《社会》2014 年第 2 期。

② 王丹华：《"新农合"健康绩效及其作用机制研究——基于 CLHLS 数据》，《社会保障研究》2014 年第 5 期。

③ 杨菊华、姜向群、陈志光：《老年社会贫困影响因素的定量和定性分析》，《人口学刊》2010 年第 4 期。

④ Levy, H., and D. Melzer, "The Impacts of Health Insurance on Health", *Annual Review of Public Health*, Vol. 29, 2008.

议。Case 通过相关研究发现，养老金通过保障家庭成员的基本生活，提高营养等基本生活水平，从而会提升家庭成员的健康水平。[1] 而杨菊华等基于中国老年人口健康状况调查项目（CLHLS）2002 年和 2005 年数据对老年社会贫困的研究发现，与没有退休金的老年人相比，享受退休金的老年人的自评健康状况反而更差。[2] 张苏和王婕利用中国健康与养老追踪调查（CHARLS）2011—2012 年数据探讨家庭养老和社会养老对老年人健康的影响。研究发现，控制了其他变量之后，国家养老保险对老年人自评健康具有显著性的正向影响。[3]

（二）国家养老主体与老年人生活满意度

对国家养老主体与老年人生活满意度的关系研究，本书主要回顾医疗保险、养老保险、救助补贴等方面与老年人生活满意度关系的研究文献。杨金龙基于全国五省 90 个村实地调查研究发现，参与新型农村合作医疗保险、农村养老保险、获得农村最低生活保障都对农村老年人的生活满意度具有显著性的正向影响。[4] 黎春娴利用福建省农村老年人抽样调查的研究发现，包含新型农村社会养老保险在内的经济支持是提升农村老年人生活满意度的最显著因素。[5] 李建新和刘保中使用中国老年人健康长寿影响因素跟踪调查项目（CLHLS）2002 年和 2011 年数据，研究我国城乡老年人生活满意度的差异。结果显示，重病得到及时治疗、享有退休金对老年人的生活满意度具有显著性的正向影响。[6] 王彦方和王旭涛基于四川泸州留守老人生活满意度的研究发现，享受过新型农村医疗保险能

---

① Case, A., "Does Money Protect Health Status? Evidence from South African Pensions", NBER Working Paper, No. 8495, in D. Wise (Eds), *Perspectives on the Economics of Aging*, University of Chicago Press, 2001.

② 杨菊华、姜向群、陈志光:《老年社会贫困影响因素的定量和定性分析》,《人口学刊》2010 年第 4 期。

③ 张苏、王婕:《健康老龄化与养老服务体系构建》,《教学与研究》2013 年第 8 期。

④ 杨金龙:《村域社会资本、家庭亲和对老年人生活满意度影响的实证分析》,《统计与决策》2013 年第 15 期。

⑤ 黎春娴:《新农保背景下农村老年人的社会支持与生活满意度研究》,《华南农业大学学报》（社会科学版）2013 年第 4 期。

⑥ 李建新、刘保中:《城乡老年人口生活满意度差异及变化分析——基于 CLHLS 项目调查数据》,《学海》2015 年第 1 期。

显著提升农村留守老人的生活满意度。① 综上所述，社会保险对老年人生活满意度存在积极的影响。

（三）国家养老主体与老年人抑郁倾向

对于国家养老主体与老年人抑郁倾向的关系研究，本书主要回顾医疗保险、养老保险、救助补贴等方面与老年人抑郁倾向之间关系的研究文献。林艳艳等对山东省 322 名老年人抑郁症状的研究发现，无养老保险的老年人的抑郁症状显著高于有养老保险的老年人②，这也充分说明养老保险对缓解抑郁症状的显著作用。另外，薛立勇采用贝克抑郁自评量表，对山东省 1200 个低保对象的研究发现，低保对象的心理健康状况不容乐观，大约有 87.08% 的低保对象存在不同程度的抑郁症状。③ 沈可基于中国老年人口健康状况调查项目（CLHLS）的跟踪数据对中国老年人居住模式的研究发现，有医疗保险的老年人有抑郁倾向的可能性显著低于无医疗保险的老年人。④ 这说明，享受社会保险能够显著降低老年人的抑郁倾向。

三　社会养老主体与老年人福祉的关系研究

本部分集中从老年人福祉的三个具体维度，即老年人自评健康、生活满意度和幸福感出发，来梳理老年人三个具体维度层面与社会养老主体（包括社区服务、机构服务）之间关系的相关研究文献。

（一）社会养老主体与老年人自评健康

1. 社区服务与老年人自评健康

在关于社区服务与老年人自评健康的文献中可以看出，社区服务对老年人的自评健康有显著性影响。如韦艳和贾亚娟对陕西省农村老年女性自评健康影响因素研究显示，社区变量如社区妇幼保健院、社

---

① 王彦方、王旭涛：《影响农村老人生活满意度和养老模式选择的多因素分析——基于对留守老人的调查数据》，《中国经济问题》2014 年第 5 期。

② 林艳艳、曹光海、赵洁：《山东省老年人抑郁症状、孤独感与社会支持特点》，《中国老年学杂志》2015 年第 24 期。

③ 薛立勇：《低保对象的精神健康状况及其影响因素——以山东省低保对象抑郁状况为例的研究》，《东岳论丛》2014 年第 9 期。

④ 沈可：《中国老年人居住模式之变迁》，社会科学文献出版社 2013 年版。

区文化活动室的存在对农村老年女性的自评健康具有一定的积极影响。① 姜向群等利用中国老年健康影响因素 2011 年跟踪调查数据，对老年人健康状况进行的研究显示，社区服务对老年人的自评健康有显著性的正向影响。② 陈东和张郁杨对农村老年人幸福感的研究发现，社区老年活动中心对农村老年人自评健康有显著性的正向影响。③ 因此，社区服务对提升老年人自评健康水平具有积极影响。

2. 机构服务与老年人自评健康

学者们对机构服务与老年人自评健康关系的研究存在争议。古（Gu）等利用中国高龄老人健康长寿（CLHLS）调查数据的研究发现，与居住在家中的高龄老年人相比，居住于养老院的高龄老年人健康状况较差。④ 而顾大男和柳玉芝的研究却显示，与居家养老的老人相比，依靠机构养老的老人自评健康更好。⑤ 易松国和鄢盛明的研究同样也认为养老院老人的自评健康比居家老人的自评健康要好，养老院养老对老年人的自评健康具有积极影响。⑥ 刘宏等基于中国老年人口健康状况调查（CLHLS）2002 年和 2005 年数据的研究发现：对依靠补助生活的老年人来说，居住在养老院对他们的自评健康具有显著性的正向影响，甚至好于仅与配偶居住的老年人；在经济自立的情况下，住养老院也比其他居住方式更有利于老年人的自评健康状况，但这一差异在统计上只接近显著性。⑦

（二）社会养老主体与老年人生活满意度

对社会养老主体与老年人生活满意度的关系研究，主要回顾社区

---

① 韦艳、贾亚娟：《社会交往对农村老年女性健康自评的影响：基于陕西省调查的研究》，《人文杂志》2010 年第 4 期。

② 姜向群、魏蒙、张文娟：《中国老年人口的健康状况及影响因素研究》，《人口学刊》2015 年第 2 期。

③ 陈东、张郁杨：《不同养老模式对我国农村老年群体幸福感的影响分析——基于 CHARLS 基线数据的实证检验》，《农业技术经济》2015 年第 4 期。

④ Gu，D.，M. E. Dupre and G. Liu，"Characteristics of the Institutionalized and Community-Residing Oldest-Old in China"，*Social Science and Medicine*，Vol. 64，2007.

⑤ 顾大男、柳玉芝：《我国机构养老老人与居家养老老人健康状况和死亡风险比较研究》，《人口研究》2006 年第 5 期。

⑥ 易松国、鄢盛明：《养老院老人与居家老人健康状况比较分析》，《中国人口科学》2006 年第 3 期。

⑦ 刘宏、高松、王俊：《养老模式对健康的影响》，《经济研究》2011 年第 4 期。

服务、机构服务两方面与其生活满意度关系的研究文献。卡塔琳娜和凯撒（Katarina and Kajsa）曾对80岁以上高龄老人社区健康促进干预项目进行研究，结果发现，获得社区支持的老年人比那些没有获得社区支持的老年人的生活满意度更高，社区支持对老年人生活满意度的提升具有积极的影响。① 陆杰华和张金慧对我国城市老年妇女生活满意度的研究发现，控制了其他变量之后，社区提供的情感支持对老年人的生活满意度具有显著性的正向影响。② 钱雪飞对南通市区老年人生活满意度的研究显示，社区助老服务设施拥有度对老年人的生活满意度具有显著性的正向影响。③ 方黎明对农村老年人生活满意度的研究发现，社区助老助残组织对农村老年人生活满意度具有显著性的正向影响。④ 综上所述，社会养老主体的福利供给能够提升老年人的生活满意度。

（三）社会养老主体与老年人抑郁倾向

对社会养老主体与老年人抑郁倾向的关系研究，主要集中回顾社区服务、机构服务两方面与老年人抑郁倾向关系的研究文献。而关于社区服务、机构服务与老年人抑郁倾向关系的研究非常稀缺。陈东和张郁杨对农村老年人幸福感的研究发现，控制了其他变量之后，社区有老年活动中心对降低农村老年人负向情绪有积极作用。⑤ 这说明社会养老主体与老年人抑郁倾向之间关系的相关研究亟待加强。

四　文献述评

通过前文梳理以往有关养老福利多元主体与老年人福祉的研究文

---

① Katarina Wilhelmson and Kajsa Eklund, "Positive Effects on Life Satisfaction Following Health-promoting Interventions for Frail Older Adults: A Randomized Controlled Study", *Health Psychology Research*, Vol. 1, No. 12, 2013.

② 陆杰华、张金慧：《我国城市老年妇女生活满意度的影响因素分析》，《老龄科学研究》2013年第3期。

③ 钱雪飞：《影响城市老年人生活满意度的社区因素探讨》，《南京人口管理干部学院学报》2009年第3期。

④ 方黎明：《健康状况、公共服务与农村老人的主观幸福感》，《江汉学术》2014年第1期。

⑤ 陈东、张郁杨：《不同养老模式对我国农村老年群体幸福感的影响分析——基于CHARLS基线数据的实证检验》，《农业技术经济》2015年第4期。

献可以发现，学者们已经勾勒出老年人福祉的自评健康、生活满意度、抑郁倾向等基本维度和分析框架，并通过定量数据进行了比较规范的实证检验，得出了很多富有借鉴意义的成果和建议。学者们也对养老福利多元主体的家庭、国家、社会等养老福利主体对老年人福祉的影响关系上开展了卓有成效的研究，形成了富有价值的理论观点与实证成果，这些研究成果为本书提供了较好的理论借鉴。但不可否认的是，以往研究仍然存在诸多不足之处和继续深入拓展的重要研究方向。

第一，对养老福利多元机制的内涵无精确界定。关于养老福利多元机制这一研究主体的文献非常匮乏，更很少专门对养老福利多元机制的内涵精确界定的相关研究文献。在少有的几篇文献中，陈立行和柳中权曾提出构建由国家、家庭、社区、社会资源组成的养老福利多元机制，也对国家、家庭、社区、社会四大主体逐一进行了分析[①]，但并没有给养老福利多元机制的内涵进行专门界定。张敏杰提出构建由家庭养老、国家养老、社会养老、自我养老同构互补的四足鼎立的多元化养老机制，还分别对四个养老主体的功能逐一进行了界定[②]，同样也没有给养老福利多元机制的内涵进行准确的定义。杨立雄也曾提出构建基于家庭养老文化的国家主导的多元主义养老福利供给模式，它是由国家、社会、家庭、个人四大养老福利主体组成[③]，依然也没有从整体上给养老福利多元机制的内涵进行精确界定。雷继明提出构建由家庭养老、社区养老、国家养老三大养老主体构成的农村多元养老机制[④]，但对养老福利多元机制的具体内涵也并没有准确的定义。因此，本书试图用福利多元主义分析框架，基于家庭、国家、社会三大主体及其内在机制，对养老福利多元治理机制的内涵进行精确界定，旨在推动养老福利多元治理机制的理论框架与政策实践向纵深处拓展。

---

① 陈立行、柳中权：《向社会福祉跨越：中国老年社会福祉研究的新视角》，社会科学文献出版社 2007 年版。

② 张敏杰：《新中国 60 年人口老龄化与养老制度研究》，浙江工商大学出版社 2009 年版。

③ 杨立雄：《老年福利制度研究》，人民出版社 2013 年版。

④ 雷继明：《家庭、社区与国家：农村多元养老机制的构建》，博士学位论文，华中师范大学，2013 年。

第二，社会养老福利主体视角的老年人福祉研究比较稀缺。在养老福利多元主体研究中，家庭养老福利主体的相关研究文献最多。这也说明作为向老年人提供经济上的支持、生活上的照料、情感上的支持的家庭养老主体，依然是当今中国最为基础、最为重要的养老福利供给主体。国家养老主体，尤其是医疗保险、养老保险与老年人福祉关系的研究文献也比较多，说明国家作为主要向老年人提供以养老保险、医疗保险的养老经济支持的主导性福利责任主体，其在老年人福利供给中的重要性日益凸显。而在社会养老主体中，关于社区服务和机构服务对老年人福祉的影响和作用的研究文献很少，这也充分说明，中国社会化养老服务体系建设仍然处于起步阶段，还存在着与老年人新的养老需求、国家养老福利面临的新形势、全社会对养老提出的新任务不相适应的问题与矛盾。因此，本书主要针对以往文献中家庭、国家、社会等各个福利供给主体的研究的不均衡，尤其弥补对由社区服务和机构服务组成的社会养老福利主体研究的匮乏与不完善，旨在阐述社会养老主体作为新兴的最具发展潜力的养老供给主体，在提升农村老年人福祉过程中的作用。

第三，缺乏各个养老福利主体在老年人福祉提升中责任分担认定的相关文献研究。从前文的文献回顾中可以看出，关于养老福利多元主体的研究，基本上都集中于从家庭、国家、社会三个方面，即从家庭养老主体的经济支持、生活照料、情感支持；国家养老主体的医疗保险、养老保险、救助服务；社会养老主体的社区服务、机构服务等具体的、局部的、零散的养老供给出发，来探讨其与老年人福祉之间的关系。这些研究虽然也体现出了养老福利多元主义的部分内容，却很少以养老福利多元主义总体框架为基本分析范式，更少有对养老福利多元主体中各个主体对老年人福祉提升的责任分担和替代过程的实证性研究。国内仅有的一些对福利多元主体责任分担的研究，如万国威基于福利多元主义分析框架，对留守儿童社会福利的实证研究，非常明晰地研究了福利多元主义中各个主体的责任担当和替代过程。[①]

---

① 万国威：《社会福利转型下的福利多元建构：兴文县留守儿童的实证研究》，博士学位论文，南开大学，2013 年。

不过万国威的研究毕竟是从儿童福利多元建构视角出发进行的研究，虽然会对老年人福利多元主体责任分担研究带来很多启示和借鉴，但毕竟儿童福利与老年人福利还有较大层面上的差异。熊跃根从老年人福利多元建构视角进行了详细的实证研究①，但遗憾的是，他的研究并没有针对养老福利多元主体中各个主体的责任分担过程进行专门的研究。基于此，本书认为应该采取福利多元主义分析框架对农村老年人群体的福利供给进行实证性分析，这不但有利于对农村老年人福祉相关问题进行深入的探讨，同时也将大大推动福利多元主义理论与分析框架本土化与实证化的进展。

本章小结

本章根据研究的主要问题和研究目的，对老年人福祉、养老福利多元主体，以及二者之间的关系三个方面的研究文献进行了回顾和梳理，并在此基础上提炼出可供研究得以借鉴的理论观点和学术思想。

第一，福祉是社会福利研究领域的一个新兴理论。福祉是人类的一种生存状态；是健康的、满意的、幸福的生活状态；是指一个人生活质量的良好程度；是指一个人生活与存在要达到的终极目标。本书分别从经济学、心理学和社会学三个不同学科领域对福祉理论的相关研究进行文献回顾，并进行了综合性理论阐述。另外，本书还对福祉和老年人福祉的测量维度进行文献回顾，在文献回顾的基础上提出，老年人福祉就是老年人良好的生活状态，它由老年人的自评健康、生活满意度、幸福感三个主观维度构成。

第二，福利多元主义不但在理论上具有很好的解释力，在社会福利政策实践中也形成了很有价值的分析范式和框架。本书对福利多元主义进行了概念界定，并对国内外福利多元主义理论进行了文献回顾。在此基础上指出福利多元主义应用于养老社会政策中，大致形成了家庭、国家和社会三个层面的养老福利多元供给体系。而养老福利

---

① 熊跃根：《需要、互惠和责任分担——中国城市老人照顾的政策与实践》，上海人民出版社 2008 年版。

多元体系给养老福利政策实践提供了重要的理论基础，带来了全新的视角和分析框架。

第三，本书对养老福利多元主体与老年人福祉的关系研究进行了文献回顾。在此基础上指出，养老福利多元供给体系中的家庭、国家、社会等各个养老福利主体，与老年人福祉的三个维度，即自评健康、生活满意度、抑郁倾向之间的关系研究，已经形成了一些富有理论价值和政策价值的创新性研究成果，为进行深入的农村养老福利多元主体与农村老年人福祉之间关系的研究提供了较好的理论借鉴。

纵观既有的相关文献研究，其存在的局限在于：一是对养老福利多元机制的内涵无精确界定；二是社会养老福利主体视角的老年人福祉研究比较稀缺；三是缺乏各个养老福利主体在老年人福祉提升中责任分担认定的相关文献研究。

第三章

研究设计

上一章对本书的几个核心概念进行了界定，并回顾了与主要研究问题相关的文献，即福祉理论、福利多元主义理论，以及养老福利主体与老年人福祉之间关系的相关研究文献，并对研究文献进行了述评。在上一章讨论的基础上，本章第一节将根据具体研究问题建立研究框架，并根据研究框架介绍主要研究内容。第二节将讨论研究使用的定量与定性相结合的多元研究方法，定量与定性研究资料的来源和收集方法，两种研究资料的分析方法，因变量、自变量和控制变量的测量。第三节将讨论研究的局限性。

第一节　研究框架与研究内容

一　研究框架

本书通过分析养老福利多元主体与农村老年人福祉之间的关系，来探讨养老福利多元主体对农村老年人福祉提升的责任分担。因此，本书的核心问题是如何明确养老福利供给中各个主体的责任分担，整合多元主体提供的养老福利资源，构建农村养老福利多元治理机制，旨在提升农村老年人福祉。围绕这一核心问题，本书运用福利多元主义理论分析框架、老年人福祉理论、定量与定性相结合的多元研究方法。

首先，分析中国农村老年人福祉困境在年龄、性别、婚姻状况、受教育程度、个人储蓄、家庭收入水平、患慢性病情况、生活自理能力、休闲社交活动参与、不同地区类型等方面的基本状况及其差异；其次，通过分析养老福利多元主体与农村老年人福祉之间的关系，验证提出的相关研究假设，分析家庭、国家、社会养老主体分别对农村老年人福祉的影响作用；最后，在分析各种实证研究结果的基础上，讨论与界定各个养老福利供给主体对提升农村老年人福祉的责任分担状况，提出构建农村养老福利多元治理机制，旨在提升农村老年人福祉的政策性建议。图 3-1 就是本书的总体研究框架。①

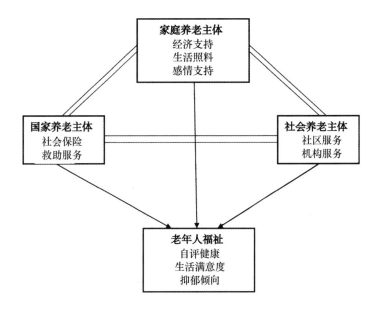

图 3-1　农村老年人福祉困境及多元治理机制的研究框架

　　本书的研究框架建立了养老福利多元主体和农村老年人福祉之间的理论关系。研究框架概略地描述了四个主要概念，即家庭养老主体、国家养老主体、社会养老主体、老年人福祉之间的理论关系。本书旨在分析家庭养老主体、国家养老主体、社会养老主体等各个养老福利主体对农村老年人福祉提升的责任分担关系。其中，家庭养老主

_____

　　① 国务院办公厅《社会养老服务体系建设规划（2011—2015 年）》明确规定，社区服务和机构服务是社会养老服务体系的两个有机组成部分。基于此，本书也把社区服务和机构服务作为社会养老福利的两个维度。

体、国家养老主体、社会养老主体是自变量，农村老年人福祉是因变量。研究框架的建立将帮助研究者阐述变量之间的关系，设计资料收集和分析方法，为最终回答研究问题提供一个清晰的思路。

二　研究内容

根据研究框架的设计，本书的主要研究内容可作如下安排：

首先是农村老年人福祉的测量和养老福利多元主体的分类。借鉴大量研究文献资料，参考社会福利领域的相关理论，结合农村老年人身心健康和生活方式现状，利用自评健康、生活满意度、抑郁倾向三个具体维度的测量量表，来测量和评定农村老年人福祉困境及其相关影响因素。另外，把养老福利多元主体分为：家庭主体层面的经济支持、生活照料、情感支持；国家主体层面的社会保险、救助服务；社会主体层面的社区服务、机构服务。并通过 CHARLS 问卷中的相关问题来对以上 1 个因变量、3 个自变量、10 个维度进行测量，为接下来的变量之间的因果关系分析奠定基础。

其次是提出研究假设，建立因果分析模型，检验养老福利多元主体与农村老年人福祉之间的关系。基于福利多元主义理论和福祉理论，本书的研究假设有：家庭养老主体提供的经济支持、生活照料、情感支持越完善，农村老年人的福祉水平就越高；国家养老主体提供的社会保险、救助服务越完善，农村老年人的福祉水平就越高；社会养老主体提供的社区服务、机构服务越完善，农村老年人的福祉水平就越高。在因果分析模型中，考虑到农村老年人福祉肯定会受到农村老年人的社会人口学特征、个人健康状况、个人生活方式等因素影响，因而把农村老年人的社会人口学特征等变量，如年龄、性别、婚姻状况、受教育程度、个人储蓄、家庭收入水平、患慢性病情况、生活自理能力、休闲社交活动、地区类型等作为前置变量，通过控制农村老年人的社会人口学特征、身体健康状况、休闲生活方式以及地区类型等前置变量，检验养老福利多元主体与农村老年人福祉之间的因果关系。

再次是定性的半结构式深度访谈资料分析。通过个案的非结构式深度访谈的定性资料，从微观层面的农村老年人福祉进行细致入微的观察和理解，从农村老年人个体的视角了解他们内心的真实想法，注重老年人个体的心理状态、语境分析和意义建构，来尽量补充和完善定量数据资料分析中不可避免的非深入性、横向研究性、弱因果关系性的天然局限性，从而使研究更加真实丰富、更具参考价值和借鉴意义。

最后是根据研究结果，提出构建农村养老福利多元治理机制，旨在提升农村老年人福祉的政策性建议。根据定量数据分析与定性访谈资料分析结果与结论，讨论与界定各个养老福利供给主体对提升农村老年人福祉的责任分担，提出构建各个养老福利主体大致均衡的、以提升农村老年人福祉为终极目标的新型农村养老福利多元治理机制。

第二节 研究方法

一 量性结合的多元研究方法

在社会科学研究中，一直存在着定量研究方法与定性研究方法之争。定量研究方法能够通过分析具有代表性的调查样本来推论总体，但它很难获得更为深入翔实的资料，也容易忽视研究问题的深层次动机和微观变化发展过程。而定性研究方法能够深挖某一社会现象和社会问题的深层次原因和内在机制，能够对研究对象的细微之处予以深入阐释和理解，但是其结论不能复制、稳定性较差、不具有普遍性。[①]从具体研究上看，定量研究侧重于用具体数据来描述、分析与解释存在于社会现象之间的相关关系或因果关系，一般在经济学、心理学、社会学、人口学等社会科学学科中经常使用。而定性研究侧重于通过语言文字来描述、解释、阐述社会现象与问题，一般出现在文学、历史学、人类学、教育学等偏人文学科的研究领域。尽管定量研究方法与定性研究方法之间存在较大的区别和差异，但两者之间并不是水火不相容的，它们之间完全可以融合，相互取长补短。[②]

定量研究与定性研究相结合的多元研究方法有三种整合模式：第

---

① 陈向明：《质的研究方法与社会科学研究》，教育科学出版社 2000 年版。
② 风笑天：《社会研究方法》，中国人民大学出版社 2013 年版。

一，两种方法居于同等地位，即定量与定性研究方法以平等地位出现在研究过程的不同阶段，或同时使用在同一研究阶段。第二，主辅结合，即定量与定性研究方法出现在研究过程的两个不同阶段，以一种研究方法为主而以另一种研究方法为辅，资料的作用是主辅式的。第三，在一项研究中多层面使用定量与定性的方法，是第一种与第二种模式的综合。多元研究方法将定量研究与定性研究方法紧密结合起来，具备以下两方面优势：一方面的优势是三角互证。对同一项研究采取定量和定性相结合的方法开展，可对两种研究结果进行比较，使研究结果更为翔实可信，同时还可以相互补充与验证。另一方面的优势是探索和解释相结合。两种研究方法相结合可以更为全面地探索社会现象，定量研究结果可在定性研究的基础上进一步客观地量化与分析社会现象，而定性研究结果既可以探索性地分析社会现象，又可以为定量研究结果提供解释性分析与理解。[①] 两种研究方法结合使用，可以避免单一研究方法带来的弊端和漏洞，使得整个研究更具科学性与说服力。

本书计划首先描述中国农村老年人福祉困境在各个维度上的整体状况及其主要影响因素，接着通过分析养老福利多元主体与农村老年人福祉之间的关系，试图探寻和揭示各个养老主体对提升农村老年人福祉的责任分担状况。从本书所提出的具体研究问题可以看出，本项研究既属于描述性研究，又属于解释性研究。而从上文的文献回顾可以看出，目前以定量研究为主的养老福利多元主体与老年人福祉的关系研究，不能对量化的数据分析结果进行更深层次的阐述和解释，同时缺乏对研究对象身上具有的隐性信息的追问和深层次挖掘。而以定性研究为主的养老福利多元主体与老年人福祉的关系研究，却不能对事物之间的关系提供充分的数据证实和逻辑推断，在实际研究过程中也不能保证定性资料所研究问题的稳定性。鉴于定量与定性研究各有优劣，并结合研究目的和研究性质，本书采用以定量研究为主，以定性研究为辅，定量与定性相结合的多元研究方法。计划采用大规模的具有全国代表性的随机抽样调查来取得样本的代表性和广泛性，同时

---

① 风笑天：《社会研究方法》，中国人民大学出版社 2013 年版。

结合典型个案的半结构式深度访谈，拓展研究的深度和典型性。

二 资料来源与收集方法

（一）定量研究资料来源

本书的定量研究部分使用的问卷资料和数据来源于北京大学国家发展研究院中国经济研究中心组织的中国健康与养老追踪调查（China Health and Retirement Longitudinal Study，CHARLS）。

CHARLS 全国基线调查在 2011 年进行，这是具有全国代表性的随机抽样调查，覆盖了不包括西藏自治区、宁夏回族自治区和海南省在内的中国大陆 28 个省（区、市）的所有县级单位。样本包括 150 个县级单位，450 个村级单位，10257 户适龄家户中的一个至少年满 45 岁的人，包括其配偶，共 17708 人。调查对象为中国 45 岁及以上中老年人家庭和个人。调查应答率超过 80%，其中，农村地区应答率为 94%，城镇地区应答率为 69%。CHARLS 数据采用多阶段（县/区—村/社区—家户），分层（依据区县的人均 GDP），按照人口规模分配比例的随机几率抽样方法（PPS）。CHARLS 项目根据抽样程序计算了样本权重，加权后的 CHARLS 人口特征与 2010 年全国人口普查结果非常接近，表明 CHARLS 数据对中国有很好的代表性。CHARLS 数据的样本每两年追踪一次。

本书选用的研究数据就是中国健康与养老追踪调查（CHARLS）2011 年全国基线调查数据。该数据于 2013 年 3 月 12 日正式公开发布，共有 17708 个样本。本书从中筛选了户口类型为农村、年龄在 60 周岁及以上的农村老年人样本，共筛选出 5788 个农村老年人样本。CHARLS 数据包括个人基本信息、家庭信息、家庭交往与经济帮助、健康状况与功能、医疗保健与保险、退休与养老金、个人与家庭收入、农村社区信息八个主要部分，非常适合本书的研究问题和研究目的。因此，本书利用 CHARLS 数据进行因变量、自变量、控制变量以及相关变量之间关系的统计分析、相关推断与论证。

（二）定性研究资料来源与收集方法

本书的定性研究资料来源于笔者主持的河南省哲学社会科学规划项目"老人福祉视域下农村养老福利多元建构"调查的个案访谈资

料。访谈员是社会工作专业 6 名经过培训的本科三年级学生；访谈时间是 2015 年 10—12 月；访谈地点是河南省巩义市和洛宁县农村地区；访谈对象是两个地区的共 66 名 60 周岁以上老年人。其中，巩义市 31 名农村老年人作为经济较发达地区农村老年人代表，洛宁县 35 名农村老年人作为经济较贫困地区农村老年人代表。巩义市是河南省直管的一个县级市，1992 年以来综合经济实力连续 22 年位居河南省县域经济首位，连续 13 年跻身全国百强县。① 巩义市是对经济较发达地区农村老年人福祉状况深度访谈的典型地点。洛宁县属于典型的豫西山区，经济社会发展相对落后，其综合经济实力处于河南省的下游，属于国家扶贫开发重点县。② 洛宁县是对经济较贫困地区农村老年人福祉状况深度访谈的典型地点。

对农村老年人的访谈主要采用半结构式深度访谈。访谈队员是 6 名社会工作专业本科生，在访谈前统一接受严格的专门培训，让访谈员熟悉访谈目的和访谈流程，掌握定性访谈的相关技巧。访问时间通常控制在 40 分钟左右，访问地点由每位受访者根据自己的便利进行安排，由一名受到过严格的专门培训的访谈员根据准备好的访谈提纲进行提问，被访谈的受访者对访谈问题进行自由回答，没有任何限制，对待比较敏感的问题可以不作回答。访谈员只能在获得受访者的知情与同意之后，才能对谈话内容进行录音，必要时还进行快速记录访谈内容。

三　资料分析
（一）定量资料分析

本书利用 STATA 统计软件对中国健康与养老追踪调查（CHARLS）2011 年全国基线调查的数据进行统计处理，主要采用均值分析、回归分析等统计处理方法开展对定量资料的分析。具体定量分析内容分三个步骤进行：首先，采用描述统计方法分析不同特征农村老年人福祉困境各个维度的状况及其差异；其次，将影响农村老年

① 河南省巩义市人民政府网（http://www.hngycz.gov.cn/portal/zjgy/A0101index_1.htm）。
② 河南省洛宁县人民政府网（http://www.luoning.gov.cn/index.aspx）。

人福祉的社会人口特征这一控制变量纳入模型；最后，把家庭养老主体、国家养老主体、社会养老主体等自变量分别纳入回归模型，对统计模型中的因变量与自变量进行回归分析，并对比分析各个主体对农村老年人自评健康、生活满意度和抑郁倾向的不同影响作用。

其中，均值分析属于描述统计，主要目的是描述各变量的基本分布情况。研究主要通过农村老年人在自评健康、生活满意度、抑郁倾向三个维度上的得分来对农村老年人福祉困境现状加以分析。主要对比农村老年人福祉在年龄、性别、婚姻状况、受教育程度、个人储蓄、家庭收入水平、患慢性病数量、生活自理能力、休闲社交活动、地区类型等方面的差异情况，试图了解农村老年人福祉在基本方面的差异和特殊性。同时也对各个自变量进行平均值与标准差分析，旨在了解农村老年人福祉在家庭养老主体、国家养老主体、社会养老主体中的基本分布与差异情况，为接下来的回归分析提供基本的描述统计数据结果。

回归分析主要探讨的是自变量与因变量之间的因果关系。根据前文的研究设计得出，本书把农村老年人福祉作为因变量，并分为三个维度：自评健康、生活满意度、抑郁倾向。把养老福利多元主体作为自变量，并分为三大组成部分，即家庭养老主体、国家养老主体、社会养老主体。其中，家庭养老主体包括经济支持、生活照料、情感支持等变量；国家养老主体包括医疗保险、养老保险、救助补贴等变量；社会养老主体包括社区服务、机构服务等变量。具体而言，本书在控制其他变量作用的基础上，把家庭养老主体、国家养老主体、社会养老主体等自变量分类逐步纳入回归模型进行分析，结合具体研究假设，来全面检验养老福利多元主体对农村老年人福祉各个维度的内在影响机制。由于研究的因变量为农村老年人的自评健康、生活满意度、抑郁倾向，其中，抑郁倾向是二分变量，故采用二元对数回归模型（binary logistic regression model）来分析影响农村老年人福祉的主要自变量因素；而自评健康和生活满意度是有序的五分类变量，故采用序次对数回归模型（ordered logistic regression model）来分析影响农村老年人福祉的自变量因素。[1]

---

① 王存同：《进阶回归分析》，高等教育出版社 2017 年版。

（二）定性资料分析

本书通过对 66 名农村老年人的半结构式深度访谈，记录了大量的观察笔记，积累了丰富的录音材料。对这些材料进行了反复的阅读，并对材料内容进行编码和整理。本书试图通过抽象层次较低、结构较简单的访谈资料，来呈现出农村老年人福祉与养老福利多元主体的现实情境，探索出养老福利多元主体对农村老年人福祉提升的责任分担状况，提炼出各个养老主体在福利供给中的角色扮演和既有困境。

本书对定性访谈资料分析的第一步是由访谈队员将访谈的录音资料转化成文字形式，并按照访谈时间、访谈地点、访谈对象背景资料对每个个案进行整理归类。第二步是反复地收听访谈录音，阅读转化后的访谈文字，提高文字资料的可靠性，寻找对访谈资料的解释性理解。第三步是把研究框架中的 4 个变量作为第一层次编码，把具体访谈问题作为第二层次编码，对每一个个案进行编码。在此基础上，再把 4 个变量和具体访谈问题作为编码的主题，将访谈资料逐一放在不同的主题下面。第四步是将编码资料中家庭养老主体、国家养老主体、社会养老主体与农村老年人福祉的关系列出，来支持养老福利多元主体对农村老年人福祉影响作用的讨论。通过对访谈资料四个步骤的编码与归类的整理，最终形成标准化、分层次、分类别可供研究使用的定性访谈资料。

四　变量测量

本书共有四个主要概念：家庭养老主体、国家养老主体、社会养老主体和老年人福祉。在四个主要概念中，农村老年人福祉是本书的因变量，家庭养老主体、国家养老主体和社会养老主体是本书的自变量。另外，把农村老年人的社会人口特征、健康状况、社交休闲活动以及地区类型等变量作为本书的控制变量。

（一）因变量

本书的因变量是农村老年人福祉。分别从自评健康、生活满意度、抑郁倾向三个维度去测量农村老年人福祉水平。

（1）自评健康。自评健康变量来自北京大学国家发展研究院中国经济研究中心组织的中国健康与养老追踪调查（CHARLS）2011年全国基线调查问卷中的一个问题：您觉得您的健康状况怎么样？由于本调查中受访者在回答自我健康状况评价时，被随机分为两组，如果被分在第一组，则回答：很好、好、一般、不好、很不好；如果被分在第二组，则回答：极好、很好、好、一般、不好。由于两组的回答有所差异，本书把不好和很不好统一归为差；把极好、很好和好统一归为好，从而形成三类，即差、一般、好；分别赋值1、2、3，得分越高表明自评健康水平越好，从而形成一个定序变量。

（2）生活满意度。生活满意度变量来自中国健康与养老追踪调查（CHARLS）2011年全国基线调查问卷中的一个问题：总体来看，您对自己的生活是否感到满意？该问题有五个答案：一点也不满意、不太满意、比较满意、非常满意、极其满意；分别赋值1、2、3、4、5，得分越高则表明生活满意度越高，从而形成定序变量。

（3）抑郁倾向。抑郁倾向变量来自中国健康与养老追踪调查（CHARLS）2011年全国基线调查问卷中由美国流行病研究中心开发并被广泛使用的抑郁症状量表（Center for Epidemiological Survey，Depression Scale，CES－D）。它是主观福祉最常用的负面测量工具之一。抑郁（CES－D）在主观福祉测量中，主要反映的是主观福祉的情感层面，特别是负性情感（苗元江，2009）。因此，一些学者利用该量表来测量老年人的福祉。[1][2] CES－D关于抑郁症状的测试由10个问题组成：上一周，我因一些小事而烦恼；我在做事时很难集中精力；我感到情绪低落；我觉得做任何事都很费劲；我对未来充满希望；我感到害怕；我的睡眠不好；我很愉快；我感到孤独；我觉得我无法继续我的生活。设立的选项由4级构成，从1到4分别为很少或者根本没有（<1天）、不太多（1—2天）、有时或者说有一半的时间（3—4天）、大多数的时间（5—7天）。4个选项从1到4分别以0—3计

---

[1] Silverstein, M., Z. Cong and S. Li, "Intergenerational Transfers and Living Arrangements of Older People in Rural China: Consequences for Psychological Well-Being", *Journal of Gerontology*, Vol. 61, No. 5, 2006.

[2] Raymo, J. M., S. Kikuzawa, J. Liang and E. Kobayashi, "Family Structure and Well-Being at Older Ages in Japan", *Journal of Population Research*, Vol. 25, No. 3, 2008.

分，其中，第 5、第 8 题为反向计分。其中，总分不低于 10 分被认为有抑郁倾向；总分低于 10 分被认为无抑郁倾向。抑郁倾向越轻，说明一个人的精神状态越健康，相对来说，他的主观福祉水平也就越高。[①] 因此，本书把有抑郁倾向编码为 1，把无抑郁倾向编码为 0，并作为参照组。

（4）因变量的缺失情况。在中国健康与养老追踪调查（CHARLS）2011 年全国基线调查数据所筛选的 5788 个农村老年人样本中，生活满意度和抑郁倾向这两个因变量缺失值较多。其中，生活满意度变量的有效样本为 4559 个，缺失样本为 1229 个，缺失率为 21.23%；抑郁倾向变量的有效样本为 4931 个，缺失样本为 857 个，缺失率为 14.81%。由于生活满意度和抑郁倾向变量在 CHARLS 问卷中是由认知量表和抑郁量表进行测量，而这两个量表涉及问题较多，又对数值比较敏感，因此，在任何一个具体问题上未作回答的个案都不能计算认知得分和抑郁倾向得分，从而导致生活满意度和抑郁倾向这两个变量缺失样本较多。通过分析各自变量和控制变量在这两个因变量上缺失值的分布，可知缺失值是分散于各个变量之中的，因此没有对缺失值进行处理，假设各缺失值都是随机缺失。最终的自评健康、生活满意度、抑郁倾向三个因变量的具体描述统计分析如表 3 - 1 所示。

表 3 - 1　　　　　　　　　　因变量的描述统计

变量名	变量赋值	均值	标准差	最小值	最大值	样本量
自评健康	从差到好共 3 个级别，依次赋值 1—3	1.881	0.707	1	3	5753
生活满意度	从一点也不满意到极其满意共 5 个级别，依次赋值 1—5	3.092	0.733	1	5	4559
抑郁倾向	无抑郁倾向 = 0 有抑郁倾向 = 1	0.415	0.493	0	1	4931

---

① 林南、卢汉龙：《社会指标与生活质量的结构模型探讨——关于上海城市居民生活的一项研究》，《中国社会科学》1989 年第 4 期。

（二）自变量

本书把养老福利多元主体作为自变量，具体分为三个组成部分：家庭养老主体、国家养老主体、社会养老主体。

1. 家庭养老主体

家庭养老主体可操作化为三个维度：来自包括配偶和子女等家庭成员的经济支持、生活照料、情感支持。

（1）经济支持。从文献回顾部分可以看出，来自家庭的经济支持是影响老年人福祉的重要变量。家庭成员经济支持变量来自中国健康与养老追踪调查（CHARLS）2011年全国基线调查问卷中的以下问题：过去一年，您或您的配偶从您的没住在一起的孩子那里收到过任何经济支持吗？在该问题中，回答为"是"的编码为1；回答为"否"的编码为0，并作为参照变量。本书把没有子女的农村老年人视为未得到子女经济支持；把与子女同住的农村老年人视为得到了子女经济支持。[1]

（2）生活照料。从文献回顾部分可以看出，来自家庭的生活照料是影响老年人福祉的重要变量。家庭成员生活照料变量来自中国健康与养老追踪调查（CHARLS）2011年全国基线调查问卷中的以下问题：如果以后您在日常生活方面需要照顾，比如吃饭、穿衣，有亲人（除了配偶以外）能长期照顾您吗？在该问题中，回答为"是"的编码为1；回答为"否"的编码为0，并作为参照变量。

（3）情感支持。从文献回顾部分可以看出，来自家庭的情感支持是影响老年人福祉的重要变量。家庭情感支持变量来自中国健康与养老追踪调查（CHARLS）2011年全国基线调查问卷中的以下问题，即询问老年人与每一个不与其住在一起的子女的见面频率：您多长时间见到（不住在一起的孩子姓名）？对有子女每周看望一次及以上的农村老年人，视为有子女经常看望，编码为1；否则视为无子女经常看望，编码为0，并作为参照变量。本书把没有子女的农村老年人视为无子女经常看望；把与子女同住的农村老年人视为有子女经常看望。

---

[1] 中国健康与养老追踪调查（CHARLS）全国基线报告（http：//charls. ccer. edu. cn/zh-CN/page/documentation/2011_ national_ baseline）。

本书中的居住方式变量是根据家户成员子女（即与老年父母同住的子女）的数量，以及非家户成员子女（即未与老年父母同住的子女）的数量合并计算得来。与子女共同居住的农村老年人，编码为1；未与子女共同居住的农村老年人，编码为0，并作为参照变量。

2. 国家养老主体

国家养老主体可操作化为两个维度：社会保险（即新型农村合作医疗保险、新型农村社会养老保险）、社会救助（即农村居民最低生活保障）。

（1）社会保险。从文献回顾部分可以看出，国家提供的医疗保险和养老保险都是影响老年人福祉的重要变量。社会保险变量来自中国健康与养老追踪调查（CHARLS）2011年全国基线调查问卷中的以下两个问题：您目前是否参加了新型农村合作医疗保险（简称：新农合）？您是否参加了新型农村社会养老保险（简称：新农保）？对于以上两个问题，回答为"是"的编码为1；回答为"否"的编码为0，并作为参照变量。

（2）社会救助。从文献回顾部分可以看出，国家提供的社会救助是影响老年人福祉的重要变量。社会救助变量来自中国健康与养老追踪调查（CHARLS）2011年全国基线调查问卷中的以下问题：您家过去一年得到低保了吗？回答为"是"的编码为1；回答为"否"的编码为0，并作为参照变量。

3. 社会养老主体

社会养老主体可操作化为两个维度：社区服务（即社区有无老年活动中心；社区有无居家养老服务站）、机构服务（即社区有无养老院）。

（1）社区服务。从文献回顾部分可以看出，社区服务是影响老年人福祉的重要变量。社区照顾变量来自中国健康与养老追踪调查（CHARLS）2011年全国基线调查问卷中的以下两个问题：社区有无老年活动中心？社区有无居家养老服务站？在以上两个问题中，回答为"是"的编码为1；回答为"否"的编码为0，并作为参照变量。

（2）机构服务。从文献回顾部分可以看出，机构服务是影响老年人福祉的重要变量。机构服务变量来自中国健康与养老追踪调查（CHARLS）2011 年全国基线调查问卷中的以下问题：社区是否有养老院？在以上问题中，回答为"是"的编码为 1；回答为"否"的编码为 0，并作为参照变量。

在本书中，过去一年是否得到子女经济支持、生活需要时有无亲人照顾、有无子女经常看望、是否与子女共同居住、是否参加新农合、是否参加新农保、过去一年是否得到低保、社区有无老年活动中心、社区有无居家养老服务站、社区有无养老院 10 个自变量的具体描述统计分析如表 3 - 2 所示。

表 3 - 2　　　　　　　　　自变量的描述统计

变量名	变量赋值	均值	标准差	最小值	最大值	样本量
过去一年是否得到子女经济支持	未得到 = 0 得到 = 1	0.778	0.416	0	1	5772
生活需要时有无亲人照顾	无 = 0 有 = 1	0.709	0.454	0	1	5506
有无子女经常看望	无 = 0 有 = 1	0.767	0.423	0	1	5778
是否与子女共同居住	未同住 = 0 同住 = 1	0.437	0.496	0	1	5787
是否参加新农合	未参加 = 0 参加 = 1	0.915	0.279	0	1	5733
是否参加新农保	未参加 = 0 参加 = 1	0.274	0.446	0	1	5722
过去一年是否得到低保	未得到 = 0 得到 = 1	0.144	0.352	0	1	5721
社区有无老年活动中心	无 = 0 有 = 1	0.276	0.447	0	1	5774
社区有无居家养老服务站	无 = 0 有 = 1	0.024	0.153	0	1	5768
社区有无养老院	无 = 0 有 = 1	0.088	0.283	0	1	5768

（三）控制变量

在老年人福祉的影响因素中，诸如年龄、性别、婚姻状况、受教育程度、个人储蓄、家庭收入水平、健康状况、休闲社交活动、地区类型等都扮演着非常重要的角色。在研究福利多元主体与老年人福祉的关系时，以上这些因素都会不同程度地对老年人福祉产生影响，因此，在分析养老福利多元主体对老年人福祉的作用机制过程中，需要对这些因素加以控制。

（1）年龄。年龄与福祉的关系非常复杂。早期很多学者都认为年龄与福祉之间存在着线性关系。然而，这种关系受到了后来学者们的挑战。布兰奇福劳和奥斯瓦德（Blanchflower and Oswald）通过对英国和美国居民进行大规模抽样调查研究发现，年龄与自我报告的幸福之间存在着 U 型曲线关系。[①] 但穆罗扎克和斯皮罗（Mroczek and Spiro）通过经验数据研究分析发现，年龄和福祉之间存在着一个倒 U 型曲线关系，人们的生活满意度水平 65 岁之前一直在增加，而到 65 岁之后则开始下降，但是不同的人有着不同的变化速率。[②] 另外，年龄与健康状况之间的关系比较明显。老年人的衰老与患病率会随着年龄的增长明显增加，年龄常常用来作为测量老年人健康状况的一个代理变量。[③]

鉴于年龄对主观福祉的影响作用，在进行福利多元主体与农村老年人福祉的关系研究分析中，必须控制年龄变量。在中国健康与养老追踪调查（CHARLS）2011 年全国基线调查问卷中，要求被调查者回答自己的出生年份，测量年龄采用 2011 减去出生年份，即得到最终的实际年龄，为连续变量。

（2）性别。邢占军进行的研究发现，不论是在中国城市居民总体，还是在城市老年群体中，男性和女性在主观幸福感总量表和分量

---

① Blanchflower, D. G. and A. J. Oswald, "Well-Being Over Time in Britain and the USA", *Journal of Public Economics*, Vol. 88, 2004.

② Mroczek, D. K. and A. Spiro, "Change in Life Satisfaction during Adulthood: Findings from the Veterans Affairs Normative Aging Study", *Journal of Personality and Social Psychology*, Vol. 10, 2005.

③ 王萍、李树苗：《农村家庭养老的变迁和老年人的健康》，社会科学文献出版社 2011 年版。

表上的得分差异均未达到显著水平。[①] 但另有一些研究报告显示，女性更倾向于比男性具有更高的幸福感水平。[②] 出现这种情况的原因很多，如男性和女性之间的情绪差异，女人更容易动感情，更趋向于报告自己更幸福；和男人相比，女性具有更低的抱负水平，生活期望也较低；在性别方面的幸福感水平的分析中，受到更多的其他因素的影响，如歧视等。[③] 根据社会角色理论，不同性别的社会角色在情感表达上肯定不同，男性的社会角色较少强调情感表达，而女性的社会角色则更容易进行情感表达。梅锦荣对香港高龄老人主观幸福感进行的研究发现，女性高龄老人的抑郁倾向高于男性，而生活满意度却低于男性，自评健康也低于男性。[④] 另外，王德文等和李建新等的研究同样发现，尽管女性的寿命较男性长且死亡率低，但女性老年人口的健康状况明显低于男性老年人口。[⑤][⑥] 徐婧利用中国健康与养老追踪调查数据，考察我国老年人在自评健康上的性别差异及其影响因素，结果显示，我国男性的老年人健康状况仍然显著好于女性老年人的健康状况。[⑦] 沈可基于中国老年人口健康状况调查项目（CLHLS）的跟踪数据对中国老年人居住模式的研究发现，男性老年人有抑郁倾向的可能性显著低于女性老年人。[⑧]

鉴于性别对福祉的影响作用，本书将性别纳入研究中，作为基本的控制变量。在具体的统计模型分析中，性别作为虚拟变量，其中1代表男性，0代表女性，女性作为参照变量。

（3）婚姻状况。英格哈特（Inglehart）对欧洲晴雨表的大规模调

① 邢占军：《测量幸福——主观幸福感测量研究》，人民出版社2005年版。

② Alberto Alesina, Rafael Di Tella and Robert MacCulloch, "Inequality and Happiness: Are Europeans and Americans Different?", *Journal of Public Economics*, Vol. 88, 2004.

③ Wood, W., N. Rhodes and M. Whelan, "Sex Differences in Positive Well-Being: A Consideration of Emotional Style and Marital Status", *Psychological Bulletin*, Vol. 106, 1989.

④ 梅锦荣：《老人主观幸福感的社会性因素》，《中国心理卫生杂志》1999年第2期。

⑤ 王德文、叶文振：《中国老年人健康状况的性别差异及其影响因素》，《妇女研究论丛》2006年第4期。

⑥ 李建新、李毅：《性别视角下中国老年人健康差异分析》，《人口研究》2009年第2期。

⑦ 徐婧：《我国老年健康的性别差异及其影响因素分解》，《西北师大学报》（社会科学版）2015年第1期。

⑧ 沈可：《中国老年人居住模式之变迁》，社会科学文献出版社2013年版。

查研究之后发现，不论是男性还是女性，已婚者的生活满意度最高，接下来依次是同居、单身、丧偶、离异、分居。[①] 总体而言，稳定而又安全的亲密婚姻关系对幸福感的保持与提升是有益的，当这种亲密婚姻关系破裂以后，一个人的幸福感水平就会随之降低。布朗（Brown）的研究也发现，婚姻影响幸福感水平的主要原因是个体所感知的关系稳定度，稳定的未婚同居者幸福感水平与结婚者类似。[②] 由此得知，婚姻的外在形式并不是带给一个人幸福的主要原因，而对婚姻关系的主观感知才是最重要的。同时，婚姻能够为一个人提供宣泄压力的避难所，长久稳定的亲密婚姻关系可以明显地减少一个人的孤独和寂寞。卢卡斯（Lucas）对婚姻状况如在婚、离异、守寡和再婚等进行的研究发现，离婚者的幸福感水平明显低于婚前的幸福感水平，虽然婚姻变故经过时间的推移会慢慢变得适应，但是很难再回到以前的幸福感水平。[③] 然而维尔德曼和琼斯（Wildman and Jones）的研究却发现，在经历丧偶和离婚等婚姻变故之后，单身女性实际上比已婚女性具有更高的幸福感水平。[④] 由此可见，婚姻对于主观福祉的影响是具有个体差异性的。

在国内关于婚姻状况与人们福祉的关系研究文献中，顾大男的研究发现，婚姻对老年人健康具有保护作用，有配偶者的健康状况要好于无配偶者，或者有配偶者的死亡率低于无配偶者。[⑤] 邢占军等以山东省的城市居民为研究对象，发现在婚姻状况与主观幸福感关系方面表现出来的差异，从总体上看，城市居民中无婚姻生活的人主观幸福感高于有婚姻生活者，有婚姻生活的女性比没有婚姻生活的女性体验

① Inglehart, R., *Culture Shift in Advanced Industrial Society*, New Jersey: Princeton University Press, 1990.

② Brown, J. K., "Molecular Markers for the Identification and Global Tracking of Whitefly Vector-begomovirus Complexes", *Virus Research*, Vol. 71, 2000.

③ Lucas, R. E., "Time Does not Heal All Wounds: A Longitudinal Study of Reaction and Adaptation to Divorce", *Psychological Science*, Vol. 16, 2005.

④ Wildman, J. and A. Jones, *Is It Absolute Income or Relative Deprivation That Leads to Poor Psychological Well-Being? A Test Based on Individual Level Longitudinal Data*, YSHE, University of York, mimeo, 2002.

⑤ 顾大男：《婚姻对中国高龄老人健康长寿影响的性别差异分析》，《中国人口科学》2003 年第 3 期。

到更多的幸福感，而男性则恰恰相反。① 另外，沈可基于中国老年人口健康状况调查项目（CLHLS）的跟踪数据对中国老年人居住模式的研究发现，有配偶的老年人有抑郁倾向的可能性显著低于无配偶的老年人。② 赵忻怡和潘锦棠对城市女性丧偶老人抑郁状况的研究发现，丧偶老人的抑郁程度明显比配偶健在的老人要高。③ 林艳艳等的研究发现，无配偶的老年人的抑郁症状显著高于有配偶的老年人。④

因此，本书将婚姻状况纳入研究，作为控制变量。在中国健康与养老追踪调查（CHARLS）2011 年全国基线调查问卷中，询问被调查者的婚姻状况，被调查者从已婚与配偶一同居住、已婚但因工作等原因暂时没有跟配偶在一起居住、分居（不再作为配偶共同生活）、离异、丧偶、从未结婚六个选项进行回答，对其重新归类，将回答已婚与配偶一同居住、已婚但因工作等原因暂时没有跟配偶在一起居住两个选项归为在婚一类，赋值为 1；将回答分居（不再作为配偶共同生活）、离异、丧偶、从未结婚四个选项归为非在婚一类，赋值为 0，非在婚作为参照变量。

（4）受教育程度。关于教育对福祉的影响研究目前在学界的分歧比较大，一些研究表明教育会显著地提升人们的主观幸福感。⑤ 迪尔纳（Diener）等认为受教育程度与幸福感存在正相关，而且这种相关程度在发达国家的低收入人群和低收入国家的国民身上表现得最为显著。⑥ 任强、唐启明的研究表明，文化程度较高的老年人幸福感较高，其生活满意度较强。⑦ 然而，克拉克和奥斯瓦德（Clark and Oswald）

① 邢占军、金瑜：《城市居民婚姻状况与主观幸福感关系的初步研究》，《心理科学》2003 年第 6 期。

② 沈可：《中国老年人居住模式之变迁》，社会科学文献出版社 2013 年版。

③ 赵忻怡、潘锦棠：《城市女性丧偶老人社会活动参与和抑郁状况的关系》，《妇女研究论丛》2014 年第 2 期。

④ 林艳艳、曹光海、赵洁：《山东省老年人抑郁症状、孤独感与社会支持特点》，《中国老年学杂志》2015 年第 24 期。

⑤ Blanchflower, D. G. and A. J. Oswald, "Well-Being Over Time in Britain and the USA", *Journal of Public Economics*, Vol. 88, 2004.

⑥ Diener, E., M. S. Eunkook, R. E. Lucas and H. L. Smith, "Subjective Well-Being: Three Decades of Progress", *Psychology Bulletin*, Vol. 125, No. 2, 1999.

⑦ 任强、唐启明：《中国老年人的居住安排与情感健康研究》，《中国人口科学》2014 年第 4 期。

却持相反的学术观点，他们的研究发现，受教育程度与主观幸福感之间存在显著的负相关，接受过良好教育的人比接受过较少教育的人在面临失业时更容易产生焦虑和恐惧的心理。[1] 但也有人研究发现，教育与幸福感之间并没有直接的相关关系，教育本身会受到诸多因素（如智力、动机、家庭背景等）的影响。[2][3] 然而，斯图扎尔（Stutzer）的研究却发现，中等教育水平的人幸福感水平要高于其他阶层，或者教育对低收入国家的居民幸福感影响程度更大。[4] 另外，沈可基于中国老年人口健康状况调查项目（CLHLS）的跟踪数据对中国老年人居住模式的研究发现，非文盲的老年人有抑郁倾向的可能性显著低于文盲的老年人，也就是说，受教育程度越高，老年人有抑郁倾向的几率越低。[5] 教育变量与福祉的关系也比较复杂，主要在于教育往往通过职业、收入、健康、婚姻及社会支持等因素，间接地对主观福祉产生影响。[6]

鉴于受教育程度对福祉的重要影响，因此，本书把受教育程度作为控制变量纳入模型分析中，以保证推断的准确性。在中国健康与养老追踪调查（CHARLS）2011 年全国基线调查问卷中，被调查者获得的最高学历分为未受过教育（文盲）、未读完小学但能读写、私塾、小学毕业、初中毕业、高中毕业、中专（包括中等师范、职高）毕业、大专毕业、本科毕业、硕士毕业、博士毕业 11 类。本书将受教育程度转换为受教育年限。转换时参照吴愈晓等的换算范式，即未受过任何教育 =0 年，未读完小学但能读写或私塾 =2 年，小学毕业 =6 年，初中毕业 =9 年，高中毕业 =12 年，中专（包括中等师范、职高）毕业 =13 年，大专毕业 =15 年，本科毕业 =16 年，硕士毕业 =

① Clark, A. E. and A. J. Oswald, "Unhappiness and Unemployment", *Economic Journal*, Vol. 104, No. 424, 1994.

② Fahey, T. and E. Smyth, "Do Subjective Indicators Measure Welfare? Evidence From 33 European Societies", *European Societies*, Vol. 6, No. 1, 2004.

③ Ferrer-i-Carbonell, A., "Income and Well-Being: An Empirical Analysis of the Comparison Income Effect", *Journal of Public Economics*, Vol. 89, 2005.

④ Stutzer, A., "The Role of Income Aspirations in Individual Happiness", *Journal of Economic Behaviour and Organization*, Vol. 54, 2004.

⑤ 沈可：《中国老年人居住模式之变迁》，社会科学文献出版社 2013 年版。

⑥ 傅红春等：《满足与幸福的经济学》，上海人民出版社 2008 年版。

19 年，博士毕业 = 22 年。[1] 因此，受教育年限是一个连续变量。

（5）收入水平。对收入与福祉之间关系的研究分歧很大。传统经济学研究都一致认为，更高的收入必定会产生更高的效用和个人福祉。然而，随着幸福感研究的逐步深入，众多的数据都表明，收入的增加并不总是增加主观幸福感，至少也是并不同等地增加人的主观幸福感。最早对幸福悖论做出实证研究的是伊斯特林（Easterlin），他认为收入的增加并不一定导致幸福感的提升，原因可能就在于人们对于收入的期望水平的提升，以及幸福感具有很强的适应性。[2] 还有一些学者认为，收入与主观幸福感之间的关系研究会受到人的性格特质、文化背景、认知模式、个人经历等相关因素的影响。如弗雷和斯图扎尔（Frey and Stutzer）通过相关研究发现，各国的收入与幸福感水平之间的关系也许是收入以外的其他因素导致的，民主条件、人权等都可以促进幸福感水平随收入而升高。[3] 克拉克和奥斯瓦德（Clark and Oswald）的研究将具有相同的性别、教育和职业的人群作为比较的参照组[4]，纽马克和博斯维特（Neumark and Postlewaite）的研究则将家庭内部的人员作为比较的参照组[5]，两者都发现了相对收入对主观幸福感的显著性影响，而绝对收入的影响不显著。

国内学者何寨平对中国农村老年人的研究证明，控制了其他变量之后，老年人的个人收入对其生活满意度有显著性的正向影响。[6] 杨菊华等学者对老年人自评健康状况的研究发现，与经济条件好的老年人相比，经济条件差的老年人自评健康状况更差，说明经济收入水平

---

① 吴愈晓、黄超：《中国教育获得性别不平等的城乡差异研究——基于 CGSS2008 数据》，《国家行政学院学报》2015 年第 2 期。

② Easterlin, R. A., "Does Economic Growth Improve the Human Lot? Some Empirical Evidence", in Paul A. David and Melvin W. Reader （eds.）, *Nations and Households in Economic Growth: Essays in Honor of Moses Abramowitz*, New York: Academic Press, 1974.

③ Frey, B. S. and A. Stutzer, "Happiness, Economy and Institutions", *Economic Journal*, Vol. 110, No. 446, 2000.

④ Clark, A. E., "Satisfaction and Comparison Income", *Journal of Public Economics*, Vol. 61, 1996.

⑤ Neumark, D. and A. Postlewaite, *Relative Income Concerns and the Rise in Married Ng*, Mary: Natido Binwag Weaves the Bango, 1998.

⑥ 何寨平：《社会经济地位、社会支持网与农村老年人身心状况》，《中国社会科学》2002 年第 3 期。

对老年人的健康状况具有重要的影响。[①] 张旭等对北京市朝阳区城乡老年人自评健康状况的研究发现，家庭经济状况对老年人的自评健康具有积极的正向影响，并在统计学上具有显著性，家庭经济状况越好，老年人自评健康就越好。[②] 李建新等对老年人健康问题的研究同样证明，经济地位与当地人相比，收入高的老年人的自评健康明显要优于收入低的老年人的自评健康，这都足以说明经济收入水平对老年人的健康状况具有显著性的影响。[③] 另外，还有研究表明，家庭经济收入的提高还能显著地降低老年人有抑郁倾向的几率，从而显著地提升老年人的心理幸福感。[④]

鉴于收入水平对福祉的较大影响，本书将收入水平纳入模型分析中，作为控制变量。在中国健康与养老追踪调查（CHARLS）2011 年全国基线调查问卷中，询问被调查者收入水平有两个变量。第一个变量是农村老年人个人储蓄，即询问被调查者个人金融资产的具体金额，包括五个问题：您和您爱人现在在家里有多少元现金（随身携带以及放在家里）？您现在在金融机构（如银行等）存了多少元钱？您现有的所有政府债券（如国库券等）总共面值多少元？您现在持有的股票当前面值多少元？您现在持有的基金当前价值多少元？把以上五项的总金额除以 10000，即得出一个以万元为单位的个人储蓄的连续变量。第二个变量是农村老年人家庭收入水平，即询问被调查者：总体来说，您怎么评价您自己家的生活水平？是非常高、偏上、中等、偏下还是贫困？把非常高、偏上、中等、偏下归为非贫困家庭，赋值为 1；把回答贫困的归为贫困家庭，赋值为 0，作为参照变量。

（6）社交休闲活动。有学者研究发现，社会交往对农村老年女性自评健康有着显著的正相关影响，较高的社会交往频率和社会交往对

---

① 杨菊华、姜向群、陈志光：《老年社会贫困影响因素的定量和定性分析》，《人口学刊》2010 年第 4 期。

② 张旭、李晓铭、吴金晶：《社会支持因素对城市老年人健康自评的影响——以北京市朝阳区为例》，《南京人口管理干部学院学报》2013 年第 1 期。

③ 李建新、李春华：《城乡老年人口健康差异研究》，《人口学刊》2014 年第 5 期。

④ 王萍、李树茁：《农村家庭养老的变迁和老年人的健康》，社会科学文献出版社2011 年版。

象中包括非亲属都将显著提高老年女性的自评健康状况。[①] 闫金山等对中国四城市老人调查分析也发现，那些从不参与社区文体、志愿、社交活动的老年人自评不健康的比率明显高于积极参与社区活动的老年人。[②] 梅锦荣的研究发现，控制了其他变量之后，良好的社会交往和关系网络能显著降低老年人的抑郁倾向。[③] 而陈肇男和林惠玲的研究发现，经常参加休闲、旅游及社团活动会提高老年人的生活满意度，降低老年人抑郁倾向的发生。[④]

鉴于社交休闲活动对福祉的较大影响，本书将社交休闲活动纳入模型分析中，作为控制变量。在中国健康与养老追踪调查（CHARLS）2011 年全国基线调查问卷中，询问被调查者：过去一个月是否进行了社交休闲活动，共包括 10 项休闲社交活动：串门或者跟朋友交往、打麻将打牌或者下棋、无偿向与您不住在一起的亲人朋友或者邻居提供帮助、去公园或者广场健身跳舞练气功等、参加社团组织活动、志愿者活动或者慈善活动、无偿照顾与您不住在一起的病人或残疾人、上学或者参加培训课程、炒股买基金或者其他金融证券、上网。上个月参加以上一种及以上活动者，视为参加休闲社交活动，赋值为 1；上个月没有参加任何活动者，视为未参加休闲社交活动，赋值为 0，并作为参照变量。

（7）健康状况。拉尔森（Lerson）的研究发现，在老年人生活状况的诸多因素中，健康状况与生活满意度的关系最为密切，也就是说，健康是人的福祉的最有力的预测指标。[⑤] 而且随着年龄的不断增大，健康的影响力也随之越来越大。博林和布朗（Bowling and Browne）的研究表明，85 岁以上的高龄老人，只有健康状况对幸福感有显著性的影响，而正式社会支持网络和非正式支持网络的影响均

---

① 韦艳、贾亚娟：《社会交往对农村老年女性健康自评的影响：基于陕西省调查的研究》，《人文杂志》2010 年第 4 期。

② 闫金山、乌静：《老年健康与社区参与——基于我国四城市老年人问卷调查数据》，《中国卫生事业管理》2015 年第 7 期。

③ 梅锦荣：《老人主观幸福感的社会性因素》，《中国心理卫生杂志》1999 年第 2 期。

④ 陈肇男、林惠玲：《家庭、社会支持与老人心理福祉：二十世纪末的台湾经验》，台北："中央研究院"联经出版公司 2015 年版。

⑤ Lerson，R.，"Thirty Years of Research on the Subjective Well-Being of Older American"，*Journal of Gerontology*，Vol. 33，1978.

不显著。[①] 李建新和李嘉羽基于中国老年人口健康状况调查项目（CLHLS）2008 年跟踪数据，从不同的维度分析考察中国城市空巢老年人口生活质量状况。研究结果发现，与不能自理的老年人相比，生活能自理的老年人的自评健康明显更积极，生活满意度也明显更高。[②] 祖恩祖恩吉（Zunzunegui）等的研究表明，患慢性病、失去生活自理能力都会显著地增加老年人的抑郁倾向。[③] 林艳艳等的研究发现，患慢性病老年人有抑郁症状的几率显著高于没有慢性病的老年人。[④] 从以上文献可以看出，作为客观健康状况的慢性病和生活自理能力都会明显地影响老年人的自评健康，而这两个变量和自评健康又都会明显地影响老年人的生活满意度和抑郁倾向。

鉴于患慢性病数量和生活自理能力这两个客观健康状况对农村老年人自评健康、生活满意度、抑郁倾向等因变量都有较大的影响，因此，在分析农村老年人自评健康、生活满意度、抑郁倾向等维度时，必须把患慢性病数量和生活自理能力这两个变量作为控制变量在模型中加以控制。在中国健康与养老追踪调查（CHARLS）2011 年全国基线调查问卷中，慢性病共有 14 种，包括高血压病、血脂异常、糖尿病或血糖升高、癌症等恶性肿瘤、慢性肺部疾病、肝脏疾病、心脏病、中风、肾脏疾病、胃部或消化系统疾病、情感及精神方面问题、与记忆相关的疾病、关节炎或风湿病、哮喘合在一起计算农村老年人患慢性病的总数量，得出患慢性病数量变量，因此，患慢性病数量变量是一个连续变量。

生活自理能力变量由日常生活自理能力（Activity of Daily Living Scale，ADL）和工具支持型生活自理能力（Instrumental Activities of Daily Living Scale，IADL）两个方面组成。而日常生活自理能力包括

---

① Bowling, A. and P. D. Browne, "Social Networks, Health, and Emotional Well-Being Among the Oldest Old in London", *Journal of Gerontology: Social Science*, Vol. 46, No. 1, 1991.

② 李建新、李嘉羽：《城市空巢老人生活质量研究》，《人口学刊》2012 年第 3 期。

③ Zunzunegui, M. V., F. Béland, A. Llácer and I. Keller, "Family, Religion, and Depressive Symptoms in Caregivers of Disabled Elderly", *Journal of Epidemiology and Community Health*, Vol. 53, No. 6, 1999.

④ 林艳艳、曹光海、赵洁：《山东省老年人抑郁症状、孤独感与社会支持特点》，《中国老年学杂志》2015 年第 24 期。

穿衣、洗澡、吃饭、上下床、上厕所、控制大小便六项活动；工具支持型生活自理能力包括做家务、做饭、买东西、吃药、管钱五项活动。在 CHARLS 调查问卷中，所有十一项活动的提问都有四个相同的选项，它们分别是：没有困难、有困难但仍可以完成、有困难需要帮助、无法完成。本书把有一项及以上活动需要帮助、不能够独立完成的老年人界定为丧失生活自理能力，赋值为 1；把所有十一项活动都能够不需要帮助、自己独立完成的老年人界定为具备生活自理能力，赋值为 0，并作为参照变量。

（8）地区类型。陈东和张郁杨的研究发现，与沿海地区相比，内陆地区农村老年人的自评健康更差，证明了老年人健康的地区差异。[①]而方黎明的研究同样发现，与东部地区相比，西部地区生活满意度更高的几率系数为负值，也就是说，西部地区农村老年人生活满意度更低。[②]因此，在分析养老主体对农村老年人福祉的影响时，必须对地区类型加以控制。本书的地区类型划分标准参照 2015 年中央扶贫开发工作会议的安排[③]，将分为中西部地区、东部地区两大地区类型。其中，中西部地区包括黑龙江省、吉林省、山西省、河南省、安徽省、江西省、湖北省、湖南省、河北省、海南省、重庆市、四川省、贵州省、云南省、西藏自治区、陕西省、甘肃省、宁夏回族自治区、青海省、新疆维吾尔自治区、内蒙古自治区、广西壮族自治区 22 个省（区、市）；东部地区包括北京市、天津市、辽宁省、山东省、江苏省、上海市、浙江省、福建省、广东省 9 个省（市）。本书根据中国健康与养老追踪调查（CHARLS）2011 年全国基线调查问卷中受访者所在的不包括西藏自治区、宁夏回族自治区、海南省在内的共 28 个省（区、市），将数据重新编码赋值，中西部地区均赋值为 1；东部地区赋值为 0，并作为参照变量。

以上关于年龄、性别、婚姻状况、受教育年限、个人储蓄、家庭

---

① 陈东、张郁杨：《不同养老模式对我国农村老年群体幸福感的影响分析——基于 CHARLS 基线数据的实证检验》，《农业技术经济》2015 年第 4 期。

② 方黎明：《社会支持与农村老年人的主观幸福感》，《华中师范大学学报》（人文社会科学版）2016 年第 1 期。

③ http：//news. xinhuanet. com/fortune/2015-11/29/c_ 128479260. htm.

收入水平、患慢性病数量、生活自理能力、休闲社交活动、地区类型 10个控制变量的具体描述统计分析如表3-3所示。

表3-3　　　　　　　　　　控制变量的描述统计

变量名	变量赋值	均值	标准差	最小值	最大值	样本量
年龄	连续变量	68.34	7.089	60	101	5788
性别	女性=0 男性=1	0.486	0.500	0	1	5784
婚姻状况	非在婚=0 在婚=1	0.766	0.423	0	1	5788
受教育年限	连续变量	2.780	3.251	0	16	5780
个人储蓄（万元）	连续变量	0.369	4.356	0	213	5731
家庭收入水平	贫困=0 非贫困=1	0.845	0.362	0	1	5301
患慢性病数量	连续变量	1.551	1.424	0	9	5760
生活自理能力	能自理=0 不能自理=1	0.245	0.430	0	1	5695
近一个月是否参加休闲社交活动	未参加=0 参加=1	0.440	0.496	0	1	5363
地区类型	东部地区=0 中西部地区=1	0.703	0.457	0	1	5788

五　研究局限

虽然本书尽力遵照社会科学研究的标准和原则进行研究设计，力求做到社会科学研究的科学性，但仍然存在以下几个方面的局限：

第一，变量测量的效度问题和概念操作化的局限性。本书把老年人福祉操作化为抑郁倾向、生活满意度、自评健康三个具体维度，这三个主观福祉维度是否顾及老年人主观需求的特殊性，是否是对老年人福祉比较科学准确的操作化。本书把养老福利多元主体划分为家庭养老主体、国家养老主体、社会养老主体三个福利供给主体，是否完全符合中国现有的养老福利供给体系的客观现实，是否能够准确反映出多元化养老福利供给的内在组合机制。另外，鉴于二手数据所限，本书用社区老年活动中心、社区居家养老服务站和养老院三个维度来测量社会养老福利变量，这势必影响变量测量的效度问题。这些都是本书存在的不足之处。

第二，养老福利多元主体与老年人福祉因果关系分析的不足之处。在定量研究中，通过建立养老福利多元主体与农村老年人福祉关系的模型，来分析和检验两个变量之间的因果关系。而这种因果关系具有多大程度的信度和效度，以及通过这种因果关系能否真实探寻出各个养老福利主体对提升老年人福祉的影响作用和内在规律。另外，定量因果关系的真实性是否还受到更深层次的制度与文化的影响和作用。这也是大多定量研究方法天然存在的不足之处。

第三，定量研究和定性研究的融合问题。虽然定量研究与定性研究相结合有很多好处，但同时也存在一些问题。首先，定量研究与定性研究基于不同理论范式，两种方法相结合势必在认识论上发生冲突；其次，两种方法相结合会对研究结果的价值评价和道德关怀带来困难；最后，两种方法相结合会在评价研究质量和结论推广方面产生矛盾，尤其在本书中，定量研究和定性研究分别使用了两个来源不同的调查资料和数据，两者势必会存在一些相互融合上的麻烦。这些冲突和矛盾都是本书的不足之处。

本章小结

本书的研究框架包含了作为自变量的家庭养老主体、国家养老主体、社会养老主体，以及作为因变量的农村老年人福祉。这 4 个主要概念被操作化为 10 个二级变量。家庭养老主体包括经济支持、生活照料和情感支持 3 个变量，国家养老主体包括社会保险和救助服务 2 个变量，社会养老主体包括社区服务和机构服务 2 个变量，农村老年人福祉包括自评健康、生活满意度和抑郁倾向 3 个变量。

本书使用的多元研究方法是以问卷调查为主、深度访谈为辅，即定量方法为主、定性方法为辅的多元资料收集和分析方法。本书的定量研究部分使用的数据来源于北京大学国家发展研究院组织的中国健康与养老追踪调查（CHARLS）数据，定性研究资料来源于河南省哲学社会科学规划项目"老人福祉视域下农村养老福利多元建构"调查的个案访谈资料。本书的定量资料使用统计方法进行分析，定性资料采用分层次编码方法进行分析。

　　本书分别对相关变量进行了测量。其中，在 3 个因变量测量中，自评健康和生活满意度都是定序变量，抑郁倾向是一个二分类变量；在 10 个自变量测量中，所有自变量均为二分类变量；在 10 个控制变量测量中，年龄、受教育年限、个人储蓄和患慢性病数量 4 个变量为连续变量，而性别、婚姻状况、家庭收入水平、生活自理能力、社交休闲活动和地区类型 6 个变量为二分类变量。

　　本书的研究局限性表现在变量测量的效度问题和概念操作化的局限性，养老福利多元主体与老年人福祉变量之间因果关系分析的局限性，以及定量研究和定性研究的融合问题。

第四章

农村老年人福祉困境的基本状况

本章第一节将分别描述农村老年人在自评健康、生活满意度和抑郁倾向维度上的福祉困境，并对农村老年人福祉困境的三个维度进行了比较分析。第二节将年龄、性别、婚姻状况视为影响农村老年人福祉困境的群体因素，分别将其与福祉各维度进行关联，进行群体特征的差异比较。第三节将受教育程度、个人储蓄、家庭收入水平作为农村老年人个体的社会阶层特征因素，分别在农村老年人的自评健康、生活满意度和抑郁倾向维度上进行组间差异比较，旨在研究农村老年人福祉困境在不同社会阶层上的差异性。第四节将在农村老年人的自评健康、生活满意度和抑郁倾向维度上进行不同地区类型的组间差异比较，旨在研究农村老年人福祉困境在不同地区类型上的差异性。

第一节　农村老年人福祉困境的总体状况

社会福祉是处于人类生活的最高层次[①]，提升人类福祉是多元治理的终极目标，因而农村老年人面临的福祉困境将是本书重点探讨的内容。本节将分别描述农村老年人在自评健康、生活满意度和抑郁倾向维度上的福祉困境，并对农村老年人福祉困境的三个维度进行了相

---

① 刘继同：《现代社会福祉概念与中国特色社会福利制度框架建设研究》，《黑龙江社会科学》2012 年第 5 期。

应的比较分析，旨在揭示农村老年人福祉困境的总体状况。

　　本书中的老年人福祉就是指老年人的良好的主观生活状态，它由老年人的自评健康、生活满意度、抑郁倾向三个主观测量维度构成。①② 而老年人福祉困境是老年人在福祉各维度上存在的困境。首先，老年人的自评健康是老年人对自身健康状况的主观评价，是衡量老年人总体福祉困境权重最大的维度。③ 其次，老年人的生活满意度是老年人对自身生活质量的整体认知和较为稳定的评价，它作为老年人对生活态度的认知层面的指标，同样是衡量老年人福祉困境的重要维度。④ 最后，老年人的抑郁倾向是老年人对个人生活态度的情感层面的负向评价指标，是衡量老年人主观福祉困境的基本维度。⑤

　　在本书中，农村老年人福祉困境的测量由自评健康、生活满意度、抑郁倾向三个维度组成。其中，自评健康是定序变量，分为差、一般、好三个等级，分别赋值为1、2、3。生活满意度也是定序变量，分为一点也不满意、不太满意、比较满意、非常满意、极其满意五个等级，分别赋值为1、2、3、4、5。本书中的抑郁倾向测量维度来自中国健康与养老追踪调查（CHARLS）2011年全国基线调查问卷中的由美国流行病研究中心开发并被广泛使用的抑郁倾向量表。美国流调中心抑郁量表（CES－D）是研究主观福祉困境最常用的负面测量工具之一。抑郁倾向（CES－D）在主观福祉测量中，主要反映的是主观福祉困境的情感层面，特别是负性情感。⑥ 因此，抑郁倾向是二分类变量，分为无抑郁倾向、有抑郁倾向两个类别，分别赋值为0、1。通过计算三个维度在各个等级的比例分布，来对农村老年人福

　　① Silverstein, M., Z. Cong and S. Li, "Intergenerational Transfers and Living Arrangements of Older People in Rural China: Consequences for Psychological Well-Being", *Journal of Gerontology*, Vol. 61, No. 5, 2006.
　　② Zunzunegui, M. V., F. Béland and A. Otero, "Support from Children, Living Arrangements, Self-Rated Health and Depressive Symptoms of Older People in Spain", *International Journal of Epidemiology*, Vol. 30, No. 5, 2001.
　　③ 王莉莉：《老年人健康自评和生活自理能力》，中国社会出版社2009年版。
　　④ 陈功：《社会变迁中的养老和孝观念研究》，中国社会出版社2009年版。
　　⑤ 陈肇男、林惠玲：《家庭、社会支持与老人心理福祉：二十世纪末的台湾经验》，台北："中央研究院"联经出版公司2015年版。
　　⑥ 苗元江：《心理学视野中的幸福——幸福感理论与测评研究》，天津人民出版社2009年版。

祉困境进行基本的描述比较分析，具体统计结果如表4-1所示。

表4-1　　　　　　　农村老年人福祉困境的总体状况

变量	自我评价等级（%）				
自评健康	31.62（差）		48.65（一般）		19.73（好）
生活满意度	2.74（一点也不满意）	12.61（不太满意）	59.20（比较满意）	23.60（非常满意）	1.84（极其满意）
抑郁倾向	58.49（无抑郁倾向）		41.51（有抑郁倾向）		

　　根据表4-1的结果可知，从农村老年人福祉困境各个维度的总体状况来看，农村老年人福祉困境在不同维度表现出不同的特征。从福祉困境的自评健康维度来看，农村老年人自评健康为差的占31.62%，一般的占48.65%，而好的仅占19.73%。自评健康的均值为1.881，均值还没有达到自评健康为一般的水平，说明农村老年人自评身体健康水平总体偏低，身体健康状况总体较差，非常不容乐观，他们经受着诸多健康问题困扰。农村老年人在身体健康方面存在的困境亟待国家制定相关福利政策重点关注。

　　从福祉困境的生活满意度维度来看，农村老年人生活满意度维度中，一点也不满意的占2.74%，不太满意的占12.61%，比较满意的占59.20%，非常满意的占23.60%，极其满意的占1.84%。生活满意度的均值为3.092，均值已经超过了生活满意度为比较满意的水平，说明大多数农村老年人对自己的总体生活水平还是比较满意的。虽然身体健康方面存在诸多困扰，但并没有降低农村老年人对其美好生活的向往和满意程度，也就是说，农村老年人对自己晚年的基本生活是很容易满足的。

　　从福祉困境的抑郁倾向维度来看，41.51%的农村老年人有抑郁倾向，58.49%的农村老年人没有抑郁倾向，抑郁倾向维度是从负向指标来测量农村老年人福祉困境的。农村老年人41.51%的抑郁倾向几率，这充分说明农村老年人心理健康问题不容乐观，除了身体健康问题困扰之外，许多农村老年人还经受着诸多的心理问题困扰，严重影响他们的晚年生活质量。这一心理福祉方面存在的诸多困境应该足以引起国家和全社会的关注和重视。

综上所述，自评健康、生活满意度、抑郁倾向三个维度不仅从认知和情感的不同侧面，而且从正向的自评健康和生活满意度、负向的抑郁倾向等不同方向指标，分别反映了农村老年人福祉困境的整体状况。另外，农村老年人福祉困境集中表现在自评健康水平低下这一身体健康困境及较高几率的抑郁倾向这一心理健康困境方面。

第二节　农村老年人福祉困境的群体差异

本节将年龄、性别、婚姻状况视为影响农村老年人福祉困境的群体因素，分别将其与福祉困境的自评健康、生活满意度和抑郁倾向三个维度进行关联分析，进行农村老年人群体特征的差异比较。

一　年龄与农村老年人福祉

已有的一些研究发现，年龄在人们的福祉方面呈现出一定的差异性。[1][2] 本部分将年龄分别与农村老年人福祉的各个维度进行了卡方检验，旨在分析农村老年人福祉中的年龄差异。

表4-2中的统计结果显示，不同年龄分组的农村老年人在自评健康上存在显著差异（P<0.001）。总体来看，随着年龄的不断递增，自评健康在不断地下降。从60—69岁年龄组，到70—79岁年龄组，再到80岁及以上年龄组，农村老年人自评健康为差的百分比逐渐增加；自评健康为一般的百分比逐渐下降；自评健康为好的百分比也在逐渐下降。农村老年人随着年龄的增大，自评健康状况逐渐下降。也就是说，随着年龄的不断增大，老年人的健康状况相对会日趋下降，这也是人类生命历程的自然现象和正常生理规律。

---

① Diener, E. , R. A. Emmons, R. J. Larsen and S. Griffin, "The Satisfaction With Life Scale", *Journal of Personality Assessment*, Vol. 49, No. 1, 1985.

② Mroczek, D. K. and A. Spiro, "Change in Life Satisfaction during Adulthood: Findings from the Veterans Affairs Normative Aging Study", *Journal of Personality and Social Psychology*, Vol. 10, 2005.

表4-2　　　　不同年龄分组的农村老年人福祉的差异比较　　　单位:%

项目	选项	60—69 岁	70—79 岁	80 岁及以上	卡方检验
自评健康	差	29.04	34.29	41.84	$\chi^2 = 41.59$
	一般	50.92	46.07	40.41	df = 2
	好	20.04	19.63	17.76	p < 0.001
生活满意度	一点也不满意	3.11	1.96	2.14	$\chi^2 = 19.25$
	不太满意	12.41	12.48	15.36	
	比较满意	60.04	57.99	55.36	df = 2
	非常满意	22.67	26.02	23.21	p < 0.05
	极其满意	1.77	1.55	3.93	
抑郁倾向	无抑郁倾向	59.80	56.80	52.82	$\chi^2 = 8.361$
	有抑郁倾向	40.20	43.20	47.18	df = 2
	合计	100.00 (3651)	100.00 (1640)	100.00 (497)	p < 0.05

表4-2中的统计结果显示，不同年龄分组的农村老年人在生活满意度上也存在显著差异（p < 0.05）。总体来看，年龄越大，生活满意度越高。其中，在一点也不满意的选项上，60—69岁年龄组百分比最高，达到3.11%；在不太满意选项上，80岁及以上年龄组百分比最高，达到15.36%；在比较满意选项上，随着年龄的增大，百分比逐渐下降，分别为60.04%、57.99%、55.36%；在非常满意选项上，70—79岁年龄组百分比最高，达到26.02%；而在极其满意选项上，80岁及以上年龄组百分比最高，达到3.93%。各个选项上，不同年龄组百分比有所起伏，但总体趋势是年龄越大，生活满意度越高。

表4-2中的统计结果显示，不同年龄分组的农村老年人群体在抑郁倾向上存在显著差异（p < 0.05）。总体来看，随着年龄的不断增大，有抑郁倾向的百分比也在不断增加。具体而言，70—79岁年龄组农村老年人有抑郁倾向的百分比要比60—69岁年龄组高出3个百分比，80岁及以上年龄组农村老年人有抑郁倾向的百分比又比70—79岁年龄组高出3.98个百分点。这说明农村老年人群体随着年龄的增加，心理健康水平却在不断下降，高龄老人的心理健康问题比

低龄老人更为突出。也就是说，年龄是影响农村老年人心理健康水平的显著因素。

二 性别与农村老年人福祉

已有研究表明，男女两性在人们的主观福祉方面表现出一定的差异[1][2]，而这种性别上的差异能否在农村老年人福祉中有所体现，本部分将老年人的性别分别与农村老年人主观福祉的各维度进行卡方检验，旨在分析农村老年人福祉中的性别差异。

表 4 - 3　　　　不同性别分组的农村老年人福祉的差异比较　　单位:%

项目	选项	女性	男性	卡方检验
自评健康	差	35.22	27.75	$\chi^2 = 48.01$
	一般	47.68	49.71	df = 1
	好	17.10	22.53	p < 0.001
生活满意度	一点也不满意	3.18	2.30	$\chi^2 = 11.70$
	不太满意	12.82	12.42	
	比较满意	57.02	61.38	df = 1
	非常满意	25.15	22.05	p < 0.05
	极其满意	1.83	1.86	
抑郁倾向	无抑郁倾向	51.38	65.78	$\chi^2 = 105.1$
	有抑郁倾向	48.62	34.22	df = 1
	合计	100.00 (2972)	100.00 (2812)	p < 0.001

根据表 4 - 3 中的统计结果可知，不同性别的农村老年人在自评健康上具有显著差异（p < 0.001）。总体而言，男性在自评健康上明显好于女性。在具体的每一个选项上，35.22%的女性农村老年人自评健康为差，男性相应比例为 27.75%；而在自评健康为一般和好的百分比上，男性比女性分别高出 2.03 个和 5.43 个百分点。男性自评

---

① 亓寿伟:《转型期中国居民主观幸福感的计量分析》，博士学位论文，华中科技大学，2010 年。

② 亓寿伟:《中国居民主观幸福感与公共政策——基于微观调查数据的计量分析》，中国社会科学出版社 2013 年版。

健康总体好于女性。这一研究结果与李建新等、徐婧的研究保持相似性。[1][2] 之所以呈现这种差异，可能的原因在于相比农村女性老年人，男性老年人身体健康本来就更好，或者男性老年人更倾向于评价自身健康水平是好的。

表4-3的结果显示，不同性别的农村老年人在生活满意度上也具有显著差异（p＜0.05）。具体而言，在一点也不满意和不太满意的选项上，男性分别比女性低0.88个和0.4个百分点；在比较满意的选项上，男性比女性要高出4.36个百分点；在非常满意的选项上，男性比女性要低3.1个百分点；而在极其满意的选项上，二者基本持平。总体来看，男女两性在生活满意度上的差异并不是非常明显。

表4-3的结果显示，不同性别的农村老年人在抑郁倾向上具有显著差异（p＜0.001），男性有抑郁倾向的占34.22，而女性有抑郁倾向的占48.62%，女性有抑郁倾向的百分比要比男性高出14.4%。也就是说，男性有抑郁倾向的比例明显少于女性。这一研究结果与已有的一些研究的结论保持一致。[3] 之所以呈现这种差异，可能的原因为在农村老年人群体中，男性老年人是一家之主，是家里的中流砥柱，更愿意表露自己正面的情绪；而女性老年人养成较强的依赖倾向，使她们在幸福感自我评价中，更愿意表露自己的负面情绪，比男性更容易呈现出明显的抑郁倾向。

三 婚姻状况与农村老年人福祉

鉴于不同婚姻状况对老年人福祉影响的差异性，本书将婚姻状况分别与农村老年人福祉的各维度进行卡方检验，旨在分析不同婚姻状况对农村老年人福祉影响的差异。在中国健康与养老追踪调查（CHARLS）2011年全国基线调查问卷中，询问被调查者的婚姻状

---

① 李建新、李毅：《性别视角下中国老年人健康差异分析》，《人口研究》2009年第2期。

② 徐婧：《我国老年健康的性别差异及其影响因素分解》，《西北师大学报》（社会科学版）2015年第1期。

③ Zunzunegui, M. V., F. Béland and A. Otero, "Support from Children, Living Arrangements, Self-Rated Health and Depressive Symptoms of Older People in Spain", *International Journal of Epidemiology*, Vol. 30, No. 5, 2001.

况，被调查者从已婚与配偶一同居住、已婚但因工作等原因暂时没有
跟配偶在一起居住、分居（不再作为配偶共同生活）、离异、丧偶、
从未结婚六个选项进行回答，对其进行重新归类，将回答已婚与配偶
一同居住、已婚但因工作等原因暂时没有跟配偶在一起居住两个选项
的归为在婚一类，赋值为1；将回答分居（不再作为配偶共同生活）、
离异、丧偶、从未结婚四个选项的归为非在婚一类，赋值为0，非在
婚作为参照变量。

表4 -4　　　　不同婚姻状况分组的农村老年人福祉的差异比较　　单位:%

项目	选项	非在婚	在婚	卡方检验
自评健康	差	33.91	30.92	$\chi^2 = 4.225$
	一般	47.05	49.14	df = 1
	好	19.04	19.94	p > 0.05
生活满意度	一点也不满意	3.55	2.53	$\chi^2 = 12.10$
	不太满意	14.21	12.19	
	比较满意	54.75	60.38	df = 1
	非常满意	25.81	23.01	p < 0.05
	极其满意	1.67	1.89	
抑郁倾向	无抑郁倾向	50.42	60.73	$\chi^2 = 36.76$
	有抑郁倾向	49.58	39.27	df = 1
	合计	100.00 (1355)	100.00 (4433)	p < 0.05

　　根据表4-4中的统计结果可知，不同婚姻状况的农村老年人在
自评健康上没有显著差异（p > 0.05）。具体来看，虽然在自评健康
为差的选项上，在婚的农村老年人比非在婚的要低2.99个百分点；
但在自评健康为一般的选项上，在婚的农村老年人比非在婚的却又高
出2.09个百分点；而在自评健康为好的选项上，在婚的农村老年人
却比非在婚的又高出0.9个百分点。也就是说，二者的差异总体上并
不明显。
　　表4-4的结果显示，不同婚姻状况的农村老年人在生活满意度
上具有显著差异（p < 0.05）。总体而言，在婚的农村老年人生活满
意度要高于非在婚的农村老年人。在一点也不满意和不太满意的选项

上，在婚老年人比非在婚的分别要低 1.02 个和 2.02 个百分点；在比较满意的选项上，在婚老年人比非在婚的要高出 5.63 个百分点；在非常满意的选项上，在婚老年人比非在婚的要低 2.8 个百分点；而在极其满意的选项上，二者基本持平。也就是说，二者之间有较为明显的差异。

表 4 - 4 的结果显示，不同婚姻状况的农村老年人在抑郁倾向上具有显著差异（p < 0.05），在婚的农村老年人有抑郁倾向的比例明显低于非在婚的农村老年人。这一研究结果与西尔弗斯坦的研究结论一致。[①] 这充分说明与配偶一起共同生活，相互扶持和慰藉，这样稳定的婚姻生活对降低农村老年人抑郁倾向的重要性。

第三节 农村老年人福祉困境的阶层差异

本书将受教育程度、个人储蓄、家庭收入水平作为农村老年人个体的社会阶层特征因素，分别在农村老年人的自评健康、生活满意度和抑郁倾向维度上进行组间差异比较，旨在研究农村老年人福祉困境在社会阶层上的差异性。

一 受教育程度与农村老年人福祉

鉴于不同受教育程度对老年人福祉影响的差异性，本书将受教育程度分别与农村老年人福祉的各维度进行卡方检验，旨在分析不同受教育程度对农村老年人福祉影响的差异。在中国健康与养老追踪调查（CHARLS)2011 年全国基线调查问卷中，被调查者获得的最高学历分为未受过教育（文盲）、未读完小学但能读写、私塾、小学毕业、初中毕业、高中毕业、中专（包括中等师范、职高）毕业、大专毕业、本科毕业、硕士毕业、博士毕业 11 类。考虑本书中农村老年人受教育程度的实际情况，本书的描述分析部分把受教育程度分为三类：把未受过教育（文盲）归为文盲组；把未读完小学但能读写、

---

① Silverstein, M., Z. Cong and S. Li, "Intergenerational Transfers and Living Arrangements of Older People in Rural China: Consequences for Psychological Well-Being", *Journal of Gerontology*, Vol. 61, No. 5, 2006.

私塾及小学毕业归为小学及以下组；把初中毕业、高中毕业、中专（包括中等师范、职高）毕业、大专毕业、本科毕业、硕士毕业及博士毕业归为初中及以上组。

表 4 - 5　　　不同受教育程度分组的农村老年人福祉的差异比较　　单位:%

项目	选项	文盲	小学及以下	初中及以上	卡方检验
自评健康	差	36.08	28.67	25.27	$\chi^2 = 47.54$
	一般	45.91	50.93	50.54	df = 2
	好	18.00	20.40	24.19	p < 0.001
生活满意度	一点也不满意	3.42	2.61	0.64	
	不太满意	14.12	11.85	10.21	$\chi^2 = 57.45$
	比较满意	53.16	62.91	65.74	df = 2
	非常满意	27.27	21.05	21.06	p < 0.001
	极其满意	2.03	1.58	2.34	
抑郁倾向	无抑郁倾向	52.74	61.11	70.50	$\chi^2 = 63.50$
	有抑郁倾向	47.26	38.89	29.50	df = 2
	合计	100.00 (2557)	100.00 (2666)	100.00 (557)	p < 0.001

根据表 4 - 5 中的统计结果可知，不同受教育程度的农村老年人在自评健康上具有显著差异（p < 0.001）。总体来看，受教育程度越高的农村老年人，其自评健康越好。从文盲组，到小学及以下组，再到初中及以上组，农村老年人自评健康为差的百分比依次递减，分别为 36.08%、28.67%、25.27%；而在自评健康为一般和好的选项上，农村老年人的百分比依次递增。农村老年人的受教育程度越高，其健康水平就越好。这一研究结果与马庆堃的研究结论具有相似性。[①] 也就是说，接受教育是提升老年人健康水平的重要因素。

表 4 - 5 的结果显示，不同受教育程度的农村老年人在生活满意度上具有显著差异（p < 0.001）。总体趋势是受教育程度越高，生活满意度越低。具体而言，在一点也不满意和不太满意的选项上，随着

① 马庆堃：《高龄老人健康自评的比较分析》，《西北人口》2002 年第 2 期。

受教育程度的不断递增，百分比在不断下降；在比较满意的选项上，随着受教育程度的不断递增，百分比在不断上升，分别为 53.16%、62.91%、65.74%；在非常满意的选项上，文盲组的百分比最高，达到 27.27%；在极其满意的选项上，初中及以上组的百分比最高，达到 2.34%；小学及以下组最低，为 1.58%。也就是说，不同受教育程度在农村老年人生活满意度上的差异并不明显。

表 4 - 5 的结果显示，不同受教育程度的农村老年人在抑郁倾向上具有显著差异（p < 0.001），受教育程度越高，有抑郁倾向的比例就越少。这一研究结果表明，接受教育能够降低农村老年人有抑郁倾向的几率，受教育程度是影响农村老年人福祉的因素。

二　个人储蓄与农村老年人福祉

在中国健康与养老追踪调查（CHARLS）2011 年全国基线调查问卷中，询问被调查者个人储蓄，即询问被调查者个人金融资产的具体金额，包括五个问题：您和您爱人现在在家里有多少元现金（随身携带以及放在家里）？您现在在金融机构（如银行等）存了多少元钱？您现有的所有政府债券（如国库券等）总共面值多少元？您现在持有的股票当前面值多少元？您现在持有的基金当前价值多少元？以上五种个人金融资产的总和即为农村老年人个人储蓄总额。根据本书中农村老年人个人储蓄的实际情况，本书的描述统计分析部分把农村老年人个人储蓄分为五组，即 100 元及以下组、101—500 元组、501—1000 元组、1001—10000 元组、10000 元以上组。具体统计结果如表 4 - 6 所示。

表 4 - 6 的结果显示，不同个人储蓄分组的农村老年人在自评健康上呈现显著差异（p < 0.001）。总体来看，个人储蓄越多，老年人自评健康越好。个人储蓄从 100 元及以下组，到 101—500 元组，到 501—1000 元组，到 1001—10000 元组，最后到 10000 元以上组，自评健康为差的百分比不断下降，分别为 37.40%、31.65%、29.30%、21.97%、17.51%。而自评健康为一般和好的百分比不断上升。这充分说明，个人储蓄是影响农村老年人自评健康的重要因素，个人储蓄越多，自评健康越好。

表4-6　　　　不同个人储蓄分组的农村老年人福祉的差异比较　　　单位:%

项目	选项	100元及以下	101—500元	501—1000元	1001—10000元	10000元以上	卡方检验
自评健康	差	37.40	31.65	29.30	21.97	17.51	$\chi^2 = 126.8$
	一般	46.34	48.94	49.92	51.94	53.39	df = 4
	好	16.26	19.41	20.78	26.09	29.10	p < 0.001
生活满意度	一点也不满意	4.07	2.18	2.06	1.75	0.65	$\chi^2 = 100.2$
	不太满意	15.71	14.31	9.93	7.58	3.56	df = 4
	比较满意	56.65	60.59	61.24	60.35	62.78	p < 0.001
	非常满意	21.92	21.51	24.91	27.41	30.74	
	极其满意	1.65	1.42	1.87	2.92	2.27	
抑郁倾向	无抑郁倾向	52.10	58.20	59.97	67.17	76.62	$\chi^2 = 100.9$
	有抑郁倾向	47.90	41.80	40.03	32.83	23.38	df = 4
	合计	100.00 (2465)	100.00 (1465)	100.00 (646)	100.00 (801)	100.00 (354)	p < 0.001

表4-6的结果显示,不同个人储蓄分组的农村老年人在生活满意度上呈现显著差异(p<0.001)。总体来看,个人储蓄越多,老年人生活满意度越高。个人储蓄从100元及以下组,到101—500元组,到501—1000元组,到1001—10000元组,最后到10000元以上组,一点也不满意和不太满意的百分比不断下降,而比较满意、非常满意和极其满意的百分比不断上升。这一结果与何寨平的研究保持相似性。[①] 这充分说明,个人储蓄是影响农村老年人生活满意度的重要因素,个人储蓄越多,生活满意度就越高。

表4-6的结果显示,不同个人储蓄分组的农村老年人在抑郁倾向上呈现显著差异(p<0.001)。个人储蓄从100元及以下组,到101—500元组,到501—1000元组,到1001—10000元组,最后到10000元以上组,有抑郁倾向的百分比分别为47.90%、41.80%、

① 何寨平:《社会经济地位、社会支持网与农村老年人身心状况》,《中国社会科学》2002年第3期。

40.03%、32.83%、23.38%，有抑郁倾向的百分比不断下降，而无抑郁倾向的百分比不断上升。也就是说，个人储蓄越多，老年人有抑郁倾向的可能性越低。这充分说明，个人储蓄是影响农村老年人抑郁倾向的重要因素，个人储蓄越多，有抑郁倾向的可能性就越低，心理幸福感就越高。

总体来看，个人储蓄是影响农村老年人福祉的重要因素。个人储蓄越多，农村老年人福祉水平就会越高。也就是说，个人储蓄这一绝对收入指数是影响农村老年人福祉水平的重要因素。

三　家庭收入水平与农村老年人福祉

鉴于不同收入水平对老年人福祉影响的差异性，本书将家庭收入水平分别与农村老年人福祉的各维度进行卡方检验，旨在分析不同家庭收入水平对农村老年人福祉影响的差异。在中国健康与养老追踪调查（CHARLS）2011 年全国基线调查问卷中，询问被调查者家庭收入水平的问题是：总体来说，您怎么评价您自己家的生活水平？是非常高、偏上、中等、偏下还是贫困？本书把回答为贫困者，归为贫困家庭组；把回答为非常高、偏上、中等、偏下者，归为非贫困家庭组。具体统计结果如表 4 - 7 所示。

表 4 - 7　不同家庭收入水平分组的农村老年人福祉的差异比较　　单位:%

项目	选项	贫困	非贫困	卡方检验
自评健康	差	47.50	28.26	$\chi^2 = 124.5$
	一般	40.07	50.58	df = 1
	好	12.42	21.15	p < 0.001
生活满意度	一点也不满意	10.33	1.41	$\chi^2 = 411.0$
	不太满意	29.94	9.65	
	比较满意	44.01	61.93	df = 1
	非常满意	14.82	24.98	p < 0.001
	极其满意	0.90	2.03	
抑郁倾向	无抑郁倾向	36.52	62.39	$\chi^2 = 173.3$
	有抑郁倾向	63.48	37.61	df = 1
	合计	100.00 （823）	100.00 （4478）	p < 0.001

　　根据表 4-7 中的统计结果可知，不同家庭收入水平的农村老年人在自评健康上具有显著差异（p < 0.001）。总体而言，非贫困家庭的农村老年人自评健康要明显好于贫困家庭的农村老年人。具体说来，在自评健康为差的选项上，非贫困家庭老年人比贫困家庭老年人要低 19.24 个百分点；在自评健康为一般和好的选项上，非贫困家庭老年人比贫困家庭老年人分别高出 10.51 个和 8.73 个百分点。也就是说，家庭相对收入水平的提高能显著提升农村老年人的自评健康水平。这一研究结果说明，家庭相对收入水平是影响农村老年人自评健康的显著因素。

　　表 4-7 的统计结果显示，不同生活水平的农村老年人在生活满意度上具有显著差异（p < 0.001）。总体而言，非贫困家庭的农村老年人生活满意度要明显高于贫困家庭的农村老年人。具体说来，在一点也不满意和不太满意的选项上，非贫困家庭老年人比贫困家庭老年人分别要低 8.92 个和 20.29 个百分点；在比较满意、非常满意和极其满意的选项上，非贫困家庭比贫困家庭分别要高出 17.92 个、10.16 个和 1.13 个百分点。由此可以看出，家庭相对收入水平的提高能显著提升农村老年人的生活满意度。同时，这一研究结果也证明，伊斯特林幸福悖论在农村老年人群体适用的局限性，即对于欠发达地区和低收入群体来说，幸福水平与相对收入水平是强相关关系，相对收入水平的提高是人们幸福水平提升的最重要政策措施。这一结果表明，家庭相对收入水平是影响农村老年人生活满意度的重要因素。

　　表 4-7 的统计结果显示，不同生活水平的农村老年人在抑郁倾向上具有显著差异（p < 0.001）。非贫困家庭的农村老年人有抑郁倾向的百分比要低于贫困家庭老年人 25.87 个百分点。也就是说，家庭收入水平的提高能够降低农村老年人有抑郁倾向的可能性。这一研究结果充分说明，家庭收入水平是影响农村老年人有无抑郁倾向的重要因素。

　　以上研究结果表明，家庭经济贫困是制约农村老年人整体福祉水平提升的重要因素，经济上脱贫致富才是提升农村老年人福祉的首要前提。也就是说，只有家庭收入水平的不断改善才能逐步提升农村老年人的福祉水平。

第四节　农村老年人福祉困境的地区差异

鉴于不同收入水平对老年人福祉困境影响的差异性，本书将在农村老年人的自评健康、生活满意度和抑郁倾向维度上进行不同地区类型的组间差异比较，将不同地区类型与农村老年人福祉各维度进行卡方检验，旨在研究农村老年人福祉困境在不同地区类型上的差异性。

本书的地区类型划分标准参照 2015 年中央扶贫开发工作会议的安排，分为中西部地区、东部地区两大地区类型。其中，中西部地区包括黑龙江省、吉林省、山西省、河南省、安徽省、江西省、湖北省、湖南省、河北省、海南省、重庆市、四川省、贵州省、云南省、西藏自治区、陕西省、甘肃省、宁夏回族自治区、青海省、新疆维吾尔自治区、内蒙古自治区、广西壮族自治区 22 个省（区、市）；东部地区包括北京市、天津市、辽宁省、山东省、江苏省、上海市、浙江省、福建省、广东省 9 个省（市）。本书根据中国健康与养老追踪调查（CHARLS）2011 年全国基线调查问卷中受访者所在的不包括西藏自治区、宁夏回族自治区、海南省在内的 28 个省（区、市），将受访者所在的 28 个省（区、市）分为中西部地区和东部地区这两大地区类型。具体统计结果如表 4-8 所示。

表 4-8 中的统计结果显示，不同地区类型的农村老年人在自评健康上具有显著差异（$p < 0.001$）。总体来看，中西部地区农村老年人自评健康水平明显要差于东部地区老年人。在自评健康为差和一般的选项上，中西部地区老年人比东部地区要分别高出 9.8 个和 1.64 个百分点；在自评健康为好的选项上，中西部地区老年人比东部地区要低 11.42 个百分点。这说明农村老年人自评健康存在着明显的地区差异。

表 4-8 中的统计结果显示，不同地区类型的农村老年人在生活满意度上具有显著差异（$p < 0.05$）。在一点也不满意、不太满意和非常满意的选项上，中西部地区老年人比东部地区分别高出 0.07 个、2.74 个和 1.18 个百分点；而在比较满意和极其满意的选项上，中西

部地区老年人比东部地区分别低 3. 19 个和 0. 8 个百分点。也就是说，农村老年人在生活满意度上并不存在明显的地区差异。

表 4 - 8 　　　不同地区类型分组的农村老年人福祉影响的差异比较　　　单位:%

项目	选项	东部地区	中西部地区	卡方检验
自评健康	差	24.72	34.52	$\chi^2 = 116.4$
	一般	47.50	49.14	$df = 1$
	好	27.77	16.35	$p < 0.001$
生活满意度	一点也不满意	2.69	2.76	
	不太满意	10.70	13.44	$\chi^2 = 11.27$
	比较满意	61.43	58.24	$df = 1$
	非常满意	22.78	23.96	$p < 0.05$
	极其满意	2.40	1.60	
抑郁倾向	无抑郁倾向	70.11	53.59	$\chi^2 = 115.6$
	有抑郁倾向	29.89	46.41	$df = 1$
	合计	100.00 (1717)	100.00 (4071)	$p < 0.001$

表 4 - 8 中的统计结果显示，不同地区类型的农村老年人在抑郁倾向上具有显著差异（$p < 0.001$）。中西部地区农村老年人有抑郁倾向的可能性比东部地区要高出 16. 52 个百分点。这表明不同地区类型是影响农村老年人抑郁倾向的显著因素。

总体来看，在自评健康维度上，东部地区农村老年人明显好于中西部地区；在抑郁倾向维度上，东部地区农村老年人明显低于中西部地区。也就是说，地区类型对农村老年人福祉各个维度的影响具有一定的差异性。农村老年人在自评健康和抑郁倾向维度上均存在明显的地区差异，而在生活满意度维度上并不存在非常明显的地区差异。

本章小结

本书对农村老年人在自评健康、生活满意度和抑郁倾向三个福祉维度上进行描述，并对农村老年人福祉困境的三个维度进行了比较分析。分析结果表明，从自评健康维度上看，农村老年人自评健康为差的占31.62%，一般的占48.65%，而好的仅占19.73%，这说明农村老年人自评身体健康水平总体偏低。从生活满意度维度来看，回答比较满意、非常满意和极其满意的共占84.64%，这说明大多数农村老年人对自己的总体生活水平还是比较满意的。而从抑郁倾向维度来看，41.51%的农村老年人有抑郁倾向，说明农村老年人心理健康问题不容乐观，除了身体问题之外，许多老年人还经受着心理问题的困扰。

本书对农村老年人福祉困境的群体差异研究表明，在年龄方面，年龄越大，其自评健康水平越低，有抑郁倾向的可能性越大，而生活满意度的差异不大。在性别方面，与女性相比，男性自评健康更好，有抑郁倾向的可能性更小，而生活满意度的差异并不明显。在婚姻状况方面，与非在婚相比，在婚老年人生活满意度更高，有抑郁倾向的可能性更小，而自评健康的差异并不明显。

本书对农村老年人福祉困境的阶层差异研究表明，在受教育程度方面，受教育程度越高，其自评健康越好，有抑郁倾向的可能性越小，而生活满意度的差异不大。在个人储蓄方面，个人储蓄越多，农村老年人自评健康越好，生活满意度越高，有抑郁倾向的可能性越小。在家庭收入水平方面，与贫困家庭老年人相比，非贫困老年人的自评健康更好，生活满意度更高，有抑郁倾向的可能性更小。总体来看，经济状况是影响农村老年人福祉水平的重要因素。

本书对农村老年人福祉困境的地区差异研究表明，与东部地区相比，中西部地区的农村老年人自评健康更差，有抑郁倾向的可能性更大，而生活满意度的差异并不大。总体来看，农村老年人福祉困境在不同地区之间存在一定的差异性，地区类型是影响农村老年人福祉水平的因素。

第五章

家庭养老主体与农村老年人福祉

本章的第一节将根据家庭代际互惠理论，先提出家庭养老主体对农村老年人福祉影响作用的研究假设，然后通过 Logistic 回归模型的分析，分别进行了验证，以检验本书提出的研究假设，旨在探讨家庭养老主体对农村老年人福祉的影响关系。第二节将通过定性的研究进一步了解家庭养老主体在农村老年人福祉提升中的影响作用和角色定位，对被访谈对象深度访谈的话语进行理解和分析，深挖家庭养老主体在提升农村老年人福祉中存在的风险和困境。第三节将通过定性访谈资料深挖家庭代际互惠与农村老年人福祉关系的背后蕴含的农村养老福利制度和传统养老文化因素，一方面它凸显出农村养老福利制度的薄弱，另一方面它蕴含着在一些农村地区传统养老敬老和传统孝文化的变异和日益弱化。

第一节 家庭养老主体对农村老年人福祉的影响逻辑

根据家庭代际互惠理论，本节先提出家庭养老主体对农村老年人福祉作用的研究假设，然后通过 Logistic 回归模型的分析，分别进行了验证，旨在检验研究假设，探讨家庭养老主体对农村老年人福祉的影响关系。

一 研究假设

家庭代际互惠理论认为，互惠常常被认为是一种助人的动机，互惠发生在一定的社会关系中，给予和获取这两种行为的持续被认为是个体权力的一种象征；① 作为社会支持的一个层面，互惠影响成年子女对老年父母的赡养关系，子女对晚年父母的赡养是对过去父母抚养子女的一种回馈。② 代际互惠是指家庭内部的老年父母与其成年子女之间的利益交换关系，即家庭内部老年父母与成年子女两代人之间在日常生活中在金钱、时间、情感、生活照顾等资源方面的给予和获取的相互支持和交换的关系。在中国传统的伦理文化中，子女具有赡养父母不可推卸的责任，它体现了养儿防老的代际均衡互惠关系，这一代际之间的供养关系是双向的互惠关系，是中国传统家庭养老模式赖以存在的经济和伦理基础。③④⑤⑥

根据家庭代际互惠理论可知，当父母步入晚年时期，理所应当会得到子女的孝敬和赡养，因为这是父母一生都在为子女操劳和付出的回报。⑦ 中国自古至今所谓的养儿防老、儿孙满堂、天伦之乐等俗语蕴含了依靠家庭代际互惠关系进行养老的某种假设：子女是老人物质生活的基本保障，同时也是老人精神世界的快乐之源。⑧ 也就是说，来自成年子女提供的经济支持、生活照料和情感支持，是农村老年人晚年生活得以保障的根本之所在，是农村老年人福祉提升的基础和源泉。因此，根据家庭代际互惠理论，本书就具体的家庭养老主体与农村老年人福祉之间的关系，提出如下假设：

（一）家庭养老主体与农村老年人自评健康

根据前文的文献回顾部分可知，家庭养老主体是养老福利体系中

---

① 熊跃根：《需要、互惠和责任分担——中国城市老人照顾的政策与实践》，上海人民出版社 2008 年版。

② Lee, G. R. , J. K. Netzer and R. T. Coward, "Filial Responsibility Expectation of Intergenerational Assistance", *Journal of Marriage and the Family*, Vol. 56, No. 8, 1994.

③ 费孝通：《家庭结构变动中的老年赡养问题——再论中国家庭结构的变动》，《北京大学学报》（哲学社会科学版）1983 年第 3 期。

④ 贺雪峰：《农村家庭代际关系的变动及其影响》，《江海学刊》2008 年第 4 期。

⑤ 陈皆明：《中国养老模式：传统文化、家庭边界和代际关系》，《西安交通大学学报》（社会科学版）2010 年第 6 期。

⑥ 狄金华、钟涨宝：《社区情理与农村养老秩序的生产——基于鄂东黄村的调查》，《中国农业大学学报》（社会科学版）2013 年第 2 期。

⑦ 陶艳兰：《代际互惠还是福利不足？——城市双职工家庭家务劳动中的代际交换与社会性别》，《妇女研究论丛》2011 年第 4 期。

⑧ 沈可：《中国老年人居住模式之变迁》，社会科学文献出版社 2013 年版。

的最原初和最基础的养老供给主体，它主要依靠家庭成员向老年人提供经济上的支持、生活上的照料以及精神上的慰藉。而来自子女和配偶等家庭主要成员在经济支持、生活照料以及精神慰藉三个方面的福利供给都会对老年人的自评健康产生显著性的影响。①② 基于此，提出以下假设：

假设 1：家庭养老主体有助于提升农村老年人的自评健康水平。

假设 1a：其他因素不变，过去一年得到子女经济支持的农村老年人自评健康好于没有得到子女经济支持的老年人。

假设 1b：其他因素不变，生活需要时有亲人长期照顾的农村老年人自评健康好于没有亲人照顾的老年人。

假设 1c：其他因素不变，有子女经常看望的农村老年人自评健康好于没有子女经常看望的老年人。

（二）家庭养老主体与农村老年人生活满意度

根据前文的文献回顾部分可知，生活满意度是衡量老年人福祉的一个重要维度。而来自子女和配偶等家庭主要成员在经济支持、生活照料以及精神慰藉三个方面的福利供给都会对老年人的生活满意度产生显著性的影响。③④ 基于此，提出以下假设：

假设 2：家庭养老主体有助于提升农村老年人的生活满意度。

假设 2a：其他因素不变，过去一年得到子女经济支持的农村老年人的生活满意度高于没有得到子女经济支持的老年人。

假设 2b：其他因素不变，生活需要时有亲人长期照顾的农村老年人的生活满意度高于没有亲人长期照顾的老年人。

① Silverstein, M. and V. L. Bengtson, "Does Intergenerational Social Support Influence the Psychological Well-Being of Older Parents? The Contingencies of Declining Health and Widowhood", *Social Science and Medicine*, Vol. 38, No. 7, 1994.

② Zunzunegui, M. V. , F. Béland and A. Otero, "Support from Children, Living Arrangements, Self-Rated Health and Depressive Symptoms of Older People in Spain", *International Journal of Epidemiology*, Vol. 30, No. 5, 2001.

③ Krause, N. , J. Liang and S. Gu, "Financial Strain, Received Support, Anticipated Support, and Depressive Symptoms in the People's Republic of China", *Psychology and Aging*, Vol. 13, No. 1, 1998.

④ 王彦方、王旭涛：《影响农村老人生活满意度和养老模式选择的多因素分析——基于对留守老人的调查数据》，《中国经济问题》2014 年第 5 期。

假设 2c：其他因素不变，有子女经常看望的农村老年人的生活满意度高于没有子女经常看望的老年人。

（三）家庭养老主体与农村老年人抑郁倾向

根据前文的文献回顾部分可知，抑郁倾向是测量心理幸福感的有效性量表，它是衡量老年人福祉的一个重要维度。而来自子女和配偶等家庭主要成员在经济支持、生活照料以及精神慰藉三个方面的福利供给都会对老年人抑郁倾向产生一定的影响。[1][2] 基于此，提出本书的假设：

假设 3：家庭养老主体会降低农村老年人有抑郁倾向的可能性。

假设 3a：其他因素不变，过去一年得到子女经济支持比没有得到的农村老年人更可能没有抑郁倾向。

假设 3b：其他因素不变，生活需要时有亲人长期照顾比没有的农村老年人更可能没有抑郁倾向。

假设 3c：其他因素不变，有子女经常看望比没有的农村老年人更可能没有抑郁倾向。

（四）家庭居住方式与农村老年人福祉

居住方式是综合家庭成员经济支持、生活照料及情感支持为一体的，已有的一些研究表明，居住方式对老年人自评健康也会产生一定的影响。[3] 基于此，提出以下假设：

假设 4：其他因素不变，与子女同住的农村老年人的自评健康好于非同住老年人。

还有一些研究发现，综合家庭成员经济支持、生活照料及情感支持为一体的居住方式对老年人生活满意度也产生一定的影响。[4] 基于

---

① Silverstein, M., Z. Cong and S. Li, "Intergenerational Transfers and Living Arrangements of Older People in Rural China: Consequences for Psychological Well-Being", *Journal of Gerontology*, Vol. 61, No. 5, 2006.

② 王萍、李树茁：《农村家庭养老的变迁和老年人的健康》，社会科学文献出版社 2011 年版。

③ Lund, R., P. Due, J. Modvig, B. E. Holstein, M. T. Damsgaard and P. K. Andersen, "Cohabitation and Marital Status as Predictors of Mortality-An Eight Year Follow-Up Study", *Social Science and Medicine*, Vol. 55, 2002.

④ 任强、唐启明：《中国老年人的居住安排与情感健康研究》，《中国人口科学》2014 年第 4 期。

此，提出以下假设：

假设5：其他因素不变，与子女同住的农村老年人的生活满意度高于非同住老年人。

另有一些研究还发现，综合家庭成员经济支持、生活照料及情感支持为一体的居住方式对老年人抑郁倾向也产生一定的影响。① 基于此，提出以下假设：

假设6：其他因素不变，与子女同住比未同住的农村老年人更可能没有抑郁倾向。

二　数据分析

在本数据分析部分，把家庭养老主体作为自变量，把农村老年人福祉的自评健康、生活满意度、抑郁倾向三个维度作为因变量，通过回归分析逐一验证家庭养老福利对农村老年人福祉各个维度的作用假设。

（一）家庭养老主体与农村老年人自评健康

由于因变量——自评健康变量是有序的三分类变量，因此采用序次 Logistic 回归模型来进行统计分析。为分别估计控制变量和自变量（子女过去一年经济支持、生活需要时是否有亲人长期照顾、是否有子女经常看望）对因变量（农村老年人自评健康）的影响效应，本书采用了嵌套模型的建模策略，模型1是仅包含控制变量的基准模型。模型2在模型1的基础上增加了子女过去一年经济支持变量，以检验过去一年是否得到子女经济支持对农村老年人自评健康的影响。模型3在模型2的基础上增加了生活需要时亲人长期照顾变量，以检验有没有亲人长期照顾对农村老年人自评健康的影响。模型4在模型3的基础上增加了是否有子女经常看望变量，以检验是否有子女经常看望对农村老年人自评健康的影响。具体统计结果如表5-1所示。

---

① Zunzunegui, M. V., F. Béland and A. Otero, "Support from Children, Living Arrangements, Self-Rated Health and Depressive Symptoms of Older People in Spain", *International Journal of Epidemiology*, Vol. 30, No. 5, 2001.

表 5 - 1　家庭养老主体对农村老年人自评健康影响的序次 Logistic 回归模型

变量	模型 1	模型 2	模型 3	模型 4
年龄	-0.015 **	-0.015 **	-0.015 **	-0.017 ***
	(0.005)	(0.005)	(0.005)	(0.005)
性别（男性 =1）	0.205 ***	0.204 ***	0.215 ***	0.228 ***
	(0.061)	(0.061)	(0.061)	(0.062)
婚姻状况（在婚 =1）	-0.121 +	-0.122 +	-0.119 +	-0.126 +
	(0.072)	(0.072)	(0.072)	(0.072)
受教育年限	0.020 *	0.020 *	0.020 *	0.020 *
	(0.010)	(0.010)	(0.010)	(0.010)
个人储蓄（万元）	0.012 +	0.012 +	0.012 +	0.013 +
	(0.007)	(0.007)	(0.007)	(0.007)
家庭收入水平（非贫困 =1）	0.672 ***	0.673 ***	0.640 ***	0.640 ***
	(0.081)	(0.081)	(0.082)	(0.082)
患慢性病数量	-0.537 ***	-0.537 ***	-0.535 ***	-0.535 ***
	(0.023)	(0.023)	(0.023)	(0.023)
生活自理能力（不能自理 =1）	-0.820 ***	-0.820 ***	-0.818 ***	-0.826 ***
	(0.073)	(0.073)	(0.073)	(0.073)
近一个月是否参加休闲社交活动（参加 =1）	0.202 ***	0.202 ***	0.194 ***	0.193 ***
	(0.057)	(0.057)	(0.057)	(0.057)
地区类型（中西部地区 =1）	-0.396 ***	-0.395 ***	-0.377 ***	-0.365 ***
	(0.063)	(0.063)	(0.063)	(0.063)
过去一年是否得到子女经济支持（得到 =1）		-0.016	-0.038	-0.085
		(0.068)	(0.068)	(0.070)
生活需要时有无亲人照顾（有 =1）			0.184 **	0.163 *
			(0.063)	(0.064)
有无子女经常看望（有 =1）				0.206 **
				(0.069)
N	4984	4984	4984	4984
Log-likelihood	-4570.07	-4570.05	-4565.79	-4561.27
Pseudo R²	0.114	0.114	0.115	0.116

说明：括号里的数字为标准误；+ p < 0.1，* p < 0.05，** p < 0.01，*** p < 0.001（双尾检验）。

表 5-1 报告了家庭养老主体对农村老年人自评健康影响的模型估计结果。从模型 1 可以发现，所有控制变量都对农村老年人自评健康有显著性影响。在对自评健康有显著性影响的三个群体因素中，年龄越大，农村老年人自评健康就越差；在控制了其他因素之后，年龄每增加 1 岁，自评健康更好的几率就会下降 2% 左右 $(1-e^{-0.015} \approx 0.015$，$p < 0.01)$。在控制了其他因素之后，男性老年人自评健康更好的几率比女性要高出 23% 左右 $(e^{0.205}-1 \approx 0.228$，$p < 0.001)$，也就是说，男性的自评健康水平好于女性。在控制了其他因素之后，在婚老年人自评健康更好的几率比非在婚老年人要低 11% 左右 $(1-e^{-0.121} \approx 0.114$，$p < 0.1)$，这一研究结果与韦玮等的研究[①]刚好相反，而韦玮等的研究认为在婚老年人自评健康状况要好于非在婚老年人。究其原因，可能在于接受 CHARLS2011—12 课题调研的 60 岁及以上农村老年人样本中，非在婚的老年人由于他们经历离异或丧偶等变故之后，更不关注自己的健康状况评价，而在健康自评上比在婚老年人更为积极。

在表 5-1 的模型 1 中，三个阶层因素对农村老年人自评健康也都有显著影响。其中，受教育年限越高，老年人自评健康就越好；在控制了其他因素之后，受教育年限每增加一年，农村老年人自评健康更好的几率就要上升 2% 左右 $(e^{0.020}-1 \approx 0.020$，$p < 0.05)$，也就是说，接受教育显著提升了农村老年人的自评健康水平。个人储蓄和家庭收入水平对自评健康也都有积极的正向影响，而相对的家庭收入水平比个人储蓄显著性更强，也就是说，相对收入比绝对收入更能提升农村老年人的自评健康水平。具体而言，在控制了其他因素之后，个人储蓄每增加 1 万元，农村老年人自评健康更好的几率就会上升 1% 左右 $(e^{0.012}-1 \approx 0.012$，$p < 0.1)$；而在控制了其他因素之后，非贫困家庭老年人自评健康更好的几率比贫困家庭要高出 96% 左右 $(e^{0.672}-1 \approx 0.958$，$p < 0.001)$，因此，经济收入水平对老年人的健康状况具有显著性影响，经济上的贫困是制约农村老年人健康水平提

---

① 韦玮等：《上海奉贤区农村高龄老人自评健康状况及其影响因素分析》，《中国卫生统计》2007 年第 5 期。

升的重要因素。

在表 5-1 的模型 1 中，健康状况的两个变量对农村老年人自评健康也都有显著性影响。在患慢性病数量因素上，控制了其他因素之后，患慢性病数量每多一种，老年人自评健康更好的几率就会下降 42% 左右（$1-e^{-0.537}\approx0.416$，$p<0.001$）。在生活自理能力因素上，控制了其他因素之后，生活不能自理的老年人自评健康更好的几率比能自理的老年人要低 56% 左右（$1-e^{-0.820}\approx0.560$，$p<0.001$）。总的来说，患慢性病数量越多，自评健康越差；生活不能自理的老年人自评健康更好的几率明显低于能自理的老年人。这一研究结果充分证明，患慢性病数量、生活自理能力等客观身体健康状况，都对较为主观的自评健康有着重要的影响，是农村老年人自我健康评价的关键性因素，也就是说，客观的身体健康状况就直接决定着老年人主观的自我健康评价。

在表 5-1 的模型 1 中，生活方式变量和地区类型变量也都对农村老年人自评健康有显著影响。在控制了其他因素之后，上个月参加过休闲社交活动的老年人自评健康更好的几率比未参加的老年人高出 22% 左右（$e^{0.202}-1\approx0.224$，$p<0.001$），也就是说，积极参与休闲社交活动会显著地提升老年人的自评健康水平。最后，不同地区类型对农村老年人自评健康的影响也有显著差异。其他因素保持不变，中西部地区农村老年人自评健康更好的几率比东部地区要低 33% 左右（$1-e^{-0.396}\approx0.327$，$p<0.001$）。也就是说，东部地区的农村老年人自评健康水平明显好于中西部地区老年人。这一研究结果与陈东、张郁杨的研究具有相似性，再次印证了农村老年人健康的地区差异。[1]

表 5-1 的模型 2 在模型 1 的基础上增加了一个变量——过去一年是否得到子女经济支持变量，目的是为了检验过去一年是否得到子女经济支持对农村老年人自评健康的影响。可以发现，控制了年龄、性别、婚姻状况、受教育程度、个人储蓄、家庭收入水平、健康状况、地区类型等变量之后，是否获得子女的经济支持对农村老年人自

[1] 陈东、张郁杨：《不同养老模式对我国农村老年群体幸福感的影响分析——基于 CHARLS 基线数据的实证检验》，《农业技术经济》2015 年第 4 期。

评健康的影响作用没有显著性差异。这里的结果没有证实假设 1a。其原因可能在于，在老年人自评健康的影响作用上，经济支持变量有可能被生活照料变量、情感支持变量所替代，而后两个变量对自评健康的影响作用都有显著差异。

表 5-1 的模型 3 在模型 2 的基础上增加了一个变量——生活需要时有无亲人长期照顾变量，目的是为了检验生活需要时是否有亲人长期照顾对农村老年人自评健康的影响。结果显示，生活需要时是否有亲人长期照顾对农村老年人自评健康的影响作用具有显著性差异，而且回归系数是正的，也就是说，有亲人长期照顾对老年人自我健康评价具有积极的影响。具体说来，在控制了其他因素之后，有亲人照顾的农村老年人自评健康更好的几率比没有亲人照顾的要高出 20% 左右（$e^{0.184} - 1 \approx 0.202$，$p < 0.01$）。这里的结果证实了假设 1b。这一研究结果表明，有亲人的生活照顾对老年人自评健康具有重要影响，来自家庭成员的生活照料是提升农村老年人自评健康水平的重要因素。

表 5-1 的模型 4 在模型 3 的基础上增加了一个变量——有无子女经常看望变量，目的是为了检验有无子女经常看望对农村老年人自评健康的影响。结果显示，有无子女经常看望对农村老年人自评健康的影响作用具有显著性差异，而且回归系数是正的，也就是说，有子女经常看望（每周看望 1 次及以上）对老年父母自我健康评价具有积极的影响。具体来看，在控制了其他因素之后，有子女经常看望的农村老年人自评健康更好的几率比没有的要高出 23% 左右（$e^{0.206} - 1 \approx 0.229$，$p < 0.01$）。这里的结果证实了假设 1c。这一研究结果与宋月萍的研究①具有相似性。可以发现，有子女经常看望，老年父母就会在情感上得到安慰和慰藉，长此以往对其健康状况也会有积极影响，因此，情感支持是提升农村老年人自评健康的重要因素。

值得注意的是，模型 3 中在 0.01 的水平上显著的生活需要时有无亲人生活照顾变量，到模型 4 中却在 0.05 的水平上显著，而且回

---

① 宋月萍：《精神赡养还是经济支持：外出务工子女养老行为对农村留守老人健康影响探析》，《人口与发展》2014 年第 4 期。

归系数也在下降。这表明生活需要时有无亲人生活照顾变量的部分作用在模型4中被新加入的子女经常看望变量所解释，也就是说，在提升农村老年人自评健康方面，子女经常看望相对于生活需要时有亲人生活照顾来说显得更为重要。而需要亲人长期生活照顾的老年人大多都是生活不能自理、健康状况较差的老年人，因此，对于生活上能够自理的老年人来说，子女经常看望对老年人自评健康尤为重要。

总的来看，在家庭养老主体的三个变量中，过去一年是否获得子女经济支持对自评健康并没有显著差异，但亲人生活照顾和有子女经常看望显著提升了农村老年人的自评健康水平。这表明，相对于子女经济支持来说，生活需要时亲人照料和子女经常看望等生活和情感上的支持对老年人更为重要；生活上关心和情感上慰藉，而不仅仅只是在经济上供养，这样才能真正提升农村老年人的自评健康水平。

（二）家庭养老主体与农村老年人生活满意度

由于因变量——生活满意度变量是有序的五分类变量，因此采用序次 Logistic 回归模型来进行统计分析。为分别估计控制变量和自变量（过去一年是否得到子女经济支持、生活需要时有无亲人长期照顾、有无子女经常看望）对因变量（农村老年人生活满意度）的影响效应，本书采用了嵌套模型的建模策略，模型1是仅包含控制变量的基准模型。模型2在模型1的基础上增加了子女过去一年经济支持变量，以检验过去一年是否获得子女经济支持对农村老年人生活满意度的影响。模型3在模型2的基础上增加了生活需要时亲人长期照顾变量，以检验有没有亲人长期照顾对农村老年人生活满意度的影响。模型4在模型3的基础上增加了是否有子女经常看望变量，以检验是否有子女经常看望对农村老年人生活满意度的影响。具体统计结果如表5-2所示。

表5-2报告了家庭养老主体对农村老年人生活满意度影响的模型估计结果。从模型1可以发现，在三个群体因素中，只有年龄对农村老年人生活满意度有显著影响，而性别和婚姻状况对生活满意度并没有显著影响。保持其他因素不变，年龄每增加1岁，老年人生活满意度更高的几率就会上升2%左右（$e^{0.018} - 1 \approx 0.018$，$p < 0.001$）。这一研究结果与国外一些研究结果刚好相反，Blanchflower 等人研究发

表 5 - 2　家庭养老主体对农村老年人生活满意度影响的序次 Logistic 回归模型

变量	模型 1	模型 2	模型 3	模型 4
年龄	0.018 ***	0.018 ***	0.017 ***	0.017 ***
	(0.005)	(0.005)	(0.005)	(0.005)
性别（男性 = 1）	-0.074	-0.070	-0.038	-0.038
	(0.066)	(0.066)	(0.067)	(0.067)
婚姻状况（在婚 = 1）	0.053	0.068	0.082	0.082
	(0.080)	(0.080)	(0.080)	(0.081)
受教育年限	-0.009	-0.009	-0.009	-0.009
	(0.010)	(0.010)	(0.010)	(0.010)
个人储蓄（万元）	0.016 **	0.016 **	0.015 **	0.015 **
	(0.006)	(0.006)	(0.005)	(0.005)
家庭收入水平（非贫困 = 1）	1.344 ***	1.331 ***	1.247 ***	1.247 ***
	(0.092)	(0.092)	(0.093)	(0.093)
患慢性病数量	-0.099 ***	-0.099 ***	-0.092 ***	-0.092 ***
	(0.022)	(0.022)	(0.022)	(0.022)
生活自理能力（不能自理 = 1）	-0.248 **	-0.250 **	-0.242 **	-0.242 **
	(0.079)	(0.079)	(0.079)	(0.079)
近一个月是否参加休闲社交活动（参加 = 1）	0.193 **	0.195 **	0.177 **	0.177 **
	(0.061)	(0.061)	(0.062)	(0.062)
地区类型（中西部地区 = 1）	0.039	0.030	0.073	0.074
	(0.067)	(0.067)	(0.067)	(0.068)
过去一年是否得到子女经济支持（得到 = 1）		0.228 **	0.165 *	0.164 *
		(0.073)	(0.074)	(0.075)
生活需要时有无亲人照顾（有 = 1）			0.490 ***	0.490 ***
			(0.071)	(0.071)
有无子女经常看望（有 = 1）				0.004
				(0.074)
N	4277	4277	4277	4277
Log-likelihood	-4481.92	-4477.06	-4452.74	-4452.74
Pseudo R^2	0.033	0.034	0.039	0.039

说明：括号里的数字为标准误；+ p < 0.1，* p < 0.05，** p < 0.01，*** p < 0.001（双尾检验）。

现，年龄和生活满意度之间存在着一个倒 U 型曲线关系，人们的生活满意度水平 65 岁之前一直在增加，而到 65 岁之后则开始下降。[①] 本书与国外相关研究结果恰恰相反的原因可能在于，Blanchflower 等人的研究群体是英国和美国等发达国家的居民，而本书的样本却来自中国农村 1951 年及以前出生的老年人群体。而农村老年人群体对生活的满足，一般不是与大城市等发达地区居民进行横向对比，而是拿现在的物质生活水平与自己过去年代进行纵向对比，由于现在的物质生活水平比以前大大改善，因此，他们对自己的生活相对容易满足。

在表 5 - 2 模型 1 的三个阶层因素中，受教育年限对农村老年人生活满意度没有显著性影响；而个人储蓄和家庭收入水平都对生活满意度有显著影响。在控制了其他因素之后，个人储蓄每增加 1 万元，老年人生活满意度更高的几率就会上升 2% 左右（$e^{0.016} - 1 \approx 0.016$，$p < 0.01$）。个人储蓄的重要性在于，它是农村老年人靠自我养老的资金来源和物质基础。[②] 在家庭收入水平因素上，保持其他因素不变，非贫困家庭老年人生活满意度更高的几率是贫困家庭老年人的 3.8 倍左右（$e^{1.344} \approx 3.834$，$p < 0.001$），这说明家庭相对收入水平是影响农村老年人生活满意度的重要因素。因此，无论是绝对收入还是相对收入都对中国农村老年人生活满意度具有显著性的正向影响。这一研究结果也印证了伊斯特林的幸福悖论[③]在中国农村老年人群体使用的局限性，换句话说，中国农村老年人整体经济收入水平依然处于非常低的水平，还远远没有达到幸福悖论能够出现的经济富裕程度。

在表 5 - 2 模型 1 中，健康状况的两个因素都对农村老年人生活满意度有显著影响。具体来说，在慢性病因素上，控制了其他因素之后，患慢性病数量每增加一种，老年人生活满意度更高的几率就会下降 9% 左右（$1 - e^{-0.099} \approx 0.094$，$p < 0.001$）。在生活自理能力因素上，控制了其他因素之后，生活不能自理的老年人生活满意度更高的

① Blanchflower, D. G. and A. J. Oswald, "Well-Being Over Time in Britain and the USA", *Journal of Public Economics*, Vol. 88, 2004.

② 陈友华：《居家养老及其相关的几个问题》，《人口学刊》2012 年第 4 期。

③ Easterlin, R. A., "Does Economic Growth Improve the Human Lot? Some Empirical Evidence", in Paul A. David and Melvin W. Reader (eds.), *Nations and Households in Economic Growth：Essays in Honor of Moses Abramowitz*, New York：Academic Press, 1974.

几率比能自理的老年人要低 22% 左右（$1 - e^{-0.248} \approx 0.220$，p <
0.01）。这说明，患慢性病数量和生活自理能力等身体健康状况是影
响农村老年人生活满意度的重要因素。也就是说，患慢性病数量和生
活自理能力等客观身体健康状况就直接决定着老年人对自我生活满意
度的主观评价。另外，是否参加休闲社交活动对农村老年人生活满意
度也有显著影响。保持其他因素不变，上个月参加休闲社交活动的老
年人生活满意度更高的几率比未参加的老年人要高出 21% 左右
（$e^{0.193} - 1 \approx 0.213$，p < 0.01），这说明积极参与社会互动能显著提升
农村老年人的生活满意度。而不同地区类型对农村老年人生活满意度
并没有显著影响，这表明与自评健康不同的是，农村老年人生活满意
度并不存在明显的地区差异。

　　表 5 - 2 的模型 2 在模型 1 的基础上增加了一个变量——过去一
年是否得到子女经济支持变量，目的是为了检验过去一年是否得到子
女经济支持对农村老年人生活满意度的影响。结果显示，过去一年是
否得到子女经济支持对农村老年人生活满意度的影响作用具有显著性
差异，而且回归系数是正的，也就是说，过去一年获得过子女经济支
持对老年人生活满意度具有积极的影响。具体说来，在控制了其他因
素之后，过去一年获得过子女经济支持的老年人生活满意度更高的几
率比没获得过的高出 26% 左右（$e^{0.228} - 1 \approx 0.256$，p < 0.01）。这里
的结果证实了假设 2a。这一研究结果充分证明，对于中国农村老年人
这个无固定收入群体来说，由于他们不像城市退休老人那样依靠退休
金或养老金作为自己老年生活的物质来源；而农村的新型社会养老保
险每月提供的养老金又十分有限，保障水平仍然很低，因此，子女在
经济上的供养和支持是他们晚年生活得以维持的最重要的物质基础。

　　表 5 - 2 的模型 3 在模型 2 的基础上增加了一个变量——生活需
要时是否有亲人长期照顾变量，目的是为了检验生活需要时是否有亲
人长期照顾对农村老年人生活满意度的影响。结果显示，生活需要时
是否有亲人长期照顾对农村老年人生活满意度的影响作用具有显著性
差异，而且回归系数是正的，也就是说，有亲人长期照顾对老年人生
活满意度具有积极的影响。具体说来，在控制了其他因素之后，有亲
人照顾的老年人生活满意度更高的几率比无亲人照顾的要高出 63%

左右（$e^{0.490} - 1 \approx 0.632$，$p < 0.001$）。这里的结果证实了假设 2b。研究结果充分证明，来自家庭成员的生活照料对提升农村老年人生活满意度的积极作用。

值得注意的是，模型 2 中在 0.01 的水平上显著的子女经济支持变量，到模型 3 中却在 0.05 的水平上显著，而且回归系数也在下降。这表明子女经济支持变量的部分作用在模型 3 中被新加入的生活需要时亲人生活照顾变量所解释，也就是说，在提升农村老年人生活满意度方面，生活照料相对于经济支持来说显得更为重要，老年人更为计较的是生活上的照料和陪护，而不仅仅是子女们单纯的经济支持。

表 5 - 2 的模型 4 在模型 3 的基础上增加了一个变量——有无子女经常看望变量，目的是为了检验有无子女经常看望对农村老年人生活满意度的影响。可以看到，在控制了其他因素之后，有无子女经常看望对农村老年人生活满意度的影响作用没有发生显著变化。这里的结果没有证实假设 2c。这说明，子女经常看望变量对生活满意度的影响作用，有可能被亲人长期照顾和子女经济支持两个变量所解释。

总的来看，在家庭养老主体的三个变量中，是否有子女经常看望变量对农村老年人生活满意度没有显著影响，而子女经济支持变量和亲人长期生活照料变量都显著提升了农村老年人的生活满意度。这表明，获得子女的经济支持、生活需要时有亲人生活照料等家庭养老主体，对提升农村老年人生活满意度尤为重要。

（三）家庭养老主体与农村老年人抑郁倾向

由于因变量——抑郁倾向是二分类变量，因此采用二元 Logistic 回归模型来进行统计分析。为分别估计控制变量和自变量（子女过去一年经济支持、生活需要时亲人长期照顾、有无子女经常看望）对因变量（农村老年人抑郁倾向）的影响效应，本书采用了嵌套模型的建模策略，模型 1 是仅包含控制变量的基准模型。模型 2 在模型 1 的基础上增加了过去一年是否得到子女经济支持变量，以检验是否获得子女经济支持对农村老年人抑郁倾向的影响。模型 3 在模型 2 的基础上增加了生活需要时亲人长期照顾变量，以检验有无亲人长期照顾对农村老年人抑郁倾向的影响。模型 4 在模型 3 的基础上增加了有无子女经常看望变量，以检验有无子女经常看望对农村老年人抑郁倾向的影响。具体数据结果如表 5 - 3 所示。

表 5 - 3　家庭养老主体对农村老年人抑郁倾向影响的二元 Logistic 回归模型

变量	模型 1	模型 2	模型 3	模型 4
年龄	-0.002 (0.005)	-0.001 (0.005)	-0.001 (0.005)	0.001 (0.005)
性别（男性 =1）	-0.442*** (0.071)	-0.446*** (0.071)	-0.485*** (0.072)	-0.498*** (0.072)
婚姻状况（在婚 =1）	-0.253** (0.084)	-0.263** (0.084)	-0.273** (0.084)	-0.267** (0.084)
受教育年限	-0.036** (0.012)	-0.035** (0.012)	-0.035** (0.012)	-0.034** (0.012)
个人储蓄（万元）	-0.097* (0.039)	-0.098* (0.039)	-0.100* (0.039)	-0.100* (0.039)
家庭收入水平（非贫困 =1）	-1.000*** (0.092)	-0.989*** (0.092)	-0.907*** (0.093)	-0.907*** (0.093)
患慢性病数量	0.355*** (0.025)	0.356*** (0.025)	0.350*** (0.025)	0.350*** (0.025)
生活自理能力（不能自理 =1）	0.861*** (0.081)	0.863*** (0.081)	0.860*** (0.082)	0.867*** (0.082)
近一个月是否参加休闲社交活动（参加 =1）	-0.097 (0.067)	-0.097 (0.067)	-0.077 (0.067)	-0.075 (0.067)
地区类型（中西部地区 =1）	0.620*** (0.076)	0.625*** (0.076)	0.578*** (0.077)	0.566*** (0.077)
过去一年是否得到子女经济支持（得到 =1）		-0.141+ (0.078)	-0.081 (0.079)	-0.033 (0.082)
生活需要时有无亲人照顾（有 =1）			-0.515*** (0.073)	-0.496*** (0.074)
有无子女经常看望（有 =1）				-0.195* (0.080)
N	4650	4650	4650	4650
Log-likelihood	-2729.26	-2727.65	-2702.90	-2699.91
Pseudo R^2	0.134	0.135	0.143	0.144

说明：括号里的数字为标准误；+ $p<0.1$，* $p<0.05$，** $p<0.01$，*** $p<0.001$（双尾检验）。

表5-3报告了家庭养老主体对农村老年人抑郁倾向影响的模型估计结果。从模型1可以发现,在影响农村老年人抑郁倾向的三个群体因素中,年龄对农村老年人抑郁倾向没有显著影响,而性别和婚姻状况对农村老年人抑郁倾向都有显著影响。具体来看,在性别因素上,控制了其他因素之后,农村男性老年人有抑郁倾向的几率比女性要低36%左右($1 - e^{-0.442} \approx 0.357$,p < 0.001)。在婚姻状况因素上,控制了其他因素之后,在婚老年人有抑郁倾向的几率比非在婚的要低22%左右($1 - e^{-0.253} \approx 0.224$,p < 0.01),也就是说,在婚老年人有抑郁倾向的几率明显比非在婚的要低。这一研究结果充分证明,与配偶一起共同生活,相互扶持和慰藉,这样稳定的婚姻生活对降低农村老年人抑郁倾向、提升农村老年人心理健康水平有重要意义。

在表5-3的模型1中,三个阶层因素都对农村老年人抑郁倾向具有显著影响。其中,在受教育年限因素上,控制了其他因素之后,受教育年限每增加一年,农村老年人有抑郁倾向的几率就会下降4%左右($1 - e^{-0.036} \approx 0.035$,p < 0.01)。在个人储蓄因素上,控制了其他因素之后,个人储蓄每增加1万元,农村老年人有抑郁倾向的几率就会下降9%左右($1 - e^{-0.097} \approx 0.092$,p < 0.05)。在家庭收入水平因素上,保持其他因素不变,非贫困家庭老年人有抑郁倾向的几率比贫困家庭要低64%左右($1 - e^{-1.000} \approx 0.635$,p < 0.001)。统计结果充分证明,家庭经济收入水平对农村老年人抑郁倾向有显著影响,也就是说,家庭经济收入水平的提高能显著地降低农村老年人有抑郁倾向的可能性,从而显著地提升农村老年人的心理健康水平。

在表5-3模型1的健康状况的两个因素中,患慢性病数量和生活自理能力对农村老年人抑郁倾向均有显著影响。在控制了其他变量之后,患慢性病数量每增加一种,老年人有抑郁倾向的几率就会增加43%左右($e^{0.355} - 1 \approx 0.426$,p < 0.001)。而在控制了其他变量之后,生活不能自理的老年人有抑郁倾向的几率是能自理老年人的2.4倍左右($e^{0.861} \approx 2.366$,p < 0.001)。因此,患慢性病、失去生活自理能力都会显著性地增加老年人有抑郁倾向的可能性。另外,是否参加休闲社交活动对农村老年人抑郁倾向没有显著影响,而不同的地区类型对农村老年人抑郁倾向有显著影响。在控制了其他因素之后,中

西部地区农村老年人有抑郁倾向的几率比东部要高出 86% 左右（$e^{0.620} - 1 \approx 0.859$，$p < 0.001$）。因此，不同地区农村老年人的抑郁倾向存在显著性差异，总体而言，中西部地区农村老年人抑郁倾向明显比东部地区老年人严重。

表 5-3 的模型 2 增加了子女经济支持变量，目的是为了检验过去一年是否获得子女经济支持对农村老年人抑郁倾向的影响。结果显示，过去一年是否获得子女经济支持对农村老年人抑郁倾向的影响作用有显著差异，并且回归系数是负的，说明得到子女生活照顾对降低农村老年人有抑郁倾向的可能性具有积极作用。具体而言，在控制了其他因素之后，过去一年得到子女经济支持的老年人有抑郁倾向的几率比没得到的要低 13% 左右（$1 - e^{-0.141} \approx 0.132$，$p < 0.1$）。这里的结果证实了假设 3a。因此，来自子女的经济支持能显著降低农村老年人有抑郁倾向的可能性，它是影响农村老年人抑郁倾向的重要因素。

表 5-3 的模型 3 增加了生活需要时有无亲人照顾变量，目的是为了检验生活需要时是否有亲人长期照顾对农村老年人抑郁倾向的影响。结果显示，在控制了其他因素之后，生活需要时是否有亲人长期照顾对农村老年人抑郁倾向的影响作用发生了显著变化，并且回归系数是负的，说明有亲人照顾对降低农村老年人有抑郁倾向的可能性具有积极作用。具体而言，其他因素保持不变，有亲人照顾的农村老年人有抑郁倾向的几率比没亲人照顾的要低 40% 左右（$1 - e^{-0.515} \approx 0.402$，$p < 0.001$）。这里的结果证实了假设 3b。这一研究结果充分说明，来自亲人的生活照料对降低农村老年人有抑郁倾向可能性的积极作用。

表 5-3 的模型 4 增加了有无子女经常看望变量，目的是为了检验有无子女经常看望对农村老年人抑郁倾向的影响。结果显示，有无子女经常看望对农村老年人抑郁倾向的影响作用具有显著差异，回归系数是负的，说明子女经常看望对降低农村老年人有抑郁倾向的可能性具有积极作用。具体而言，在控制了其他因素之后，有子女经常看望的农村老年人有抑郁倾向的几率比没有子女经常看望的要低 18% 左右（$1 - e^{-0.195} \approx 0.177$，$p < 0.05$）。这里的结果证实了假设 3c。

这一研究结果与已有的一些研究保持一致。①② 这充分说明，来自子女等家庭成员的情感支持能够显著降低农村老年人有抑郁倾向的可能性。另外，在模型1到模型5中，在婚老年人有抑郁倾向的几率也显著低于非在婚老年人，这表明与配偶共同生活明显降低了农村老年人有抑郁倾向的可能性。因此，由配偶和子女共同构成的家庭成员提供的情感支持，对降低农村老年人有抑郁倾向的几率、提升其心理健康水平起着积极的作用。

值得注意的是，在模型2中对农村老年人抑郁倾向有显著影响的子女经济支持变量，却在模型3和模型4中并不显著，而且回归系数的绝对值依次递减。这说明，子女经济支持变量的影响作用逐渐被亲人生活照料和子女情感支持两个变量所解释，究其原因在于，抑郁倾向作为负向的心理幸福感，可能与家庭成员生活上的照料和情感上的支持关系更大。因此，在影响老年人抑郁倾向的家庭福利供给方面，不仅仅是家庭成员在经济方面的支持，更为重要的是家庭成员在生活上的照料和情感上的支持，才能真正降低农村老年人有抑郁倾向的可能性。

总的来看，在家庭养老主体的三个变量中，子女经济支持、亲人生活照料、子女情感支持，以及来自配偶的生活照料和情感支持，对老年人抑郁倾向都有显著影响，都显著降低了农村老年人有抑郁倾向的可能性。也就是说，家庭养老主体显著降低了农村老年人有抑郁倾向的可能性（假设3）。然而子女经济支持的影响作用逐渐被家庭成员生活照料和情感支持所替代，也就是说，在家庭养老主体中，来自配偶和子女等家庭主要成员的生活照料和情感支持对降低老年人抑郁倾向才是最为重要的。

（四）家庭居住方式与农村老年人福祉

为了考察家庭居住方式与农村老年人福祉各维度之间的关系，以家庭居住方式为自变量，以农村老年人自评健康、生活满意度、抑郁

---

① Raymo, J. M. , S. Kikuzawa, J. Liang and E. Kobayashi, "Family Structure and Well-Being at Older Ages in Japan", *Journal of Population Research*, Vol. 25, No. 3, 2008.

② 陈肇男、林惠玲：《家庭、社会支持与老人心理福祉：二十世纪末的台湾经验》，台北："中央研究院"联经出版公司2015年版。

倾向为因变量分别建立模型1、模型2、模型3。由于自评健康和生活满意度都是定序变量，采用序次 Logistic 回归模型来进行统计分析；而抑郁倾向是二分类变量，因此采用二元 Logistic 回归模型来进行统计分析。具体数据结果如表5-4所示。

从表5-4可以看到，模型中10个控制变量对3个因变量的影响虽然也存在个别差异，但总体上对农村老年人福祉各维度的影响趋向一致。总体来看，在10个控制变量中，仅对农村老年人福祉的部分维度有显著影响的变量共5个，即年龄、性别、婚姻状况、受教育年限和地区类型。而对农村老年人福祉的各个维度都有显著影响的变量共5个，即个人储蓄、家庭收入水平、患慢性病数量、生活自理能力和休闲社交活动参与情况。

具体说来，在控制了其他因素之后，个人储蓄对农村老年人福祉的三个维度均有显著影响；个人储蓄越多，农村老年人自评健康就越好，生活满意度就越高，有抑郁倾向的可能性就越小。在控制了其他因素之后，家庭收入水平对农村老年人福祉的三个维度也都有显著影响；相对于贫困家庭来说，非贫困家庭的老年人自评健康更好，生活满意度更高，有抑郁倾向的可能性更小。在控制了其他因素之后，患慢性病数量对农村老年人福祉各维度的影响都有显著差异；患慢性病数量越少，农村老年人自评健康就越好，生活满意度就越高，有抑郁倾向的可能性就越小。在控制了其他因素之后，生活自理能力对农村老年人福祉的三个维度也都有显著影响；相对于生活不能自理来说，生活能自理的农村老年人自评健康更好，生活满意度更高，有抑郁倾向的可能性更小。在控制了其他因素之后，与不参与休闲社交活动相比，积极参与休闲社交活动的老年人自评健康就更好，生活满意度就更高，有抑郁倾向的可能性更小。

总体来看，在10个控制变量中，可以把个人储蓄、家庭收入水平、患慢性病数量、生活自理能力与休闲社交活动参与5个变量概括为两类，即收入水平、健康休闲。因此在所有控制变量中，收入水平与健康休闲这两大类因素对农村老年人福祉的影响最大，也就是说，收入水平和健康休闲是影响农村老年人福祉的最为关键的控制变量。

表 5 - 4　家庭居住方式对农村老年人福祉各维度影响的 Logistic 回归模型

变量	模型1——自评健康	模型2——生活满意度	模型3——抑郁倾向
年龄	- 0. 012 **	0. 019 ***	- 0. 004
	(0. 004)	(0. 005)	(0. 005)
性别（男性 = 1）	0. 193 **	- 0. 073	- 0. 437 ***
	(0. 060)	(0. 065)	(0. 070)
婚姻状况（在婚 = 1）	- 0. 093	0. 049	- 0. 279 ***
	(0. 071)	(0. 079)	(0. 082)
受教育年限	0. 019 *	- 0. 008	- 0. 032 **
	(0. 009)	(0. 010)	(0. 011)
个人储蓄（万元）	0. 014 +	0. 016 **	- 0. 109 **
	(0. 008)	(0. 006)	(0. 039)
家庭收入水平（非贫困 = 1）	0. 679 ***	1. 374 ***	- 0. 988 ***
	(0. 079)	(0. 090)	(0. 090)
患慢性病数量	- 0. 536 ***	- 0. 099 ***	0. 352 ***
	(0. 022)	(0. 022)	(0. 024)
生活自理能力（不能自理 = 1）	- 0. 818 ***	- 0. 236 **	0. 868 ***
	(0. 072)	(0. 078)	(0. 080)
近一个月是否参加休闲社交活动（参加 = 1）	0. 180 **	0. 188 **	- 0. 107 +
	(0. 056)	(0. 060)	(0. 065)
地区类型（中西部地区 = 1）	- 0. 397 ***	0. 039	0. 626 ***
	(0. 061)	(0. 065)	(0. 074)
家庭居住方式（与子女同住 = 1）	- 0. 012	- 0. 032	- 0. 153 *
	(0. 056)	(0. 061)	(0. 066)
N	5222	4479	4841
Log-likelihood	- 4794. 24	- 4687. 84	- 2848. 48
Pseudo R^2	0. 113	0. 034	0. 133

说明：括号里的数字为标准误；+ p < 0.1，* p < 0.05，** p < 0.01，*** p < 0.001（双尾检验）。

从表 5 - 4 的模型 1 可以看到，在控制了年龄、性别、婚姻状况、受教育程度、个人储蓄、家庭收入水平、患慢性病数量、生活自理能力、休闲社交活动和地区类型等因素之后，不同居住方式对农村老年人自评健康的影响作用没有发生显著变化。这里的结果没有证实假设 4。值得强调的是，虽然不同居住方式对农村老年人自评健康没有显著影响，但其回归系数是负的，这说明，同子女住在一起对农村老年人自评健康的提升竟然起反作用。其原因可能在于，独居老人身体健康状况原本就较好，而身体健康状况不好的老人往往选择与家人同住。这带来的问题就是居住方式与老年人健康两者之间谁因谁果的问题，我们容易得出两者之间的相关关系，而很难把握两者之间的因果关系。[①] 也就是说，健康状况不好的老年人可能更倾向于和子女同住，便于得到子女的照顾。另外，与子女同住不能简单地等于接受更多的经济支持和生活照料。老年人与子女同住也是有条件的，老年人在享受子女经济支持和生活照料的同时，也要尽其所能地承担照顾孙子女的责任与重担。

从表 5 - 4 的模型 2 可以看到，在控制了年龄、性别、婚姻状况、受教育程度、个人储蓄、家庭收入水平、患慢性病数量、生活自理能力、休闲社交活动和地区类型等因素之后，不同居住方式对农村老年人生活满意度的影响作用没有发生显著变化。这里的结果没有证实假设 5。值得注意的是，虽然不同居住方式对农村老年人生活满意度没有显著影响，但其回归系数是负的，这说明，同子女住在一起对农村老年人生活满意度的提升竟然起反作用。其原因可能在于，由于本书筛选的样本是 1951 年及以前出生的农村老年人，平均每个农村老年人大约有 3.5 个子女，子女数量较多。而同子女住在一起，再加上子女数量多，难免就会产生更多的家庭问题，诸如经济矛盾、代际冲突、婆媳矛盾、老人赡养问题等，从而对农村老年人生活满意度的提升起到了负面作用。

从表 5 - 4 的模型 3 可以看到，在控制了年龄、性别、婚姻状况、

---

① 杨菊华、姜向群、陈志光：《老年社会贫困影响因素的定量和定性分析》，《人口学刊》2010 年第 4 期。

受教育程度、个人储蓄、家庭收入水平、患慢性病数量、生活自理能力、休闲社交活动和地区类型等因素之后，不同居住方式对农村老年人抑郁倾向的影响作用发生了显著变化，而且回归系数是负值，表明同子女住在一起对降低农村老年人抑郁倾向有积极影响。具体而言，在控制了其他因素之后，同子女住在一起的农村老年人有抑郁倾向的几率比未住在一起的要低 14% 左右 （$1 - e^{-0.153} \approx 0.142$，$p < 0.05$），即与子女同住显著降低了农村老年人有抑郁倾向的可能性。这里的结果证实了假设6。这一研究结果也充分证明，同子女居住在一起，获得子女的生活照料和情感支持，让老人们在精神上有所寄托和依靠，对降低农村老年人有抑郁倾向的可能性具有明显的积极作用。

总体来看，居住方式对农村老年人自评健康和生活满意度都没有显著影响，而对老年人抑郁倾向有显著影响。相对于未同子女一起居住来说，与子女同住能够显著降低老年人有抑郁倾向的可能性。也就是说，作为集家庭经济支持、生活照料与情感支持为一体的家庭居住方式，其对农村老年人福祉的影响是较为复杂的，对福祉各维度的影响是具有很大差异性的。

（五）家庭养老主体与农村老年人福祉各维度比较

为了进一步探析家庭养老主体对农村老年人福祉各个维度的影响，本书将所有控制变量和构成家庭养老主体的3个自变量——过去一年是否得到子女经济支持、生活需要时有无亲人长期照顾、有无子女经常看望变量合在一起，分别与3个因变量——自评健康变量、生活满意度变量、抑郁倾向变量纳入模型，形成模型1、模型2、模型3，从而比较家庭养老主体对农村老年人福祉各维度的影响。具体数据结果如表5-5所示。其中，模型1和模型2是序次 Logistic 回归模型，模型3是二元 Logistic 回归模型。

从表5-5可以看出，模型中控制变量和家庭养老主体的三个自变量对三个因变量的影响大部分相一致，也有个别存在差异，但总体上对农村老年人福祉各维度的影响趋向一致。

表5-5的第2—4行显示，三个群体因素对农村老年人福祉各维度的影响有所差异。在控制了其他因素之后，不同年龄对农村老年人抑郁倾向的影响没有显著差异，而对自评健康和生活满意度的影响具

表 5 - 5　家庭养老主体对农村老年人福祉各维度影响的 Logistic 回归模型

变量	模型 1——自评健康	模型 2——生活满意度	模型 3——抑郁倾向
年龄	- 0.016 ***	0.017 ***	0.001
	(0.004)	(0.005)	(0.005)
性别（男性 = 1）	0.228 ***	- 0.038	- 0.498 ***
	(0.062)	(0.067)	(0.072)
婚姻状况（在婚 = 1）	- 0.126 +	0.082	- 0.267 **
	(0.072)	(0.081)	(0.084)
受教育年限	0.019 *	- 0.009	- 0.034 **
	(0.009)	(0.010)	(0.012)
个人储蓄（万元）	0.013 +	0.015 **	- 0.099 *
	(0.007)	(0.005)	(0.039)
家庭收入水平（非贫困 = 1）	0.640 ***	1.247 ***	- 0.907 ***
	(0.082)	(0.093)	(0.093)
患慢性病数量	- 0.535 ***	- 0.092 ***	0.350 ***
	(0.023)	(0.022)	(0.025)
生活自理能力（不能自理 = 1）	- 0.826 ***	- 0.242 **	0.867 ***
	(0.073)	(0.079)	(0.082)
近一个月是否参加休闲社交活动（参加 = 1）	0.193 ***	0.177 **	- 0.075
	(0.057)	(0.062)	(0.067)
地区类型（中西部地区 = 1）	- 0.365 ***	0.074	0.566 ***
	(0.063)	(0.068)	(0.077)
过去一年是否得到子女经济支持（得到 = 1）	- 0.085	0.164 *	- 0.033
	(0.070)	(0.075)	(0.082)
生活需要时有无亲人照顾（有 = 1）	0.163 *	0.490 ***	- 0.496 ***
	(0.064)	(0.071)	(0.074)
有无子女经常看望（有 = 1）	0.206 **	0.004	- 0.195 *
	(0.069)	(0.074)	(0.080)
N	4984	4277	4650
Log-likelihood	- 4561.27	- 4452.74	- 2699.91
Pseudo R^2	0.116	0.039	0.144

说明：括号里的数字为标准误；+ $p < 0.1$，* $p < 0.05$，** $p < 0.01$，*** $p < 0.001$（双尾检验）。

有显著差异；年龄越大，自评健康就越差，生活满意度却越高。在控制了其他因素之后，不同性别对农村老年人生活满意度的影响没有显著差异，而对自评健康和抑郁倾向的影响具有显著差异；相对于女性来说，男性自评健康更好，有抑郁倾向的可能性更小。在控制了其他因素之后，不同婚姻状况对农村老年人生活满意度的影响没有显著差异，而对自评健康和抑郁倾向的影响具有显著差异；相对于非在婚来说，在婚老年人自评健康更差，有抑郁倾向的可能性更小。也就是说，与配偶共同生活，来自配偶的生活照料与情感支持能够显著降低老年人的抑郁倾向，提升他们的心理健康水平；婚姻生活状况是影响农村老年人福祉的重要因素。

表 5 - 5 的第 5—7 行显示，三个阶层因素对农村老年人福祉各维度的影响基本一致。在控制了其他因素之后，受教育年限对农村老年人生活满意度的影响没有显著差异，而对自评健康和抑郁倾向的影响具有显著差异；受教育年限越高，自评健康就越好，有抑郁倾向的可能性就越小。在控制了其他因素之后，个人储蓄对农村老年人福祉的三个维度均有显著影响；个人储蓄越多，农村老年人自评健康就越好，生活满意度就越高，有抑郁倾向的可能性就越小。在控制了其他因素之后，家庭收入水平对农村老年人福祉的三个维度也都有显著影响；相对于贫困家庭来说，非贫困家庭的老年人自评健康更好，生活满意度更高，有抑郁倾向的可能性更小。总的来看，受教育年限越高、个人储蓄越多、家庭收入水平越高，老年人福祉水平就越高，这也充分说明，教育和收入等社会经济因素是影响农村老年人福祉的重要因素。由于农村老年人受教育程度不可能再提升，因此，提高农村老年人的经济收入水平，使他们经济上彻底脱离贫困，没有了晚年生活的经济之忧，才是提升其福祉水平的重要政策举措。

表 5 - 5 的第 8—10 行显示，健康状况因素与休闲社交活动因素对农村老年人福祉各维度的影响基本一致。在控制了其他因素之后，患慢性病数量对农村老年人福祉各维度的影响都有显著差异；患慢性病数量越少，农村老年人自评健康就越好，生活满意度就越高，有抑郁倾向的可能性就越小。在控制了其他因素之后，生活自理能力对农村老年人福祉的三个维度也都有显著影响；相对于生活不能自理来说，生活能自理

的农村老年人自评健康更好，生活满意度更高，有抑郁倾向的可能性更小。在控制了其他因素之后，是否参与休闲社交活动对农村老年人抑郁倾向没有显著影响，而对自评健康和生活满意度都有显著影响；与不参与休闲社交活动相比较，积极参与休闲社交活动的老年人自评健康更好，生活满意度更高。总的来看，减少慢性病数量、生活能够自理、积极参与休闲社交活动，农村老年人福祉水平就会更高。

表5-5的第11行显示，不同地区类型对农村老年人福祉各维度的影响有所差异。在控制了其他因素之后，不同地区类型对农村老年人生活满意度的影响没有显著差异；对自评健康和抑郁倾向有显著差异。与东部地区相比，中西部地区农村老年人自评健康更差，有抑郁倾向的可能性更大。也就是说，不同地区类型是影响农村老年人福祉的因素。

总体来看，在10个控制变量中，只有个人储蓄、家庭收入水平、患慢性病数量与生活自理能力四个变量对农村老年人福祉的各个维度都有显著影响，概括起来就是收入水平和健康状况这两大类因素对农村老年人福祉的影响最大，也就是说，收入水平和健康状况是影响农村老年人福祉最为关键的控制变量，经济上贫困和健康状况弱化都会严重阻碍农村老年人福祉水平的提升。

表5-5的第12—14行显示，家庭养老主体的三个变量对农村老年人福祉各维度的影响基本一致。在子女经济支持方面，控制了其他因素之后，过去一年是否获得子女经济支持对自评健康和抑郁倾向的影响没有显著差异，而对生活满意度的影响具有显著差异。相对于未获得子女经济支持来说，获得子女经济支持的农村老年人生活满意度更高。由此推断，子女给予老年人经济上的支持，让他们的晚年生活有了物质上的保障，这样才能提升老年人的福祉水平。

在生活需要时亲人生活照顾方面，控制了其他因素之后，生活需要时是否有亲人长期照顾对农村老年人福祉各维度的影响都有显著差异。相对于没有亲人照顾来说，有亲人照顾的农村老年人自评健康水平更好、生活满意度更高、有抑郁倾向的可能性更小。由此可以看出，生活需要时有亲人能长期照顾，让农村老年人生活上有所依靠，能够大大提升农村老年人的福祉水平。

　　在有无子女经常看望方面，控制了其他因素之后，有无子女经常看望对自评健康和抑郁倾向有显著影响，而对生活满意度没有显著影响。相对于子女不经常看望来说，子女经常看望的老年人自评健康更好、有抑郁倾向的可能性更小。因此，来自子女情感上的支持，让老年人精神上有所慰藉，能够提升农村老年人的福祉水平。

　　总体来说，由来自子女的经济支持、生活需要时亲人的长期照料，以及子女的情感支持共同构成的家庭养老主体，这种家庭代际互惠模式能够显著提升农村老年人的福祉水平，也就是说，家庭养老主体是影响农村老年人福祉的重要因素。

　　综上所述，这一研究结果也验证了家庭代际互惠理论，即成年子女对老年父母在经济、生活、情感等多方面的赡养，报答了父母对子女的养育之恩，让父母能够安度晚年，从而大大提升了他们的福祉水平。也就是说，子女是老人物质生活的基本保障，同时也是老人精神世界的快乐之源。以上研究也同时表明，家庭代际互惠理论在解释当今中国农村家庭养老主体与农村老年人福祉问题上，依然是比较合理和有效的分析视角。

第二节　家庭养老主体与农村老年人福祉的语境分析

　　从前文的定量研究可以发现，来自子女的经济支持、亲人的生活照料，以及子女的情感支持共同构成的家庭养老主体，能够显著提升农村老年人的福祉水平，也就是说，家庭养老主体是影响农村老年人福祉水平的重要因素。本书将继续从这个视角出发，通过定性的访谈研究进一步了解家庭养老主体在农村老年人福祉提升中的影响作用和角色定位，对被访谈对象深度访谈的话语资料进行理解和分析，深入挖掘家庭养老主体在提升农村老年人福祉中存在的风险和困境。另外，要想真正理解家庭代际互惠与农村老年人福祉之间的关系，就必须把家庭代价互惠这一微观层面的家庭成员利益互动与宏观的农村地区社会结构，包括农村养老福利制度和农村传统家庭养老文化等联系起来深入理解。这里需要指出的是，为避免歧义和错误的理解，本书在呈现定性资料时在语言上保留了被访谈对象本人的语言习惯，比如豫西地区农村特有的日常用语和惯用语，这样可以帮助研究者在话语情境中理解农村老年人的情感和看法。

一　家庭经济支持与农村老年人福祉的语境分析

由前文的定量研究可知，经济上的保障是农村老年人福祉提升的基础。子女提供的经济支持能够显著提升农村老年人的自评健康水平和生活满意度、降低农村老年人有抑郁倾向的几率，进而显著提升农村老年人的福祉水平。而从定性的深度访谈中也可以感受到，来自子女的经济支持让老年人感觉幸福源源不断，当然对提升农村老年人福祉水平具有积极作用。本书对子女经济支持与农村老年人福祉相关的访谈资料进行归类，将从以下两个方面来分析子女经济支持与农村老年人福祉提升的关系。

（一）子女经济支持让老年人"福不会止"

作为社会支持的一个层面，代际互惠影响成年子女对老年父母的赡养关系，子女对晚年父母的赡养是对过去父母抚养子女的一种回馈；代际互惠是指家庭内部的老年父母与其成年子女之间的利益交换关系，即家庭内部老年父母与成年子女两代人之间在日常生活中在金钱、时间、情感、生活照顾等资源方面的给予和获取的相互支持和亲情交换的关系。代际之间的供养关系是双向的互惠关系，是中国传统家庭养老模式长期赖以存在的经济、伦理和道德基础。[1][2][3][4][5] 从本书的访谈资料看，来自子女们经济上支持的这种代际之间的互惠，确实能够改善农村老年人日常的生活水平，消除老年人晚年生活的经济之忧。正如访谈对象7的这位老人所说，"福如东海长流水"，幸福如东海里的水一样源源不断而不会停止，因而子女给予的经济支持确实有助于提升老人们的福祉水平。

---

① 费孝通：《乡土中国　生育制度》，北京大学出版社1998年版。
② 郭于华：《代际关系中的公平逻辑及其变迁——对河北农村养老事件的分析》，《中国学术》2001年第4期。
③ 贺雪峰：《新乡土中国》（修订版），北京大学出版社2013年版。
④ 王跃生：《中国家庭代际关系的理论分析》，《人口研究》2008年第4期。
⑤ 狄金华、郑丹丹：《伦理沦丧抑或是伦理转向现代化视域下中国农村家庭资源的代际分配研究》，《社会》2016年第1期。

　　我和老伴都没有经济收入来源，也不种地了，（生活）主要靠子女给拿钱，平时孩子都给拿零花钱。我有脑梗塞、心脏病，血糖也高，钱都不得够，我这一月吃药得四百块钱，那药都太贵，我还住了几回医院呢，闺女小子们（子女们）一起跟着去的。这看病子女们也都给拿钱，平时来了也都给钱，不然哪来这么多钱看病吃药。这老了就全靠娃子们平时给钱花，要不哪能吃饱穿暖啊，更别提看病了。这娃子们孝顺，让我们觉着日子很幸福，要不咋叫那福如东海长流水！（访谈对象7）

　　离了娃子（儿子）你怎么过？他给了我就接住（钱），多少都接住，你不接你的意思是嫌少，你接住吧，也想这娃子也是老难（贫困）。就是那，给多多接，给少少接。我这老头八十多（岁）了，干不动活了，也木（没有）啥收入，全靠孩子。娃子他个人想给了给点（钱），有媳妇儿，也不能让娃子作难，我也不会张嘴要（钱）。闺女有时候也给点，孩子有了，给你点，孩子也知道，没有我也不问他们要，不得劲。咱老了，想着孩子也是老难（贫困）嘞，多少给点，咱老了，也不花啥钱，就这，日子挺好的！（访谈对象44）

　　我们这儿搁一堆，平时买东西花钱啊，都是孩子给，经常给。哎呀，平时都足够花了，孩子他总是给，你花不完他就给了。俺这孩子特孝顺，俺没有那不孝顺的孩子，俺这孩子就不用要，就给了，一点要求都没有，恁好还能有啥要求。该穿衣服了孩子给买回来，该花钱了孩子给寄回来了，对俺孩子满意哩很。（访谈对象57）

　　从本书的定性访谈资料还可以发现，在农村地区的成年子女中，儿子对老年父母经济上的支持相对较多，比如父母日常的生活费、医疗费的承担，房屋搬迁的装修费等。正如访谈对象40所说，"现在如果娃子们（儿子们）不给钱，我们这钱肯定不够花的，我又没啥收入，老了就是靠娃子们养活呀！你不靠娃子你靠谁？俺这老了都不去要，老了要恁些（那么多）钱干啥？这都是那们（儿子们）感觉你没有了，就主动给你"。在农村老年人看来，等自己老得不会挣钱时，儿子给予父母经济上的支持和赡养，正所谓养儿防老，这是代际之间天经地义的事。而女儿对父母的支持主要体现在具体的生活照料方面，比如做饭、洗衣、打扫卫生等家务上的协助，还有女儿同老年父母之间的相互沟通和交流，在情感和心理上给自己年迈的父母带来诸多支持。熊跃根的研究也发现了子女在对老年父母供养方面的性别差异这一现象。① 当然，这都是相对而言，随着农村家庭结构的变迁和子女养老观念的转变，女儿在经济上对老年父母的支持，以及儿子在生活和情感上对老年父母的支持在农村地区也逐渐成为常态。

　　娃子（儿子）现在在这县里头给人家开车，一个月挣 3000多块钱。他平时多少也给我们寄点，有时候寄个三百五百（元），不是说固定的。要不是儿子寄点钱，我们去哪儿弄一分钱花。这房子住了二三十年了，一下雨就漏，你木（没）看这墙都多宽的缝。平常吃的是够吃，就是木（没有）钱花。只能够吃，维持住基本生活。我们没有主动问娃子（儿子）要过钱，我们也不想让娃子给我们太多钱，娃子也不容易，只要娃子心里有我们这爹妈就行了，那就是幸福。（访谈对象3）

　　平时都是我自个做着吃，不过粮食都是娃子（儿子）给一大堆了，平时娃子看你木钱（没钱）了，就给你弄一百二百的，（儿子）都知道你有老年金（养老保险金），那都想着你有钱，那们（儿子）一家也五六口呢，那钱在那们（儿子）手里看着木啥（没什么），到外们（我们）手里一百二百够花一两个月了，咱也通（很）知道省（节俭）的，给屋里面旺旺咋咋（随便弄点）吃吃都中了，咱身体也还可以，也不吃约（药）也不输液，钱也够花的，娃子（儿子）给钱花，咱肯定满意嘛。（访谈对象4）

　　我们这生活都是有时候孩子捎个几百块钱过来花，也不是固

---

① 熊跃根：《需要、互惠和责任分担——中国城市老人照顾的政策与实践》，上海人民出版社 2008 年版。

定给。有（钱）的话，那们（儿子）给；木有的话，那们想给
也给不了啊。要是我们真没有钱了，外们（我们）也给那们
（儿子）打个电话捎个几百块钱，主要逗是（就是）油盐钱。那
们一家也好几口人，不好意思跟那们（儿子）要，你要说强要他
也不会说不给。要是有点啥事了，要钱儿嘞，那们（儿子）就给
送过来。况且，外们（我们）也老了，能过就过了，也不问那们
（儿子）张口（要钱），自己种的也有点地，这种点玉米，打点
玉米糁，和（喝）点糊糊，吃点馍，一顿饭就过去了。那们
（儿子）平时给点钱花花，也改善改善生活，咱心里肯定很高兴
啊。（访谈对象8）

咱就是一个农民，也没有啥退休金，不像城里退休工人，一
月两三千（退休金），国家一月就发给外们（我们）几十块钱，
这够弄啥啊。（经济上）肯定要靠娃子（儿子）啊，那农民到
老了，到60岁了，最起码一月得三四百（元）花销，你得让他
生活吧！所以（日常花销）还是得靠娃子们，平时孩子给点钱
花，老里（父母）咋不高兴啊！（访谈对象16）

我这几个孩子通好着里，都是争着供（给钱），我们不用要，
主动都了了。现在如果娃子们（儿子们）不给钱，我们这钱肯定
不够花的，我又没啥收入，老了就是靠娃子们养活呀！你不靠娃
子你靠谁？俺这老了都不去要，老了要恁些（那么多）钱干啥？
这都是那们（儿子们）感觉你没有了，就主动给你。俺这大孙子
每个月发工资了，还给我们拿钱嘞。他们只要回来，就给我们买
东西，不叫买还是买一堆，家里啥都有，都不缺！俺这孩子们那
确实是不赖！俺这生活那也很好！（访谈对象40）

俺儿子也会主动给我钱，不管多少，平时有了就给点。我反
正搁家（在家）种着地嘞，没事也能出去打工，出去十里八里地
嘞，我也能出去做活，我平常出去打打小工，自己还能赚点钱。
但是平常不用问俺儿子要，他自己都会给俺钱花了，他手头宽裕
了，就多给俺点钱。儿子媳妇都好啊。给钱多少都中，毕竟他也
有小孩要养，中国传统就是要往下传嘞。老具体了也不好说，好
嘞俺都没啥说嘞，跟儿子他们住在一块感觉很好，生活挺不错。

（访谈对象 48）

从以上访谈对象的访谈内容可以看出，对于绝大多数没有经济收入的农村老年人来说，来自子女的经济支持是其最基本和最可靠的经济来源。正如访谈对象 57 所说，"该穿衣服了孩子给买回来，该花钱了孩子给寄回来了，对俺孩子满意哩很"。访谈对象 7 也说，"这老了就全靠娃子们平时给钱花，要不哪能吃饱穿暖啊，更别提看病了。这娃子们孝顺，让我们觉着日子很幸福，要不咋叫那福如东海长流水！"这些定性访谈资料同时也印证了前文的定量研究结果，即来自子女的经济支持让其晚年生活有了物质上的保障，解决了晚年生活最大的后顾之忧。与此同时，也让老年父母能够体会到来自子女的关爱，在情感上有所寄托，在心理上有归属感和被尊重感，晚年生活的幸福就是这样源源不断，永远不会停止，因而来自子女的经济支持提升了农村老年人的福祉水平。

（二）经济支持上的逆向代际互惠提升了老年人的存在感

在农村老年父母与其成年子女两代之间的互惠关系中，一些经济条件相对较好的农村老年人，他们经济上能够独立，这使得他们能够过上自主而有尊严的晚年生活。[①] 他们在经济上不仅不用接受成年子女的支持，而是反向给予成年子女经济上的支持，这一经济支持行为上的逆向代际互惠，体现了老年人自身存在的价值，提升了他们作为父母的存在感，因而也是影响其福祉水平提升的重要因素。

我现在还给人家大队（村委会）装垃圾，打扫卫生，都是老年人（干这活），活儿也不重，一天 50 块，但这钱儿是你去一天就有，不去就没有，也是小钱儿，帮助不大。老伴是村里小学的退休教师，一月还有一两千块。平时就买菜买油，自己也种有一片地，钱也基本够用。我们老了花不了多少钱，都是哪个孩子难（困难）了，还要给他们多少补贴点，只要孩子们过得好，我们

---

① 陶艳兰：《代际互惠还是福利不足？——城市双职工家庭家务劳动中的代际交换与社会性别》，《妇女研究论丛》2011 年第 4 期。

就高兴。(访谈对象1)

我俩平时在这街上摆摊,自己能挣钱,不要他们(子女)的钱,一年俺要钱也没有什么用。我们还给孙子钱嘞,孙子上大学用,他爹娘挺高兴,孙子也挺高兴,爷奶要钱也没有什么用,就是顾他了。我俩就一个儿子,要是俩孩子顾这个多了,顾那个少了,有矛盾。平时我俩也花不住啥钱,去年这孙子考上大学了,我们这当爷奶的给了几千块钱,孙子心里可美了,就是这理,(日子)过嘞通好(很好)。(访谈对象38)

我有俩孩子,儿子现在在郑州工作,闺女现在在南京工作,她研究生毕业了,在南京上班。我们自己经营商店,平时不缺钱。孩子们也不用给咱钱,闺女她在南京还得买房子,你还能花着她的钱,成天还得伺候着她嘞。现在这老里(父母)还得养活孩子,他们还得买房子,经济紧张,我平常还得给他们钱花嘞。现在咱不会花孩子们的钱,有钱咱还给孩子呢,咱给孩子钱花,咱心里面也是愿意的。孩子们也通(很)高兴,心里面也记着你这爹妈的好。(访谈对象43)

我们两个都是合计着吧,孩子们都是有穷有富。老大在家里就是比较困难,像他娶媳妇了、盖房子了,我都给他拿钱。我拿可不是几百几百地拿,就包括我孙子结婚,我都是成万成万拿。那他俩(二儿子和三儿子)给我的,我花不完。俺妮(女儿)两个男孩也都是大学生,那时候上学也是困难,我就是说谁难先给谁。像我们这外孙、孙子、孙女,每个孩子考上学都是2000(元)。你像那村上的奶奶给孙子结婚钱一般就是200(元)就差不多了,俺就是2000(元)。俺那大孙子结婚我都给他拿了1万。这钱谁给的?都是平常他俩叔给的,我们哪儿有钱。可是嘞,孩子也知道,隔两天就买点东西给你掂(送)来。俺那孙媳妇回来也是买的东西,我说你别买,买了也木人(没人)吃,还是给你买来,但是咱老了,也吃不了多少。咱老了要那钱干啥?手里有钱,就给我那大儿子和孙子孙女们花,他们成天心里也开心!儿孙们都孝顺,过嘞可美。(访谈对象58)

从以上访谈内容可以发现，农村经济条件相对较好的老年人，不但自己在经济上有独立性和自主性，而且还力所能及地给成年子女提供一定的经济支持和帮助。这一逆向的代际互惠不仅不会成为他们的经济负担，反而体现了他们在成年子女日常生活中的作用和价值，让他们感觉到晚年生活更有价值和意义，也提升了他们作为父母的存在感，从而让他们感受到作为父母的骄傲和自豪。正如访谈对象 43 的这位老人所说，"现在咱不会花孩子们的钱，有钱咱还给孩子呢，咱给孩子钱花，咱心里面也是愿意的。孩子们也通（很）高兴，心里面也记着你这爹妈的好"。因此，这一经济支持上的逆向代际互惠行为提升了老年人自身对于子女们的存在感，向子女们提供经济支持不仅没有给他们的晚年生活造成负担，反而提升了他们自身的幸福感。

二　家庭生活照料与农村老年人福祉的语境分析

由前文的定量研究可知，来自配偶和子女等家庭主要成员在老年人日常生活需要时提供的生活照料，能够显著提升农村老年人的自评健康、生活满意度和心理幸福感水平，进而显著提升农村老年人的福祉水平。而从定性的深度访谈中也可以感受到，来自配偶和子女等家庭主要成员在老年人日常生活需要时提供的生活照料，对提升农村老年人福祉水平具有积极作用。本书对家庭成员生活照料与农村老年人福祉相关的访谈资料进行归类，从以下三个方面分析来自家庭成员的生活照料与农村老年人福祉提升的关系。

（一）老伴之间相互照料对晚年生活极为重要

所谓少来夫妻老来伴，就是说明亲密和谐的婚姻关系、相互扶持的老年伴侣对老年人晚年生活的重要性。[1] 这一点从前文定量研究中婚姻状况对农村老年人抑郁倾向的显著影响关系也可以显示出来。而对农村老年人的深度访谈内容也同样发现，生活需要时来自配偶的关心、照料和支持，对其晚年生活极为重要，依然是老年人晚年生活的依靠和寄托，因而对农村老年人福祉提升具有重要的作用。

---

[1]　王莉莉：《老年人健康自评和生活自理能力》，中国社会出版社 2009 年版。

　　我这浑身颤抖的病有二十年了，一直也没查出来啥原因。老伴儿她也有病，她是那血糖高、糖尿病。生病了，我俩就相互照应着，其他也木（没）人（指的是子女）管，那闺女们不在家，有时候药都吃不起，没钱，我们逗（就）这么几个钱。和老伴儿住在一起，闺女们离得远，你木（没有）办法嘛。好就好在我和老伴现在还能自理，生活上还能相互照顾。逗是孩子们都不在家，都剩下外们（我们）两个老的在家，真是可怜。木（没）办法，老伴我俩相互照顾着慢慢过呗。生活就是这家常便饭，馍、面、米，旁的也没啥了，对生活也满意！（访谈对象11）

　　平时看病了也没人（子女）陪着去，我有老头（老伴），都是老头子陪着去看病，照顾我。老头子有这气管炎，不很严重，平常上能陪陪我，生活上逗是（就是）老头子能照顾我。咱也希望生病了，娃子闺女都能在身边照顾，咱引娃子（抚养孩子）逗是想指望等你老了，那们（子女们）能照顾咱。可那们都打工走了，指望不上。现在家里逗（就）我跟我老头，能够相互照应着，日子就这样，慢慢过吧。（访谈对象13）

　　从以上两位农村老年人的访谈内容可以看出，随着农村家庭结构的变迁，劳动力的外流，农村家庭规模日益小型化，农村留守家庭和空巢家庭日益常态化。当老年人日常生活不能自理时，大部分子女并不能在家为老年父母提供生活上的照料，而这些照料服务供给只能被老年人的配偶所替代，正如访谈对象13的这位老年人所说，"可那们（子女们）都打工走了，指望不上。现在家里逗（就）我跟我老头，能够相互照应着，日子就这样，慢慢过吧"。因此，来自配偶之间的生活照料对老年人来说极为重要，它是老年晚年生活的心理支柱，它与农村老年人福祉提升有着密切关系。

（二）生活照料上的代际互惠让老年人老有所依

　　费孝通在阐述中西方社会结构时，把西方的社会格局称为团体格局，而把中国乡土社会的基层结构称为差序格局。① 与之相对应，他

---

① 费孝通：《乡土中国　生育制度》，北京大学出版社1998年版。

在阐述中西方家庭结构时，把西方社会的代际关系称为接力模式，而把中国传统社会的代际关系称为反馈模式。如果将中西方代际关系用公式表示出来，西方代际关系的公式是 F1→F2→F3→F4，而中国代际关系的公式是 F1←→F2←→F3←→F4（其中，F 代表世代，→表示抚养，←表示赡养）。在西方社会是甲代抚养乙代，乙代抚养丙代，那是一代一代接力的模式，简称为接力模式。在中国社会是甲代抚养乙代，乙代赡养甲代，乙代抚养丙代，丙代又赡养乙代，下一代对上一代都要反馈的模式，简称为反馈模式。费孝通又进一步将这种反馈模式划分为三个阶段，即被抚养期、抚养子女期、赡养父母期。[①] 按照费孝通的反馈模式理论，当老年人不能自养时，成年子女必须给予生活上的照料和赡养，以达到代际关系之间的均衡互惠，这样一个社会共同体才能长期维持下去。养儿防老是均衡中国社会成员世代之间取予的传统家庭养老模式。

　　孩子们离这都近，说回来就回来了，也怪方便。现在，外们（我们）还能动，孩子平时也都回来看，也给钱花，关系都不赖。儿子回来时都带着包子油条吃嘞，闺女来时拿点面拿点油，做个饭，改善改善生活，心里觉着可美。有个病了，头疼发热了，孩子们都给拿个药，回来看看，带外们去医院看看（病）。生活就这，也觉得怪得劲，挺满意的。（访谈对象7）

　　娃子们平时都回来看我俩（老两口），那没事的时候回来；家里有活（农忙）也回来。多久回来那也说不定，有时候两三个月，有时候一半个月，他们想来就来了。平时娃子们回来陪我俩说说话，回来帮着干干地里的活，做做饭，洗洗衣服。不老忙的时候就多待几天，忙的时候回来停一会儿，有时候说说话，帮忙做个饭吃吃，就又走了。虽然也没给啥钱，能回来坐坐，时间长了打打电话也就可以了。我俩能过得去，等外们（我们）老了走不动了，住院了，回来伺候伺候，奏（就）挺好。（访谈对象17）

---

① 费孝通：《家庭结构变动中的老年赡养问题——再论中国家庭结构的变动》，《北京大学学报》（哲学社会科学版）1983 年第 3 期。

娃子（儿子）在外面打工，闺女嫁到鸿崖村，离得近。忙的时候，闺女回来帮着给粮食收收就又走了，有时候十天八天来一回，帮忙收拾收拾屋子，洗洗衣服。娃子也挺好嘞，儿媳妇打工一回来，给你慌里忙里做做饭、扫扫屋里，可好。俺们孩子都通孝顺着嘞，真不赖！（访谈对象21）

我震这儿（现在）有心脑血管疾病，还有高血压、糖尿病。前两天身体都感觉可不得劲（不舒服），我也没去医院看，熬着熬着就扛过来了。其实也没多大事，俺儿子和闺女也都搁家（在家）嘞，他们都能照看照看。我前一段时间生病住院了，儿子和闺女也都给我照顾得可好了。（访谈对象47）

我现在老了，有腰椎间盘突出，腰疼腿疼，这眼儿成天也睁不开了。我震这儿（现在）吃了饭就出去活动。天天没事，老了也不会干啥，光会搁家做做饭吃吃，出去转转，做做拍打操。我这腰椎间盘突出都好几十年了，一直也没管它，那是骨头上的病儿，打针也不中。有时候我血压也高，有时候我血糖还高，也会出去取点药回来吃。有时候孩子们带我去公社的医院（乡镇卫生所）看看治治。唉，反正我老了，现在的身体不老好，孩子们都很照顾我。俺闺女儿子都可关心我，平常也经常打打电话，也会经常回家看看，帮我做个饭，洗洗衣服。我存着（感觉）这样过，就中了。（访谈对象50）

那要是平时生病了感冒什么的，儿子儿媳妇也照顾，老伴儿也照顾。儿媳妇也挺好的，像去赶集回来，人家该买东西买，买吃的这也给咱买，也没给咱算那么清楚。人家那有的婆婆啥的当家，我们这没有。像你做饭啥的，人家给你下来帮忙。俺这孩子照顾得可好了，前年我这腿疼在医院住了两三个月，我这儿子还有我那二妞都在医院照顾，像这他都不嫌弃脏的啥的，俺这孩子都痛（很）孝顺的，可好，很满意。（访谈对象55）

从以上几位老人的访谈内容可以看出，当日常生活需要帮助时，来自子女生活照料上的代际反馈让其老年父母老有所依，养儿防老这一传统养老方式在农村地区仍然发挥着重要作用。正如访谈对象55

所说，"俺这孩子照顾得可好了，前年我这腿疼在医院住了两三个月，我这儿子还有我那二姐都在医院照顾，像他都不嫌弃脏的啥的，俺这孩子都痛（很）孝顺的，可好，很满意"。这一定性的访谈结果也印证了定量研究结果，即当老年人不能自养或生活困难需要子女帮助时，来自成年子女们生活上的关心和悉心照料，是农村老年人生活得以维持的重要基础和保障。同时也说明通过生活照料上的代际反馈模式以达到代际关系之间的均衡互惠，这一代际互惠模式对提升农村老年人福祉水平起着积极作用。

（三）女儿悉心的照料让老年父母生活满意

熊跃根的研究曾发现子女在老年人养老方面的性别差异这一现象，即与儿子对父母经济支持较多不同的是，女儿对父母的支持主要体现在具体的生活照料方面，比如做饭、洗衣、打扫卫生等家务上的协助，还有女儿同老年父母之间的相互沟通和交流，在情感和心理上给自己年迈的父母带来诸多支持。[1] 而本书中对农村老年人的深度访谈也同样发现，在农村地区，与儿子提供的生活照料相比，一些农村老年人的女儿们对其生活上的关心和照料更多、更细致、更尽心，他们对来自女儿们的生活照料更为认可和肯定，也让老年父母对生活更为满意。

> 我有一个娃子（儿子），还有仨闺女，这仨闺女对我都可好。大闺女在洛阳（市区），二闺女在西陶裕（隔壁村），三姑娘在河北（洛宁县城）。她们都经常给我买衣服，她们隔不了十天半月，就回来看我一次，陪我说说话，又是打扫屋子，又是做饭。前一段生病住院，仨闺女都争着伺候，对这我都很知足很满意！（访谈对象3）

> 咱也嘚抹能干（凑合），平时也没啥事儿，就不让孩子帮助干活。就冬天冷的时候，闺女在洗衣机里帮我洗洗衣服，她看我生病了，或者遇见困难了，都来帮我干干活，咱就缪啥（没什

---

① 熊跃根：《需要、互惠和责任分担——中国城市老人照顾的政策与实践》，上海人民出版社 2008 年版。

么）要求了，同往和（过去）比，日子都不赖了，往和（过去）人都木啥吃木啥穿（没吃的，没穿的），现在你有吃有穿奏是（就是）觉着幸福！（访谈对象4）

人老了就是这样，走到哪儿算哪儿，这人老了有啥门（办法）嘞。实在动不了了，那跟你说，我只有靠闺女，闺女孝顺多了，在生活上能轮流照顾着。儿子是没指望了，真不中（指望不上）。现在养儿子花钱还多呢，结婚都花好多钱，而且那有的儿媳妇说不过（离婚）就不过了，这可得了。等我们老得没几天活了，外们（我们）就靠闺女照顾，闺女都比较孝敬老人，养闺女是福啊（笑）。（访谈对象8）

我家是五个闺女，没娃子（儿子）。闺女都嫁人了，有时间就回来看看咱。这平时就我跟老伴，咱这也是庄稼人过来的。现在干不动了，奏（就）吃吃喝喝，其他的也没了。那闺女忙的时候，时间长点（来看望），一回来就帮外们（我们）洗衣做饭，做家务等；闲的时候，有时候一星期都来看咱，吃个饭。那回来可不是高兴嘛，咱也不说要给咱买这买那，就回来坐坐，吃顿饭就行了。平时家里也就我俩人，这回来可热闹，闺女们对外们生活上照顾得挺好！心里可得劲（高兴）。（访谈对象23）

外们（我们）有俩儿子，都在新疆。大儿子不照顾我，呵呵，小儿子还强点。我那年去新疆小儿子那里住了一年，回来以后再也木（没）去过，去那儿不中。住不到一块儿，吃不到一块儿。儿媳妇，哎呀，都是那股劲，我愿意和闺女们住在一起。外们（我们）有四个闺女，跟闺女们关系不赖。平时都是给这闺女家住着嘞，四个闺女轮流着住，那具体也缪（没有）说住多久，都是谁得闲谁照顾。闺女们照顾得谐好（很好），看病买药都是闺女们给照顾着。平常赶集这那们（她们）给我拉去，我自己走不到。闺女们可孝顺。对闺女们可满意，对生活都满意。（访谈对象24）

我有三个儿子，都不想给（和）他们住在一起，我自己搁这儿（在这儿单独生活）还能多活两天。我过去（跟儿子住在一起）瞅我媳妇那脸我就少活一年，人家脸一绷我这脾气不好，我住到这儿我多活一年。我就是那种想法，我多活一年是一年，我媳妇骂我，都让她们骂吧。啥办法，谁让你养那么多儿子？儿子越多越没人管，要是有一个儿子你都有福了，一个儿子那有福。儿子多了，大儿子不管，二儿子也不管你，三儿子说你咋不叫老大老二管。等这天冷了，我逗（就）去闺女那儿。隆冬天能给我冻死，一到冷天我逗（就）赶紧去俺闺女那儿。再有一个月我都（就）去闺女家，过完年我再回来。闺女心疼自己娘啊！还是养闺女好！（访谈对象 33）

从以上几位老人的访谈内容可以看出，在农村地区的一些老年人家庭，相对于儿子来说，女儿们虽然已经出嫁成家，但她们在生活上和情感上给予老年父母很多的关心和支持，女儿更为细致和贴心的生活照料，让其父母尤其是缺乏儿子关爱的老年父母真正感受到了来自家庭的温暖和关爱，正如老人们所说："前一段生病住院，仨闺女都争着伺候，对这我都很知足很满意！""外们（我们）就靠闺女照顾，闺女都比较孝敬老人，养闺女是福啊（笑）""闺女心疼自己娘啊！还是养闺女好！"因而，女儿在生活上悉心的照料，让老年人对自己的生活更为满意，对晚年生活的幸福更有信心。在对父母生活照料方面，女儿比儿子更有性别上的优势，能让老年人在生活上获得更多的安全感。

三 家庭情感支持与农村老年人福祉的语境分析

由前文的定量研究可知，来自子女提供的情感支持能够一定程度地影响农村老年人的自评健康、生活满意度和抑郁倾向，即能够一定程度地破解农村老年人的福祉困境，提升其福祉水平。这些定量研究结论在本书定性的半结构式深度访谈中也可以感受到，来自子女提供的情感支持能够让老年父母精神上得以慰藉，因而对提升其福祉水平具有积极作用。本书对子女情感支持与农村老年人福祉相关的访谈资料进行归类，从以下几个方面来分析子女情感支持与农村老年人福祉提升的关系。

（一）子女情感支持让老年人精神得以慰藉

中国农村老年人的精神需求主要通过与家庭成员之间的代际互动来获得满足，亲情上的关怀、家庭里的温暖、儿孙满堂带来的天伦之乐是农村老年人晚年幸福的重要保障。[①] 而来自子女的情感支持是家庭养老主体的重要组成部分。成年子女通过给老年父母提供情感上的支持，让老年人在精神上得到安慰和慰藉，维持代际情感之间的付出与回报，达到代际关系之间的互惠与平衡，从而提升他们晚年的生活质量。

外们（我）有三儿两女，女儿都在外面打工嘞，儿子也都出去打工了，我一个人住。孩子也就一两个月来看一回吧，主要离得太远。以前都是和娃子住在一起，关系都不赖，但是外们老了，住到一起不得劲，没自己单独住自在，吃饭都吃不到一块，你想吃甜了娃子们想吃咸了，那不中。现在就是隔段时间能见见面，吃都是自己做着吃。孩子们也经常打电话问问这问问那，我们想（子女）了也会给他们打，能经常打电话联系联系，那们（子女）心里有咱，咱这心里踏实了，这生活就中了。（访谈对象35）

我三个娃子（儿子）三个闺女，都在县城里打工呢，离得可近。平时我和老伴两口住，那孩子们都经常来看看，有时不到一星期都来了。来的次数很多，县城离这也不远，我们想（子女）的时候打打电话，那们（子女）就来了，那们想我的时候也会来。经常能见到儿女们和孙子孙女们肯定觉得幸福啊！见娃子们都开心，外们关系都通好着了，娃子闺女媳妇关系都可好！（访谈对象36）

那家里都有老伴和孙女在，平时都说说话，这晚上一起吃吃饭，这老了那都看着孙女都中了，这也不冷清。那娃子（儿子）有事没事都打电话回来问，问咱身体好不好，那都这，这都够

---

① 叶敬忠、贺聪志：《中国农村留守人口之留守老人：静寞夕阳》，社会科学文献出版社2014年版。

了。娃子在重庆打工，这一年能回来住个个把月，这都能见着，咱这都不图啥，娃子回来给咱瞧瞧那都行了。平时就吃吃喝喝，搁家里坐坐，看看电视啊，门口逛逛，看好孙女，这都中了。（访谈对象54）

　　跟孩子们那关系，震这儿（现在）我们还能动，又不叫他伺候，又不叫他拿啥，孩子们关系都不赖。我儿媳妇也不赖，震这儿又不争吃嘞，又不争穿嘞，没啥。像我们这些，老里们（父母）肯定都希望孩子常回来看看。俺孩子们住得不远，也经常回来看看，孩子也很孝顺。经常来看看你，陪在你身边，那肯定觉着可幸福嘛。人老了都是这，人老了不是就靠孩子嘛，人老了看见孩子不是谐（很）踏实嘛。孩子在身边，这心里就谐（很）踏实。（访谈对象59）

　　从以上访谈内容可以看出，人一旦进入暮年，退出了人生舞台，可能就更加渴望情感的沟通与交流，而来自子女们情感上的支持就成为了老年父母心理上的支柱和精神上的慰藉。正如访谈对象35这位老人所言，"孩子们也经常打电话问问这问问那，我们想（子女）了也会给他们打，能经常打电话联系联系，那们（子女）心里有咱，咱这心里踏实了，这生活就中了"。本书的定性访谈结果同时也印证了定量研究结果，即子女们"常回家看看"这一情感支持是满足农村老年人情感需要的精神源泉和心理支柱，对提升农村老年人福祉水平起着积极的正向作用。

（二）女儿细腻的情感给予老年父母心理支持

　　熊跃根的研究曾发现子女在老年人养老方面的性别差异这一现象，即与儿子对父母经济支持较多不同，女儿对父母的支持主要体现在具体的生活照料方面，以及同老年父母之间的相互沟通和交流，在情感和心理上给自己年迈的父母带来诸多支持。① 而从本书的定性访谈资料也能发现这一儿女情感支持方面的性别差异现象。

---

　　① 熊跃根：《需要、互惠和责任分担——中国城市老人照顾的政策与实践》，上海人民出版社2008年版。

娃子不回来也都打电话，家里有啥事，你一打电话，马上就回来了。儿子离得远，很少回来。逗是（就是）闺女，闺女离家近嘛。孩子没在身边，光我俩老的，整天没啥事，也怪无聊嘞。不过好在俺这闺女还挺孝顺，还是这闺女亲呐，闺女也都回来看看，打打电话，问问家里缺这不，少那不？只要俺这闺女能想着你，心里有你，逗（就）觉得怪满意的。（访谈对象21）

那这就是，平时有啥事和娃子们（儿子们）电话联系联系就妥了（就行了），这多久打电话都说不来，有事就打嘛。那这就是说说话，聊聊天。娃子们都远着呢，那都是给别人打工，那都可累，娃子们也不容易。咱也不想着能带咱到处走走，那现在都老了，走不动了。闺女家离得近，闺女有时间奏（就）回来瞅瞅，陪她妈说说话，聊聊天，那都是这。闺女孝顺啊！有时间就回来坐坐，陪咱坐那说说话，问问这问问那。就这样都中了。（访谈对象52）

娃子们平时也回来看我们嘛，我那闺女住得近，隔两天就回来看我一次，闺女可孝顺了。我那儿子都在外面打工太远了，也都可孝顺，但就是离得远。大儿子在内蒙，二儿子在广西，都可远。现在的工作都很难找。像平时生病了，俺闺女就回来看我，不回来了隔几天都打电话问问。平时有点不得劲儿，闺女都赶紧带去看病。闺女可惦记外们（我）了，就这我都很满意。（访谈对象57）

从以上三个访谈对象的访谈内容可以发现，在农村地区，与儿子提供的情感支持相比，一些农村老年人的女儿们对其情感上的支持和精神上的慰藉会更多和更细腻。而老年父母对来自女儿的情感支持更为认可和肯定，更能成为其心理上的支持和依靠，因而子女在老年人情感支持和精神赡养方面存在一定的性别差异。正如访谈对象21所说，"不过好在俺这闺女还挺孝顺，还是这闺女亲呐，闺女也都回来看看，打打电话，问问家里缺这不，少那不？只要俺这闺女能想着你，心里有你，逗（就）觉得怪满意的"。因此，来自女儿更为细腻和贴心的情感支持,能给予老年父母心理上更多的支持和精神上更多的慰藉,也更能提升其获得感、幸福感和安全感。

(三) 农村老年人面临物质与精神之间的两难选择

虽然父母内心里非常渴望子女们情感上的支持和慰藉,但鉴于种种外在条件,他们对子女们要求并不高,有时候一个电话,一声问候,叫一声爸妈,就足以让老人们心理上得以满足,精神上得以安慰,坚定了他们对晚年生活幸福的信心。也就是说,子女外出务工对农村老年人在物质上产生一定的正面影响,然而在精神上却产生了一定的负面影响。农村老年人面临物质与精神之间的两难选择,他们在对待子女物质赡养与精神赡养的问题上其实是一种矛盾心理。①

娃子们(儿子们)也都挺照顾外们(我们)的,逗(就)是挣不来钱,(经济上)照顾不来。逗是希望他们能常回家看看,不过这也有电话嘛,有电话能供(方便)着联系,经常打电话问问(我们),娃子们心里应记着(想着我们)。还是希望多和他们见见面,但娃子们得在外面打工啊!娃子们打个电话心里逗觉得得劲(高兴),觉得不赖,说明娃子们心里有你,外们(我们)这再受正(困难)再可怜,比对比对(将就将就)就算了,也老了,娃子们心里有你就很高兴了。(访谈对象13)

希望子女多回来看看,哪怕是说几句话就行。说是这样说的,(子女)有工夫了,才回来看看,(子女)去了不回来看,说明挣到钱了,外们(我们)心里也得劲么(高兴嘛)!大儿子出去都一个月了,前半月打电话了,外们(我们)就放心了。这后半月都没打电话,外们(我们)就像没打电话,是不是娃子们想着没有挣来钱,他们想挣来钱再给打(电话)。我有个手机,这几天手机不知道是没费了还是怎么了,也没人打电话,心里就着急嘛,挂念(想念)娃子。(访谈对象14)

娃子们都不跟我住在一起,就我一个人,老伴去世了。闺女

① 叶敬忠、贺聪志:《中国农村留守人口之留守老人:静寞夕阳》,社会科学文献出版社2014年版。

是嫁到娄底（其他村），儿子是入赘到西陶裕（其他村）。这年年八月十五，五月端午，都回来，反正逢年过节都回来看我，平常他们也不在家，都在外打工，在家就来看我了，平时想娃子们了就打打电话，娃子们也给我打，十天半月都联系了。打完电话都可高兴了，有时候娃子们不打电话，我也给他们打电话。打完电话最起码心里可舒服，反正都是希望他们多陪陪咱，咱肯定高兴嘛。（访谈对象20）

我有三个闺女，两个儿子，他们都把房子买到孝义（巩义县城）了，经常都回来看看我俩，这个不回来那个回来，平均下来一个月也有一个回来的。我们老两口在家也不会觉得孤单，年纪大了也恋子女啊，我俩想他们（子女们）时，就给他们打电话。孩子们也经常给我俩打，问问我俩最近咋样了，平时也可关心我，一打电话我也可高兴。不过人家都忙啊，都有自己的工作，老把孩子拴到这儿也不可能，让他们自己弄吧，这么大年纪了，（孩子们）能想着我们，记着我们，这样过（日子）都中了。（访谈对象39）

俺的孩子们都在外面工作，这打电话那是经常嘞。现在都有那手机，再一个那电脑上也会说话，还能看见人，多方便。那他们（子女们）都对我们都挺好嘞，那他们经常都问问缺这不缺那不，咱给家（在家）都是说也不愁吃不愁喝嘞。俺俩搁家（在家）弄点啥，有吃有喝嘞，咱也不给孩子们要啥。儿子孝顺，闺女也都孝顺，他们心里面有咱，就这你都觉得可满足了。（访谈对象42）

儿子女儿都成家了，虽然住得离咱远，还是经常打电话关心的。有时候就图孩子一句话，问问咱吃了没喝了没，身体怪好吧，这就行了，啥都不图。咱跟孩子的关系也都不赖，关于儿媳妇我是这样想的，我是光想她嘞好处，不想她嘞坏处。再一个，人都一分为二看问题嘛，我说这人嘛，都有优点，也都有缺点。媳妇跟儿子过日子嘛，他们过好就行。俺那儿子在郑州，不断回来看看，关心关心咱，老类（我们）都觉得可满足可高兴了。（访谈对象43）

　　正如访谈对象 43 这位老人所说，"有时候就图孩子一句话，问问咱吃了没喝了没，身体怪好吧，这就行了，啥都不图"。当子女们在外工作不能回家时，老人们虽然内心里极其想念，但也能支持子女们，理解子女们，正如访谈对象 39 这位老人所说，"不过人家都忙啊，都有自己的工作，老把孩子拴到这儿也不可能，让他们自己弄吧，这么大年纪了，（孩子们）能想着我们，记着我们，这样过（日子）都中了"。访谈对象 13 也认为，"还是希望多和他们见见面，但娃子们得在外面打工啊！娃子们打个电话心里逗觉得得劲（高兴），觉得不赖，说明娃子们心里有你，外们（我们）这再受正（困难）再可怜，比对比对（将就将就）就算了，也老了，娃子们心里有你就很高兴了"。

　　这也充分说明，在国家现代化和城镇加速发展过程中，农村地区经济社会发展相对滞后，农村青壮年劳动力不得不到城镇谋求生计，而老年人却不得不留守在家里。大多数"半工半耕"农户家庭缺少全家进城的经济能力，而希望借家庭代际分工来分别获得务工和务农收入，以实现渐进式进城。① 因此，留守在家的农村老年人不可避免地面临物质与精神之间的两难选择，他们一方面期望子女们外出打工给予他们物质上的供养，一方面也更加渴望来自子女们在精神上的慰藉和情感上的支持。

（四）家庭居住方式对农村老年人福祉的影响有所差异

　　家庭居住方式是集家庭成员的经济支持、生活照料和情感支持为一体的综合式家庭养老主体形式。从前文的定量研究得知，家庭居住方式对农村老年人福祉的影响较为复杂，它对农村老年人自评健康和生活满意度没有显著影响，而对农村老年人抑郁倾向有显著性的影响。从定性的访谈资料也可以发现，在居住方式对农村老年人福祉的影响作用中，有些老年人选择与子女同住，并认为与子女同住让自己内心更满意。这些得益于多代同居家庭中的代际互惠行为，即成年子

---

　　① 王德福、陈文琼：《弹性城市化与接力式进城——理解中国特色城市化模式及其社会机制的一个视角》，《社会科学》2017 年第 3 期。

女与老年父母日常相互交流，使老年父母的身心能得到更贴切的照顾与安慰；老年父母在家为成年子女料理家务，帮忙照看孙辈，使子女们有更多时间和精力专注于自己的工作。① 还有些老年人选择与子女分开居住，并认为与子女分开居住让自己更满意。当然，也有些迫不得已与子女分开居住的农村老年人，他们心理上渴望与子女们一起居住，渴望那份亲情与温馨，他们认为与子女分开居住降低了自己的生活满意度。因此，不同居住方式对农村老年人福祉的影响差异很大。

1. 传统大家庭式居住让老年人尽享天伦之乐

一些选择与子女同住的农村老年人，他们认为同子女居住在一起，可以尽享家庭带来的天伦之乐，享受晚辈们带来的孝敬与亲情。这种传统的大家庭式的居住方式，是中国传统的以家庭养老为主要的养老方式，这就意味着老年人的物质和精神需求主要通过家庭来进行满足，家庭成员是老年人精神慰藉的主要载体，子女承担着不可推卸的赡养义务。②

> 平时就和儿子一块儿住，一个儿子你还不都住一起，你还干什么了。闺女成天都在他家了，有个啥事都过来了，挺好。养儿防老嘛，平时就得给儿子住一块儿，那很方便啊，可满意，你都指望他（儿子）嘞，咱又不会干活了，不指望他指望谁啊，你说是不是啊。而且（儿子）在生活上对外们（我们）照顾得还很好，我天天可幸福，日子过嘞很不错嘛！（访谈对象16）

> 我和老伴现在同儿子儿媳住在一块。俩闺女家离这儿都不远，出去打工了，没搁屋里（没在家），给屋里她们都经常来看我。老了，种点粮食，种点菜，种点这油葵啥，能舀点油吃着也不用去买油，也不用买菜，粮食了都够吃。闺女来看咱，再给咱买点吃的喝的，过年买点衣服，这奏（就）够了。媳妇给收拾屋里，给做点饭。收庄稼的时候娃子给（从）外面回来帮着收。跟娃子住一块，这心里也舒服。那跟咱自己住，那肯定不一样，娃

---

① 沈可：《中国老年人居住模式之变迁》，社会科学文献出版社 2013 年版。
② 叶敬忠、贺聪志：《中国农村留守人口之留守老人：静寞夕阳》，社会科学文献出版社 2014 年版。

子、媳妇给屋里，有事能给照顾着，给咱做做饭，也可美。（访谈对象 29）

我跟俺儿子儿媳在一起住。日常生活你遇到困难生病了，儿子儿媳也照顾着咱，有病了陪咱去看病。屋里冷了生着煤火，屋里生着煤火那通（很）暖和着呢。有电褥子有煤火有热暖气，有空调都可好，老了就是指望孩子，你不跟他们住一起你住哪？不住一起谁管你？咱平时给他们做做饭，干干家务活，干完了就坐在门口晒太阳，没有啥娱乐，看电视看懂了看，看不懂就不看。在家他们照顾着，人家都有工作，人家都去上班了，还是你自己？不上班了他们就在家，帮我收拾收拾（家务），咱都可满意。（访谈对象 49）

我震这儿（现在）给我儿子儿媳住在一起，家里事儿我都不用操心，我不做（饭），都是我儿媳妇。我媳妇做做给我舀碗里，头一碗饭就给我盛上，吃完了碗一推，想去哪儿转去哪儿转。我过得可幸福！原来少吃的没喝的还一窝孩子，还得下地劳动挣工分。震这儿（现在）多好，吃的白面，穿的也好，震这儿（现在）多嘚（幸福）！儿子是天天回来吃饭，他搁机械厂里。机械厂形势不中，成天都是今儿放假了明儿放假了。他关心着我嘞，担子都在孩子身上担着嘞，孩子自己干着顾着五口人。他好去捞捞鱼（钓鱼），回来给我炖炖我喝喝。吃鱼啊最营养，你看我八十一（岁）了，哪像？我身体可好，可健康！媳妇孩子通（很）孝顺着哩，震这儿可幸福！孙子孙女对我也好，都给我端饭都给我盛饭。我看着他们都很高兴，可好。俺还有一个闺女现在在小沟（村）里，她也常来看我。就这一个闺女她可应记（挂念）我。她离这也近，就在这上面，端着饭就来了。跟孩子住一块儿好嘛，平时生活上有困难他们也帮我解决。我震这儿（现在）就很满意，想和孩子一起住。（访谈对象 62）

从以上几位老人的访谈内容可以看出，同子女们居住在一起，儿孙满堂，从中感受到家庭带来的温暖和快乐，势必会大大提升农村老年人的福祉水平。正如访谈对象 62 所说，"跟孩子住一块儿好嘛，平时生活上有困难他们也帮我解决。我震这儿（现在）就很满意，想和孩子一起住"。这一定性访谈结果同时也印证了定量研究结果，即同子女们住在一起，让农村老年人晚年基本生活在物质上得以保障，尤其是在心理上得以安慰，让老年人尽享天伦之乐，从而降低了老年人由于寂寞和孤单引发抑郁倾向的可能性，最终提升了老年人的福祉水平。

2. 分开居住让代际之间"距离产生美"

一些选择与子女分开居住的农村老年人，他们认为由于老年人与成年子女之间各种观念和生活方式的差异，同子女和孙辈们住在一起势必会引发各种矛盾和纷争，因此，他们为了避免与子女们同住引发矛盾，选择与成年子女分开居住，认为这样会让自己对晚年生活更加满意。

平时就我和老伴俩人一起住，没有和娃子（儿子）一起住，娃子在洞口（乡镇）住，家里的房子也是娃子盖的。这离得都近，孩子说回来就回来了，也怪方便。我们老了，不想和孩子住一起，老人不干净，吃饭又吃不到一起，不敢跟媳妇住一起，媳妇跟闺女还是区别大啊。要是有一天老头不在了，我就跟着闺女，老了还是得指望闺女啊。现在还能动，干点儿小农活，还能补贴一些日常开销。孩子平时也都回来看看，关系都不赖，儿子回来时都带着包子油条吃嘞，闺女来时拿点面拿点油，吃顿饭，说说话，心里觉着可美。生活也觉得怪得劲，挺满意的。（访谈对象7）

我和老伴单独过，没和娃子（儿子）住在一起，娃子也叫咱下去（山下）住，可我俩人也不想下去。外们（我们）也不想跟那们（儿子）住一起，觉着不得劲，年轻人吃饭吃咸嘞吃油嘞吃辣嘞，外们（我们）老了吃得清淡，这（住一起）不老得劲不老方便，就这股劲（这样子）。而且住一起太挤了，吃住都得多花钱，跑来跑去也不方便，老伴也不会骑车，我们跑着下去跑上来也不容易，所以外们（我们）俩天天都搁山上住，也挺自在，与娃子们有点距离，也挺美。（访谈对象10）

　　老伴我俩没和孩子们住在一起。现在还有我老娘呢，她都90
（岁）了，她和我们住在一起，我们还要照顾她呢。我们和孩子
们的关系都很好，和儿子闺女也都经常见面。儿子、三个姑娘离
这儿也都不远，都在这儿附近。星期天了有时候跑来看看我们，
看看他奶奶，说说话，一起吃个饭。孩子们也经常来看我们，这
让我们都很满意。（访谈对象37）

　　我和老伴一起住，这房子是孩子给租的。年轻人都得上班，
我俩没和孩子住在一起，这里离孩子很近嘞。人这一老就和年轻
人吃不一块，我们喜欢吃素食，吃不太咸的，老咸的吃不了，老
油腻的吃不了，所以不想住一起。这离得近，有啥事了孩子都知
道。等老了肯定得住一起，得他们照顾着。有孩子照顾着肯定是
幸福嘛，人老了万一有个急病了，孩子在身边那不逗（就）安心
些！（访谈对象45）

　　我自己大院我自己住惯了，老头老了（老伴去世了），以前
还有老头俺俩，我俩能说说话，现在我自个，我也不害怕。那要
是遇见困难了，我先给俺妮儿（女儿）打电话，俺妮儿离这儿
近，就在一个街上住。你家要是木个人（没有人），你说俺这老
了不强（不一定）出点啥事，像俺那老头，动不动住院，所以动
不动就得喊俺妮送去医院。一到医院孩子们都出现了，俺那孩子
都说俺那妮，说姐你离家近，咱家的事都靠你了，有啥事打电话
俺们都来了。俺那妮天天晚上吃完饭就来这坐，坐到天黑再走，
今年一夏天俺那老头走了。俺妮就在这住，陪我了一星期。我给
俺妮说你走吧，你回你家过吧，那老头他跟我过了一辈子了，他
还能吓我。现在俺妮也天天晚上来，白天还来看看我吃饭没，说
你可不能不吃饭啊。有时候她要不上班了，还给我打电话不让我
做饭，她做好饭给我送来。孩子们这样我都觉得可满意，觉得可
幸福！但是我给家（在家）我也歇不住，我也不向坐那儿仰着
脸，让孩子养活咱。咱现在还能自己住，咱不想给孩子添加负
担。俺想着俺这都可满足了。（访谈对象56）

　　从以上访谈内容可以得知，由于成年子女与老年父母代际之间的

生活观念和生活方式的差异，这些差异势必会引发代际之间的矛盾与冲突。而与子女分开居住，眼不见心不烦，避免了很多代际之间的矛盾，让距离产生美。正如访谈对象10所说，"外们（我们）俩天天都搁（在）山上住，也挺自在，与娃子们有点距离，也挺美"。他们住在自己的家中，不担心被任何人驱赶，他们耕种自己的承包地，有农业收入，有劳动意义，有收获的乐趣，有农业节气所带来的生活节奏，有建立在农业生产和共同生活基础上的村庄熟人社会关系。① 因此，与子女们分开居住，让距离产生美，反而会让代际之间的交流和沟通更为顺畅，让代际之间的感情和关系更为融洽。

3. 独居伴随老年人更多的是寂寞和孤独

一些未与子女同住的农村老年人，他们是迫不得已才没有与子女同住，但他们内心里渴望同子女居住在一起，认为与子女同住可以享受晚辈们带来的孝敬与亲情。他们认为这种与子女分开而自己独居的居住方式，大大降低了他们的福祉水平。在中国很多农村地区，越来越多的农村老年人由于子女的外出务工而成为空巢老人或独居老人。对于这些空巢老人或独居老人群体来说，子女的外出务工大大减少了代际之间的沟通与交流，改变了传统的世代同堂的家庭结构和儿孙满堂的生活方式。另外，农村空巢或独居老人由于子女外出而出现精神生活上的空白，又很难从社区或其他群体的交往中得以补偿，因而致使很多空巢或独居老人陷入了精神赡养的危机。②

> 我一个人在这窑洞里住，老伴去世了，儿子在外面打工挣钱，逢年过节有空了才能回来一次看看。我人老了，平时也没啥活干，也木（没有）地了。要说到这么大年龄了，也干不动（体力活）了，不是这儿疼就是那儿疼，经常不得劲儿，有时候还头蒙，自己做饭都不想做。闺女嫁到另一个镇了，她有时候家里不忙了也会抽空来看看。你一个人住，那是不方便，那是孤

---

① 贺雪峰：《实施乡村振兴战略要防止的几种倾向》，《中国农业大学学报》（社会科学版）2018年第3期。

② 叶敬忠、贺聪志：《中国农村留守人口之留守老人：静寞夕阳》，社会科学文献出版社2014年版。

单，也没办法，孩子们都忙。我有时候也挺苦恼的，也想儿女能留在身边伺候着，有人说说话有人聊聊天，人逗（就）是这（样），过到这一步了，木（没有）办法。人都想回到年轻，人一老了都去乎（完）了。木（没有）办法，慢慢过吧。一个人住在这里肯定很寂寞嘞，要能和孩子孙子们住在一起，那肯定很高兴啊。（访谈对象64）

独居老年人一个人独自生活，平时连个说话聊天的人都没有，心理上感觉很寂寞、很孤独、很焦虑，生活中万一有个头疼脑热，身边又缺乏亲人的照顾和安慰，独居生活之艰辛和苦楚也许只有自己才能体会。正如访谈对象64所说，"你一个人住，那是不方便，那是孤单，也没办法，孩子们都忙。我有时候也挺苦恼的，也想儿女能留在身边伺候着，有人说说话有人聊聊天，人逗（就）是这（样），过到这一步了，木（没有）办法"。而叶敬忠和贺聪志在研究农村留守老人时发现，与农村非留守老人相比，农村留守老人经常有孤独感的比例更大，安全感明显更低，心理上的焦虑、孤独、寂寞等消极情绪更严重。[1] 因此，对于农村独居老人来说，心理上的寂寞和孤单，从而引发精神生活上的危机，才是其福祉水平提升过程中的最大障碍。

四　家庭在农村老年人福祉提升中的责任与困境

通过定性的深度访谈资料可以发现，家庭主体在目前农村老年人福祉提升中依然承担着重要的基础性作用。首先，来自子女在经济上的支持和赡养，让老年人在日常生活中有了物质上的保障；其次，来自配偶和子女等家庭成员在生活上的照料，让老年人在日常生活遇到困难时有了依靠；最后，来自配偶和子女等家庭成员在情感上的支持，让老年人在心理和精神上得到安慰，有了晚年生活的信心和希望，其福祉水平也相应地得以提升。基于以上三个方面，本书发现，家庭福利主体在农村老年人福祉提升中仍然承担着最为重要的福利供

---

① 叶敬忠、贺聪志：《中国农村留守人口之留守老人：静寞夕阳》，社会科学文献出版社2014年版。

给责任，是其养老可以依赖的最重要主体。

当然，由于农村老年人没有固定的经济收入来源，再加上农村人口老龄化的加剧，农村家庭规模的日益小型化，以及农村劳动力的外流，家庭这一传统的养老福利供给主体，在农村老年人福祉提升中日益面临着诸多困境，而这些困境从本书定性的访谈资料中也可以清晰地发现。

> 我今年都八十三了，你们来看看我过的是啥日子，娃子（儿子）他爹走了（去世）二三十年了，我一个人拉扯大四个娃子。大娃子前几年走了，就小娃子还管我，二娃子三娃子都不管我。前一段生病住院，小娃子给我买药买饭，他三十好几了，还没成家，给我住院钱花光了，木（没有）办法就出去打工挣钱了。我托人让二娃子三娃子给我掏钱住院买药，就是木人掏钱管我。你看看我过的这是啥日子？过一天算一天吧！造孽呀（哭）！（访谈对象2）

> 我大娃子（儿子）和闺女跟我住在一起，大娃子（儿子）有点残疾，还有心脏病，不能干活，也不会挣钱。闺女小时候摔到沟里，脑子摔坏了，身体也摔残疾了，五十多了，天天光会嗷嗷叫唤，啥都干不了，吃喝拉撒还得由我伺候着。二娃子（儿子）一家在洛阳上班，本来生活还可以，结果前几年，孙女得了脑瘤，治病花了几十万。娃子们（儿子们）不可能给我钱花，那们（他们）自己（生活）都难。那我可不得自己干点活，现在我也不种地了，八十多（岁）了，种不来了，逗（就）靠我去地里扒点药材、拾个桃核、摘点枣维持生活，真大岁数了也弄不来啥钱。日子逗（就）是这样比对着（将就着）过了！（访谈对象19）

从以上个案访谈内容可以看出，家庭养老福利主体在提升农村老年人福祉中存在的第一个困境就在于，由于中国社会保障方面长期存在的城乡二元化，农村老年人不能像城镇老年人那样享有固定的退休金或养老金，而现有的新农保提供的基础养老金又非常有限，经济上的贫困是农村老年人晚年生活的最大问题。因此，对于家庭经济条件落后的农村老年人，如果子女不能提供经济来源的话，老年人基本的物质生活难以得到保证，经济上的拮据，其晚年生活势必举步维艰，其福祉提升的任务更为艰巨。

> 我就一个儿子，入赘到外地了，也不能经常回来看我。老伴早就不在了。有时生病了也木（没有）人管，就像那次我的胃溃疡犯了，要不是去得早，那都不行了。娃子平时又不回来，这都是过年才回来一次，平时都是我这老头一个人在这住，也木（没有）人和我说说话，觉得太孤单。要是那们（儿子）能经常回来，那就好了，我也不至于这么孤单。那太希望了，反正一个人在家里觉得很寂寞、很孤独。（访谈对象 12）

> 娃子们都不跟我住在一起，就我一个人，老伴去世了。闺女是嫁到娄底（其他村），儿子是入赘到西陶裕（其他村）。这年年八月十五，五月端午，都回来，反正逢年过节都回来看我，平常他们也不在家，在家就来看我了，平时想娃子们了就打打电话，娃子们也给我打，十天半月都联系了。打完电话都可高兴了，有时候娃子们不打电话，我也给他们打电话。打完电话最起码心里可舒服，反正都是希望他们多陪陪咱，咱肯定高兴嘛。（访谈对象 20）

> 我有三儿两女，女儿都在外面打工嘞，儿子也都出去打工了，我一个人住。孩子也就一两个月来看一回吧，主要离得太远。以前都是和儿子住在一起，关系都不赖，但是外们（我）老了，住到一起不得劲，没自己自在，吃饭都吃不到一块，你想吃甜了娃子们想吃咸了，那不中。现在就是隔段时间能见见面，吃都是自己做着吃。孩子们也经常打电话问问这问问那，我们想（子女）了也会给他们打，想着孩子陪在身边啊！肯定是高兴的，但是高兴是高兴，那得有条件了啊，现在木（没有）条件，那孩子们都忙着打工了。（访谈对象 35）

从以上三位农村老年人的访谈内容可以看出，家庭养老主体在提升农村老年人福祉中存在的第二个困境就在于，由于农村家庭规模的日益小型化，以及农村劳动力的外流，农村老年人空巢及独居现象日益普遍。由于子女长期不在身边，老年人生活照料、精神慰藉以及生命财产安全都得不到相应的保障，这就势必会把老年人照顾的责任推向国家和社会养老福利主体，加大了国家和社会主体的养老责任和风险。

在当今农村地区，传统的家庭养老主体方式正逐步面临着多重挑战，诸如农村人口老龄化的加剧，农村成年劳动力的外流，农村家庭结构日益小型化、简单化、空巢化，加之农村土地养老保障功能日益弱化的情况下，依赖家庭养老的风险会越来越大。①

第三节 家庭代际互惠背后的制度与文化因素

从本书的定性访谈资料发现，要想真正理解家庭代际互惠与农村老年人福祉之间的关系，就必须把家庭代价互惠这一微观层面的利益互动与宏观的社会结构，包括农村养老福利制度和传统家庭养老文化等制度和文化因素联系起来深入理解，这样才能更为全面和准确地把握养老福利多元主体与农村老年人福祉之间的关系。

一 家庭代际互惠背后凸显农村福利制度的薄弱

在中国广大农村地区，大多数家庭都通过代际之间的互惠关系来实现家庭养老，这一传统的家庭养老模式背后蕴含着一种制度性安排，即长期以来实行的城乡经济社会结构二元化，相对于城市养老福利制度来说，农村养老福利制度极其薄弱，这就严重限制了农村老年人经济独立性和生活自主性，因而，农村老年人不得不依靠家庭内部的代际互惠关系来达到养老的目的。

（一）福利制度的薄弱导致农村老年人经济上贫困

拥有一定的经济收入，经济上能够独立是农村老年人晚年生活的

---

① 丁志宏：《中国老年人经济生活来源变化：2005—2010》，《人口学刊》2013 年第 1 期。

物质基础。而中国农村老年人主要依靠家庭养老，农村社会保障体系的覆盖面非常小，提供的经济供养资源非常有限，经济保障力度十分微弱。[1] 薄弱的农村养老福利制度导致农村老年人没有充足的经济收入，缺乏经济上的独立性和自足性，而经济上的贫困势必会严重阻碍农村老年人福祉水平的提升，这一观点从前文定量研究中代表绝对收入的个人储蓄变量，以及代表相对收入的家庭收入水平变量对农村老年人福祉的显著影响关系也可以显示出来。

　　而对农村老年人的深度访谈资料中也同样发现，在农村老年人看来，晚年生活最担忧的就是经济上缺乏保障。由于农村老年人不像城市老年人那样享受相对完善的养老福利制度，能够依靠退休金或养老金作为自己老年生活的物质来源；而农村的新型社会养老保险每月提供的养老金又十分有限，经济保障水平极其低下，如果再得不到子女经济支持的话，其基本生活就很难得到保障。因此，老年人个人没有经济的独立性和自主性，经济上贫困而得不到物质生活保障，这是农村老年人福祉提升的最大障碍。

　　　　外们（我们）都是这农村的出身，都是这老百姓。三个娃子（儿子），早前走（以前去世）了一个，还有两个，都在外面打工呢。我老头他都七十多（岁）了，都不会挣来一分（钱）了。这平时花钱逗（就）是种点庄稼，慢慢比对（将就）着花嘛，都是刚够自己吃的，也挣不来钱。挣不来钱，想吃那好的，去哪儿吃，你得掏钱买呢，逗是那生活条件差，家里也没啥经济收入。外们（我们）这老啦，这能活着就行。能挣来（钱）花，挣不来不花了。娃子这也没房子，还要盖房子，孙子们还要上学，咱都不指望娃子；也不敢指望着闺女，那们（女儿）都嫁出去了，还有人家一家老小要顾着。那要说这那们（子女们）给点钱，那肯定是怪好的，关键是那们（子女们）也都没钱，咋给你啊，慢慢过吧。（访谈对象 13）

---

[1]　叶敬忠、贺聪志：《中国农村留守人口之留守老人：静寞夕阳》，社会科学文献出版社 2014 年版。

我大娃子和闺女跟我住在一起，大娃子有点残疾，还有心脏病，不能干啥活，也不会挣钱。闺女小时候摔到沟里，脑子摔坏了，身体也摔残疾了，五十多了，天天光会嗷嗷叫唤，啥都干不了，吃喝拉撒还得由我伺候着。二娃子一家在洛阳上班，本来生活还可以，结果前几年，孙女得了脑瘤，治病花了几十万。娃子们不可能给我钱花，那们（他们）自己（生活）都难。那我可不得自己干点活，现在我也不种地了，八十多（岁）了，种不来了，逗（就）靠我去地里扒点药材、拾个桃核、摘点枣维持生活，真大岁数了也弄不来啥钱。日子逗（就）是这样比对着（将就着）过了！（访谈对象19）

现在就是没钱，可不是说花大钱，基本的花销钱都顾不住。有时候吃药钱都没有，贵的药都买不起，主要我们吃药太厉害。儿子算根本不中，穷得连自己家都顾不住，儿媳妇总跟他吵，平常过节啊过年不会给我一分钱。这闺女（女儿）也难（贫困）啊！不过到过年还能给我100块叫我花花，闺女老是说，我爹妈可怜，自己再难也想着年关给俺妈100块花花，也就是凑合着过吧。（日子）有时候真是过不下去了，咱真是木门（没办法）啊，这身病真是给我害的，钱早就给看病花光了。我就说我不得活了（不想活了），活不下去了。你看我都瘦成啥了，身上只剩一层皮了，我只想掉泪只想哭（哽咽）。（访谈对象27）

分析上面的谈话资料可以看出，与城市地区老年人相比，农村老年人没有可以维持基本生活的养老金，缺乏固定的经济收入来源，经济上得不到有效的保障，是农村老年人尤其那些健康状况不好的老年人，在晚年生活方面最担忧的问题，同样也是农村老年人福祉提升的最大阻碍因素。熊跃根对中国城市老年人照顾的研究也同样发现，经济上得不到保障是老年人，尤其是那些健康状况相对不好的老年人晚年生活最担忧的问题。[①] 而这些因没有完善的养老福利制度，缺乏固

---

① 熊跃根：《需要、互惠和责任分担——中国城市老人照顾的政策与实践》，上海人民出版社2008年版。

定的经济收入来源，因病致贫、因病返贫的农村老年人群体，其经济上的困难是当前农村养老福利制度急需解决的问题之一。正如访谈对象 27 所说，"（日子）有时候真是过不下去了，咱真是木门（没办法）啊，这身病真是给我害的，钱早就给看病花光了。我就说我不得活了（不想活了），活不下去了。你看我都瘦成啥了，身上只剩一层皮了，我只想掉泪只想哭（哽咽）"。因此，只有建立完善的农村养老福利制度，让老年人有一定的经济独立性和自主性，在经济上保证了农村老年人的基本生活需求，然后才能谈得上农村老年人福祉水平的提升。

（二）福利制度的薄弱致使农村老年人经济上自养

农村老年人只要还有正常的劳动能力，一般都会通过自己的劳动来实现经济上的自养。在很多农村老年人看来，自己的劳动收入是最可靠的收入来源和生活保障。[①] 在与农村老年人谈到经济保障问题的时候，研究同样发现由于新农保提供的养老金极其有限，很多农村老年人不得不在经济上进行自我保障，从而保证其基本的物质生活需求。在研究的访谈对象中，一些身体较好的农村老年人通过从事农业生产经营活动，诸如自己种地打粮食、采集农林产品、承包鱼塘养鱼打鱼、饲养家禽牲畜，以及通过去建筑工地盖房子干泥瓦工等体力活来获得经济收入，维持自己及家庭的日常生活。这不仅改善了自己的物质生活水平，而且也减轻了子女的经济负担。由于经济上得到了保障，没有物质生活的担忧，其福祉水平才会得到相应的提升。

像我这个嘛养头牛，一年给我这两口子添点钱。那卖牛都是一年，有时候轮不来。轮着来的时候能卖个六七千，有时候是四五千、三四千，那说不来。除了卖头牛，基本上都没什么钱。娃子来看咱，也没拿什么钱，来看看咱就行了。娃子们也没挣什么钱，都是急得很（穷得很），还得供应几个孩子去学里（学校）上学。我这两口子也过得住，不要他们的钱，卖头牛也能弄点

---

① 叶敬忠、贺聪志：《中国农村留守人口之留守老人：静寞夕阳》，社会科学文献出版社 2014 年版。

钱。自己能过得住，也不靠娃子。娃子能来看看咱，咱心里就挺高兴了。（访谈对象17）

那们（儿子）还有娃子们上学嘞，也得花钱。对搭（凑合）着能过，也不想给娃子们要。不像城里人都有退休金，外们（我们）这老农民到老了，经济上不还得靠自己。外们（我们）自己扒点药、下点鸡蛋、祟点粮食、染染草根，这黑根、这剪子果等药材也不值钱，七八块一公斤，但比闲着强，能有点收入。外们（我们）自己种的也有点地，这种点玉米，种点小麦，也够俩人吃了！俩人能顾住，就不往娃子要（钱）。（访谈对象21）

震这儿（现在）我能出去干活打工嘞，出去给人家盖楼板，现在能多干点活就多干点活，能挣多少钱就挣多少钱。能干得动活就不问闺女要钱，俺闺女的孩子还得上学嘞，上学也得花钱。俺巩义这工资可低了，月月（每个月）就只能挣一千多块钱。我出去给人家打楼板、干泥瓦工，干点出力那种活，一天就是六七十块钱，刨除这下雨天，一月就拿不到两千块钱。农村这儿你（每天）不干够十个小时，谁给你发工资嘞。我今年才六十，我能干多少干多少，干活了我就有啥吃，不干活了我木啥吃。你说是不是。现在能干动活，多少弄一千多块钱花花算完（就行）。哎呀你都不着（不知道），农村这工资恁低，周围亲戚办事嘞结婚嘞，你木钱咋办呀。俺闺女平常不给我钱，我能干活，这还能干活嘞，不要她们的钱。其实吧也谈不上啥满意不满意嘞，生活就是这样呗。（访谈对象61）

这种通过自己的体力劳动获得经济收入，从而依靠自己的养老方式在中国农村地区还比较常见。陈立行和柳中权对老年人经济支持结构类型的研究发现，自我劳动所得是农村老年人最重要的经济来源之一。[①] 雷继明对农村多元养老机制的研究也发现，自我养老是当前农村最主要

---

① 陈立行、柳中权：《向社会福祉跨越：中国老年社会福祉研究的新视角》，社会科学文献出版社2007年版。

的养老方式之一。① 正如老人们所说，"不像城里人都有退休金，外们（我们）这老农民到老了，经济上不还得靠自己。外们（我们）自己种的也有点地，这种点玉米，种点小麦，也够俩人吃了！俩人能顾住，就不往娃子要（钱）"；"震这儿（现在）我能出去干活打工嘞，出去给人家盖楼板，现在能多干点活就多干点活，能挣多少钱就挣多少钱。我今年才六十，我能干多少干多少，干活了我就有啥吃，不干活了我木啥吃。你说是不是。现在能干动活，多少弄一千多块钱花花算完（就行）"。因此，对于经济相对落后的农村地区来说，由于缺乏相对完善的养老福利制度，很多农村老年人都不得不通过自己力所能及的劳动获得经济收入，从而来改善其日常生活水平，进行经济上的自养。

二　家庭代际互惠背后蕴含农村传统孝文化的变异

在中国传统文化中，孝道和养老敬老一直是被推崇的，是长期保留下来的主流养老文化。孝是中国文化最突出的特色，孝可视为中国传统社会的根本文化，中国社会就是以孝为基础的社会。② 孝文化反映了中国人独有的家庭代际情感关系，也是中华文明中所具有的独特文化。③ 传统孝文化也是中国农村家庭代际互惠得以传承的伦理基础。而在本书的定性访谈资料中可以发现，随着农村家庭结构的变迁和劳动力的加速流动，传统的孝文化和行为准则在一些农村地区已经和正在发生着变异，即家庭代际之间付出与回报的均衡交换关系被打破。④

（一）孝顺要以顺字当先

在当今中国，尤其是广大农村地区，在以家庭养老为主的情况下，成年子女对老年父母的照顾责任根植于中国传统文化的价值理念之中，突出孝的价值理念在代际之间的照顾关系上还有很强的积极作

---

① 雷继明：《家庭、社区与国家：农村多元养老机制的构建》，博士学位论文，华中师范大学，2013年。

② 杨国枢：《中国人孝道的概念分析》，载杨国枢《中国人的心理》，台北：桂冠图书公司1989年版。

③ 唐咏：《孝文化的文献综述与孝观念的调查》，《社会工作》（学术版）2007年第1期。

④ 郭于华：《代际关系中的公平逻辑及其变迁——对河北农村养老事件的分析》，《中国学术》2001年第4期。

用，这也是国家长期以来大力倡导子女孝敬父母，鼓励子女承担照顾父母责任的文化基础。从个案访谈内容中，也可以感受到农村老年人对中国传统孝文化的解读与阐释。

> 养老方面孩子就应该承担最大责任。我认为这孝顺，以心为主，事实上我跟你说嘛。这个孝，上面是个老，下面是个子，子不离老即为孝，子在床前伺候那是孝。但是现在的问题是孩子们都得忙着工作，他不能（子不离老），那咋办？所以说以心为主，在老人身旁，这是第一重要，这顺着老人，让老人心里舒坦，你应该做到吧。你不应该呛老人（跟老人顶嘴），老人的语言就算是错嘞，也不要呛老人，要暂时顺着老人，就算他是错了也想法纠正，也不能呛他，让他心里舒坦，这就做到了顺。当子女的，对老人最起码要做到这个顺字吧。（访谈对象58）

从访谈对象58的这位老年人对孝文化的解读中能够看出，成年子女对照顾老年父母的责任，或者对孝顺的理解，可以归纳为：第一，子女孝敬老年父母、照顾老年父母是一件天经地义的、理所应当的事情，在养老方面子女们就应该承担最大责任；第二，子女孝敬父母要以心为主，顺着父母，让父母得到情感上的支持和精神上的慰藉。子女们只有用心去理解父母、体谅父母，让老年父母们顺心如意，这样才能算得上真正的孝顺。

（二）孝文化的弱化致使经济供养缺失

代际互惠是指家庭内部的老年父母与其成年子女之间的利益交换关系，即家庭内部老年父母与成年子女两代人之间在日常生活中在金钱、物质、时间、情感等有价值资源方面的给予和获取的相互支持的关系。[1][2][3] 由于传统孝文化的弱化，一些子女并不给父母提

---

① 费孝通：《家庭结构变动中的老年赡养问题——再论中国家庭结构的变动》，《北京大学学报》（哲学社会科学版）1983年第3期。
② 郭于华：《代际关系中的公平逻辑及其变迁——对河北农村养老事件的分析》，《中国学术》2001年第4期。
③ 王跃生：《中国家庭代际关系的维系、变动和趋向》，《江淮论坛》2011年第2期。

供经济上的支持，而丧失了劳动能力的农村老年人，如果再得不到来自子女经济上的代际支持，势必会打破这种代际之间经济上的互惠供养关系，从而会给农村老年人的晚年生活造成极大的心理上的伤害，使老人们根本看不到晚年生活的希望所在，从而大大降低了他们的福祉水平。

> 我今年都八十三了，你们来看看我过的是啥日子，娃子（儿子）他爹走了（去世）二三十年了，我一个人拉扯大四个娃子。大娃子前几年走了（去世），就小娃子还管我，二娃子三娃子都不管我。前一段（时间）生病住院，小娃子给我买药买饭，他三十好几了，还没成家，给我住院钱花光了，木（没有）办法就出去打工挣钱了。我托人让二娃子三娃子给我掏钱住院买药，就是木（没有）人掏钱管我。这俩娃子算是白养了！你看看我过的这是啥日子？过一天算一天吧！造孽呀（哭）！（访谈对象2）

> 我这钱每个月都不老宽敞（不够花），（钱）都吃药了，我这一月吃药最少都是一百块，一点都不夸张。东西还老贵，一袋面都七八十（元），都有点买不起，我去超市买点啥，啥都贵。娃子们（子女们）也都不给我（钱），天天也不见那们（子女们），娃子不孝，我木（没有）办法呀！我都是自己攒点（钱），够买点面米菜，这点钱咋够花，这都是过一天算一天，不定活到哪天就死了，不说了（沉思）。（访谈对象9）

从以上的访谈内容可以看出，当老年人失去劳动能力，需要子女们经济上的代际支持时，而这时如果子女没有给予经济支持的话，就会打破代际关系之间的平衡状态。费孝通关于代际关系的研究发现，代际之间通过经济资源与财产的相互供给，以及情感与心理上的支持，来维持代际关系之间的平衡。[1] 郭于华的代际关系研究发现，代际之间通过经济资源和物质财产的交换、仪式性的交换，以及文化资

---

[1] 费孝通：《家庭结构变动中的老年赡养问题——再论中国家庭结构的变动》，《北京大学学报》（哲学社会科学版）1983年第3期。

本的交换，从而实现代际关系之间的均衡。① 王跃生的代际关系研究发现，代际之间通过父辈向子女提供生活、教育、医疗和婚姻的花费，而子女主要是向父辈提供医疗及生活上的花费，最终来实现代际关系之间的均衡。② 父母抚养幼年子女成人，而成年子女却不能在经济上和物质财产上赡养年迈的父母，这种代际关系之间平衡关系的打破，势必会让农村老年父母的日常生活陷入绝境，而其福祉水平的提升就绝对会成为一句空话。

（三）孝文化的弱化致使生活照料缺失

由于传统孝文化的弱化，一些子女并不给父母提供生活上的照料，当老年人丧失了劳动能力、不能自养时，如果再得不到来自子女生活上的代际支持，势必会给老年人的晚年生活造成极大的伤害，使老人们根本看不到晚年生活的希望所在，从而大大降低了他们的福祉水平。

　　我成天都是一个人住，老伴都去世几十年了，俩儿子都在外面打工。大儿在广州打工，好几年我都没见过他，小儿在外面河里给人家捞螃蟹，那们（儿子们）都在外面打工，那们（儿子们）都不回来，那们（儿子们）也都不管我，白养了，有（儿子）跟没有一个样啊。可那们（儿子们）到过年得回来嘛！不回来，每年过年就我一个人，这家都不像个家，我一个老的在家，那们（儿子们）都一家人，就我在这儿孤苦无依无靠。娃子们都指望不上，一点点我给那们攘大（养大），这我老了生活上也没有个娃子照顾，我幸福个啥呀！我这心里苦啊！（访谈对象9）

　　俺逗（就）一个儿子一个闺女，俺和闺女关系很好，和儿子的关系本来也没啥，逗（就）是因为这儿媳妇，逗（就）是儿媳妇不好。俺不想跟儿子住逗（就）是因为儿媳妇不好，你跟她住自己心里不舒服，那要是媳妇对咱们好了肯定愿意给一块（住）。媳妇逗（就）不老（经常）回来，咦，俺这媳妇，逗

① 郭于华：《代际关系中的公平逻辑及其变迁——对河北农村养老事件的分析》，《中国学术》2001 年第 4 期。

② 王跃生：《中国家庭代际关系的理论分析》，《人口研究》2008 年第 4 期。

（就）是不好，好吃懒做，还指望她打扫卫生做家务照顾俺？门都没有，她要是不给你那屋腻脏了都中，你给她伺候吃吃喝喝住住，走了以后动的（搞的）那屋比茅房还脏。人跟人家庭教育不一样，你看俺那媳妇，不提她还不生气，人跟人就不一样，谁娶着我的儿媳妇谁倒霉。那这就叫命不好啊，儿媳妇这样，木（没有）办法。老人家肯定觉得不满意啊，要是儿媳妇孝顺点，只要稍微那个一点，俺逗（就）可满意。（访谈对象 63）

从以上的访谈内容可以看出，当老年人失去劳动能力，需要子女们生活上的关心和支持时，而如果子女没有给予照料的话，就会打破代际关系之间的平衡状态。正如访谈对象 9 所言，"这家都不像个家，我一个老的在家，那们（儿子们）都一家人，就我在这孤苦无依无靠。娃子们都指望不上，一点点我给那们攘大（养大），这我老了生活上也没有个娃子照顾，我幸福个啥呀！我这心里苦啊！"另外，应值得注意的是，儿媳妇并未受过丈夫父母的养育之恩，她是否善待公婆并不受知恩必报的代际交换逻辑约束。[①] 然而农村地区婆媳之间的矛盾也会打破代际关系之间的平衡，而这种代际关系之间平衡关系的打破，势必也会给农村老年父母的日常生活带来麻烦，而其福祉水平的提升就必然会受到一定程度的影响。

（四）孝文化的弱化致使情感支持缺失

来自子女们情感上的支持是老年父母心理上的依赖和支柱，人一旦进入暮年，退出了人生舞台，可能就更加渴望情感上的沟通与交流。农村老年人的精神需求主要通过与子女之间的代际互动来实现，亲情的关怀、家庭的温暖、儿孙满堂的天伦之乐是老年人晚年生活幸福的重要保障。[②] 而由于传统孝文化的弱化，一些成年子女并没有给予老年父母情感上的关心和支持，致使年迈的父母在心理上得不到安慰和慰藉，势必会感受不到晚年生活的温暖与关爱，更谈不上其福祉

---

① 郭于华：《代际关系中的公平逻辑及其变迁——对河北农村养老事件的分析》，《中国学术》2001 年第 4 期。

② 叶敬忠、贺聪志：《中国农村留守人口之留守老人：静寞夕阳》，社会科学文献出版社 2014 年版。

水平的提升。

> 一说我这小娃子（小儿子），我只想掉泪，屋里木（没有）钱了，小娃子出去打工赚钱养活我，小娃子出去走了十天给我打了两回电话，小娃子太惦记我。我二娃子三娃子一年木（没有）给我打一个电话问问我，他俩都不管我，我这一时半会儿也死不了。你说我一个人住怕不怕，木法子（没办法），可是娃子们也木人说来给我做个伴，见个面，说说话，三个月住院都木来过，你有啥门（啥办法），你现在想你引（抚养）他们干啥，还不如不引，这苦只有自己知道啊。（访谈对象2）
>
> 我就一个儿子，入赘到外地了，也不能经常回来看我。老伴早就不在了。有时生病了也木（没有）人管，就像那次我的胃溃疡犯了，要不是去得早，那都不行了。娃子平时又不回来，这都是过年才回来一次，平时都是我这老头一个人在这住，也木（没有）人和我说说话，觉得太孤单。要是那们（儿子）能经常回来，那就好了，我也不至于这么孤单。那太希望了，反正一个人在家里觉得很寂寞、很孤独。（访谈对象12）

正如以上两位被访谈的农村老人所说，农村老年人一旦失去劳动能力，也就失去了经济收入来源，在内心深处更认为自己是无用的，如果这时再得不到来自家庭的情感支持，肯定会感到寂寞、孤独、无助，失去追求幸福生活的信心和勇气，其福祉水平肯定也处于较低水平。由于传统孝文化的弱化，一些子女并不能让老年父母得到情感上的支持。这一传统代际之间均衡互惠关系的打破，一些农村地区传统养老敬老和孝文化的变异和弱化。因而只有深入挖掘代际互惠背后的养老福利制度与传统养老文化因素，才能真正把握养老福利多元主体与农村老年人福祉之间的真实关系。

本章小结

本书对家庭养老主体与农村老年人福祉各维度之间关系的定量研

究表明，在农村老年人自评健康维度上，过去一年是否获得子女经济支持对自评健康并没有显著差异，但亲人生活照顾和有子女经常看望显著提升了农村老年人的自评健康水平。在农村老年人生活满意度维度上，是否有子女经常看望对农村老年人生活满意度没有显著影响，而子女经济支持和亲人生活照料显著提升了农村老年人的生活满意度。在农村老年人抑郁倾向维度上，子女经济支持、亲人生活照料、子女情感支持，以及来自配偶的生活照料和情感支持，对老年人抑郁倾向都有显著影响，都显著降低了农村老年人有抑郁倾向的可能性。总体来看，由来自子女的经济支持、亲人的生活照料，以及子女的情感支持共同构成的家庭养老主体，能够显著提升农村老年人的福祉水平，也就是说，家庭养老主体是影响农村老年人福祉的重要因素。

另外，居住方式对农村老年人自评健康和生活满意度都没有显著影响，而对老年人抑郁倾向有显著影响。相对于未同子女一起居住来说，与子女同住能够显著降低老年人有抑郁倾向的可能性。也就是说，作为集家庭经济支持、生活照料与情感支持为一体的家庭居住方式，其对农村老年人福祉的影响是较为复杂的，对福祉各维度的影响是具有很大差异性的。

本书通过定性的深度访谈资料发现，家庭主体在目前农村老年人福祉提升中依然承担着重要的基础性作用。首先，来自子女在经济上的支持和赡养，让老年人在日常生活中有了物质上的保障；其次，来自配偶和子女等家庭成员在生活上的照料，让老年人在日常生活遇到困难时有了依靠；最后，来自配偶和子女等家庭成员在情感上的支持，让老年人在心理和精神上得到安慰，有了晚年生活的信心和希望，其福祉水平也相应地得以提升。基于以上三个方面，本书发现，家庭福利主体在农村老年人福祉提升中仍然承担着最为重要的福利供给责任。

本书通过定性的访谈资料还发现，家庭福利主体在提升农村老年人福祉中存在的第一个困境在于，由于中国社会保障方面长期存在的城乡二元化，农村老年人不能像城镇老年人那样享有固定的退休金或养老金，而现有的新农保提供的资金又非常有限。因此，对于家庭经济条件落后的农村老年人，如果子女不能提供经济来源的话，老年人基本的物质生活都很难保证，其福祉提升的任务更为艰巨。而第二个困境在于，由于农村家庭规模的日益小型化，以及农村劳动力的外流，农村老年人空巢及独居现象日益普遍。由于子女长期不在身边，老年人生活照料、精神慰藉以及生命财产安全都得不到相应的保障，这就势必会把老年人照顾的责任推向国家和社会养老福利主体，加大了国家和社会主体的养老责任和风险。

最后，从本书的定性访谈资料发现，家庭代际互惠与农村老年人福祉关系的背后，与农村养老福利制度和传统养老文化有关，一方面它凸显出农村养老福利制度的薄弱，另一方面它蕴含着在一些农村地区，传统养老敬老和传统孝文化的变异和日益弱化。因而只有深入挖掘代际互惠背后的农村养老福利制度与农村传统养老文化因素，才能真正把握养老福利多元主体与农村老年人福祉之间的真实关系。

第六章

国家养老主体与农村老年人福祉

本章的第一节将先提出国家养老主体对农村老年人福祉影响关系的研究假设，然后通过 Logistic 回归模型的分析，分别进行了验证，旨在检验本书提出的研究假设，探讨国家养老主体对农村老年人福祉的影响关系。第二节将通过定性的研究进一步了解国家养老主体在农村老年人福祉提升中的影响作用和角色定位，对被访谈对象深度访谈的话语进行理解和分析，深挖国家养老主体在提升农村老年人福祉中存在的局限性和困境。

第一节　国家养老主体对农村老年人福祉的影响逻辑

在养老福利多元主体中，国家理应是社会福利的最主要责任主体，这是因为，国家是福利多元主体中唯一具有总决策权的政治力量，是社会福利资源的拥有者和支配者。① 根据黄有光的快乐论，本节先提出国家养老主体对农村老年人福祉作用的研究假设，然后通过 Logistic 回归模型的分析，分别进行了验证，旨在检验研究假设，探讨国家养老主体对农村老年人福祉的影响关系。

---

① 雷雨若、王浦劬：《西方国家福利治理与政府社会福利责任定位》，《国家行政学院学报》2016 年第 2 期。

一　研究假设

黄有光的快乐论认为，社会福祉应该是一个社会中每个人的福祉（即快乐）的无权总和；从终极目标来看，国家的公共政策应该把所有个人的福祉（即快乐）的无权总和极大化。快乐是人生的终极目标，而且是唯一有理性的最终目标；国家的公共政策的最终目标都应该是为了增加人们的福祉（即快乐）；一个政策是不是好政策，最终要看是否会增加人们的福祉（即快乐）。①② 本书认为，黄有光的快乐论适合于理解如何评判国家养老主体制度与农村老年人福祉之间的关系与作用机制。因此，本书就具体的国家养老主体制度与农村老年人福祉之间的关系，提出如下假设：

（一）国家养老主体与农村老年人自评健康

根据前文的文献回顾部分可知，国家养老主体在多元化养老体系中处于主导的地位，它主要是国家通过向老年人提供城乡社会养老保险、城乡医疗保障、最低生活保障、贫困老年人救助等来实现对老年人养老的保障。而来自国家提供的城乡医疗保险、城乡社会养老保险、最低生活保障等福利政策都会对老年人自评健康产生一定影响。③④

根据上文的文献回顾，本书把国家养老主体操作化为新型农村合作医疗保险、新型农村社会养老保险、居民最低生活保障三个组成部分。其中，新型农村合作医疗保险是指由国家组织、支持、引导，农村居民自愿参加，个人、集体、国家多方筹资，以大病统筹为主的农村医疗保健互助共济制度，采取农民个人缴费、集体扶持、国家资助的方式筹集医疗资金。新型农村社会养老保险是通过农民个人缴费、集体补助、国家补贴相结合的筹集养老资金模式，为农村居民提供的

---

① ［澳］黄有光：《福祉经济学：一个趋于更全面分析的尝试》，张清津译，东北财经大学出版社 2005 年版。

② ［澳］黄有光：《社会福祉与经济政策》，唐翔译，北京大学出版社 2005 年版。

③ 潘杰、雷晓燕、刘国恩：《医疗保险促进健康吗？——基于中国城镇居民基本医疗保险的实证分析》，《经济研究》2013 年第 4 期。

④ 刘晓婷：《社会医疗保险对老年人健康水平的影响——基于浙江省的实证研究》，《社会》2014 年第 2 期。

养老保险，其中中央财政将对地方进行补助，并且会直接补贴到农民个人头上。最低生活保障制度是国家为保障城乡家庭年人均纯收入低于当地最低生活保障标准的居民，主要是因疾病残疾、年老体弱、丧失劳动能力、生存条件恶劣等原因造成生活常年困难居民的基本生活的社会救助制度。① 在本书中，为了行文方便，把新型农村合作医疗保险简称为：新农合；把新型农村社会养老保险简称为：新农保；把最低生活保障制度简称为：低保。基于以往相关研究结果，提出以下假设：

假设 7：国家养老主体有助于提升农村老年人自评健康水平。

假设 7a：其他因素不变，参加新农合的农村老年人自评健康好于未参加的农村老年人。

假设 7b：其他因素不变，参加新农保的农村老年人自评健康好于未参加的农村老年人。

假设 7c：其他因素不变，过去一年得到低保的农村老年人自评健康好于未得到的农村老年人。

（二）国家养老主体与农村老年人生活满意度

根据前文的文献回顾部分可知，生活满意度是衡量老年人福祉的一个重要维度。而来自国家提供的城乡医疗保险、城乡社会养老保险、最低生活保障，都会对老年人生活满意度产生一定影响。② 基于此，提出以下假设：

假设 8：国家养老主体有助于提升农村老年人生活满意度。

假设 8a：其他因素不变，参加新农合的农村老年人生活满意度高于未参加的农村老年人。

假设 8b：其他因素不变，参加新农保的农村老年人生活满意度高于未参加的农村老年人。

假设 8c：其他因素不变，过去一年得到低保的农村老年人生活满意度高于未得到的农村老年人。

---

① 中国健康与养老追踪调查 2011 年全国基线调查家户问卷（http：//charls. ccer. edu. cn/zh-CN/page/documentation/2011_ national_ baseline）。

② 朱昕婷、徐怀伏：《医疗保险对老年人健康影响研究》，《中国卫生经济》2016 年第 1 期。

（三）国家养老主体与农村老年人抑郁倾向

根据前文的文献回顾部分可知，抑郁倾向是测量心理幸福感的有效量表，它是衡量老年人福祉的一个重要维度。而来自国家提供的城乡医疗保险、城乡社会养老保险、最低生活保障等都会对老年人抑郁倾向产生一定影响。[1][2][3][4] 基于此，提出以下假设：

假设9：国家养老主体会降低农村老年人有抑郁倾向的可能性。

假设9a：其他因素不变，参加新农合的农村老年人比未参加的更可能没有抑郁倾向。

假设9b：其他因素不变，参加新农保的农村老年人比未参加的更可能没有抑郁倾向。

假设9c：其他因素不变，过去一年得到低保的农村老年人比未得到的更可能没有抑郁倾向。

二 数据分析

在本数据分析部分，把国家养老主体作为自变量，把农村老年人福祉的自评健康、生活满意度、抑郁倾向三个维度作为因变量，通过回归分析逐一验证国家养老福利对老年人福祉各个维度的作用假设。

（一）国家养老主体与农村老年人自评健康

由于因变量——自评健康变量是有序的三分类变量，因此采用序次 Logistic 回归模型来进行统计分析。为分别估计控制变量和自变量（是否参加新农合、是否参加新农保、过去一年是否得到低保）对因变量（农村老年人自评健康）的影响效应，本书采用了嵌套模型的建模策略，模型 1 是仅包含控制变量的基准模型。模型 2 在模型 1 的基础上增加了是否参加新农合变量，以检验是否参加新农合对农村老

---

① 亓寿伟、周少甫：《收入、健康与医疗保险对老年人幸福感的影响》，《公共管理学报》2010 年第 1 期。

② 焦娜娜、张静平、谢丽琴、彭芳：《农村空巢老人主观幸福感及影响因素分析》，《中国老年学杂志》2010 年第 1 期。

③ 陆建兰、潘清泉：《城市空巢老人主观幸福感及相关影响因素》，《中国老年学杂志》2013 年第 12 期。

④ 刘瑜：《社会保障制度的幸福效应实证研究——基于医疗保险、养老保险的视角》，《商业经济研究》2015 年第 6 期。

年人自评健康的影响。模型3在模型2的基础上增加了是否参加新农保变量，以检验是否参加新农保对农村老年人自评健康的影响。模型4在模型3的基础上增加了过去一年是否得到低保变量，以检验是否得到低保对农村老年人自评健康的影响。具体统计结果如表6-1所示。

　　表6-1报告了国家养老主体对农村老年人自评健康影响的模型估计结果。从模型1可以发现，在农村老年人的三个群体因素中，婚姻状况对农村老年人自评健康没有显著影响，而年龄和性别对农村老年人自评健康都有显著影响。具体而言，在控制了其他因素之后，年龄越大，老年人自评健康就越差；相对于女性来说，男性自评健康更好。农村老年人的三个阶层因素对其自评健康都有显著影响。在控制了其他因素之后，受教育年限越高，农村老年人自评健康就越好；个人储蓄越多，农村老年人自评健康就越好；相对于贫困家庭来说，非贫困家庭的老年人自评健康更好。具体而言，在控制了其他因素之后，个人储蓄每增加1万元，农村老年人自评健康更好的几率就会上升1%左右（$e^{0.014} - 1 \approx 0.014$，$p < 0.1$）；在控制了其他因素之后，非贫困家庭老年人自评健康更好的几率是贫困家庭的2倍左右（$e^{0.689} \approx 1.992$，$p < 0.001$）。可见，无论是代表相对收入指标的家庭收入水平变量，还是代表绝对收入指标的个人储蓄变量都对农村老年人自评健康有显著影响，经济水平的提高显著提升了农村老年人自评健康水平。这也再次证明，来自美国的伊斯特林幸福悖论在中国农村老年人群体身上使用的局限性。

　　表6-1的模型1显示，农村老年人的两个健康状况因素对其自评健康也都有显著影响。在控制了其他因素之后，患慢性病数量越多，老年人自评健康就越差；与生活能自理相比，生活不能自理的农村老年人自评健康更差。也就是说，患慢性病数量和生活自理能力等客观身体健康状况，严重影响着老年人主观的自我健康评价。休闲社交活动因素和地区类型因素对老年人自评健康也都有显著影响。在控制了其他因素之后，与上个月没有参加休闲社交活动相比，积极参与的农村老年人自评健康更好。总体来看，在10个控制变量中，有9个变量都对农村老年人自评健康有显著影响，也就是说，农村老年人

表 6 - 1 国家养老主体对农村老年人自评健康影响的序次 Logistic 回归模型

变量	模型 1	模型 2	模型 3	模型 4
年龄	-0.012 **	-0.012 **	-0.012 **	-0.011 *
	(0.004)	(0.004)	(0.004)	(0.005)
性别（男性=1）	0.183 **	0.183 **	0.183 **	0.189 **
	(0.060)	(0.060)	(0.060)	(0.060)
婚姻状况（在婚=1）	-0.079	-0.078	-0.079	-0.091
	(0.071)	(0.071)	(0.071)	(0.071)
受教育年限	0.019 *	0.019 *	0.019 *	0.018 +
	(0.009)	(0.009)	(0.009)	(0.010)
个人储蓄（万元）	0.014 +	0.014 +	0.014 +	0.013 +
	(0.008)	(0.008)	(0.008)	(0.007)
家庭收入水平（非贫困=1）	0.689 ***	0.689 ***	0.689 ***	0.653 ***
	(0.080)	(0.080)	(0.080)	(0.080)
患慢性病数量	-0.536 ***	-0.536 ***	-0.536 ***	-0.533 ***
	(0.022)	(0.022)	(0.022)	(0.022)
生活自理能力（不能自理=1）	-0.822 ***	-0.822 ***	-0.822 ***	-0.806 ***
	(0.072)	(0.072)	(0.072)	(0.072)
近一个月是否参加休闲社交活动（参加=1）	0.193 ***	0.193 ***	0.193 ***	0.197 ***
	(0.056)	(0.056)	(0.056)	(0.056)
地区类型（中西部地区=1）	-0.390 ***	-0.390 ***	-0.388 ***	-0.349 ***
	(0.061)	(0.061)	(0.062)	(0.062)
是否参加新农合（参加=1）		-0.022	-0.025	-0.001
		(0.100)	(0.100)	(0.100)
是否参加新农保（参加=1）			0.018	0.020
			(0.062)	(0.062)
过去一年是否得到低保（得到=1）				-0.343 ***
				(0.082)
N	5150	5150	5150	5150
Log-likelihood	-4725.73	-4725.70	-4725.66	-4716.93
Pseudo R^2	0.112	0.112	0.112	0.114

说明：括号里的数字为标准误；+ $p < 0.1$，* $p < 0.05$，** $p < 0.01$，*** $p < 0.001$（双尾检验）。

自身的个体因素对其自评健康有着重要影响。

　　表 6 - 1 的模型 2 增加了是否参加新农合变量，目的是为了检验是否参加新农合对农村老年人自评健康的影响。结果显示，是否参加新农合对农村老年人自评健康的影响作用没有显著差异，即新农合对提升农村老年人自评健康水平的作用有限。这里的结果没有证实假设 7a。值得注意的是，虽然新农合对老年人自评健康的影响作用不显著，但其回归系数是负的，可能的原因在于使用新农合的群体大多是身体相对不健康的老年人群体，他们需要住院或经常吃药，因此，其自身健康状况可能原本就比较差。

　　表 6 - 1 的模型 3 增加了是否参加新农保变量，目的是为了检验是否参加新农保对农村老年人自评健康的影响。结果显示，是否参加新农保对农村老年人自评健康的影响作用没有显著差异，即新农保对提升农村老年人自评健康水平的作用有限。这里的结果没有证实假设 7b。也就是说，截止到 CHARLS2011 - 12 的调查时间点，新农保福利政策的实施对改善农村老年人健康水平方面还没有明显的成效。

　　表 6 - 1 的模型 4 增加了过去一年是否得到低保变量，目的是为了检验过去一年是否得到低保对农村老年人自评健康的影响。结果显示，过去一年是否得到低保对农村老年人自评健康的影响作用具有显著差异，但其回归系数是负的，即得到低保对提升农村老年人自评健康起了反向作用。具体而言，在控制了其他因素之后，过去一年得到低保的农村老年人自评健康更好的几率比没有得到低保的要低 29% 左右（$1 - e^{-0.343} \approx 0.290$，$p < 0.001$）。这一结果与假设 7c（得到低保能显著提升农村老年人自评健康水平的假设）刚好相反，没能证实假设 7c。其原因可能在于，在没有得到低保的样本中，有一小部分样本是家庭经济收入水平确实低，由于某种原因没有得到低保；而还有一大部分样本是家庭经济收入并不贫困，根本不需要国家的低保救助。本书所使用的常规 Logistic 回归模型得出的结果，并不能反映低保救助与自评健康二者之间的净效应，而反映的是家庭经济收入水平的标准和门槛，所以模型 4 显示得到低保对自评健康的系数为负数。这说明，享受低保的老年人是农村社区中最为弱势的老年人群体，他

们往往家中劳动力缺乏，经济收入难以维持生计，贫困与疾病交加，因病致贫、因病返贫，尽管国家的低保救助能够给他们提供一些经济支持，但仍然不足以改变他们的贫困状况，而其自身健康状况往往也比较差。因此，得到低保对农村老年人自评健康的影响作用是负向的，实际上反映的是低保户的家庭经济收入水平要显著低于非低保户家庭经济水平。

总体来看，在国家养老主体的3个变量中，是否参加新农合和新农保对农村老年人自评健康水平的提升都没有显著影响。而得到低保虽然对农村老年人自评健康有显著影响，但其影响作用是负的，在某种意义上说，这一结果反映的是低保户的家庭经济收入水平要显著低于非低保户。

（二）国家养老主体与农村老年人生活满意度

由于因变量——生活满意度变量是有序的五分类变量，因此采用序次 Logistic 回归模型来进行统计分析。为分别估计控制变量和自变量（是否参加新农合、是否参加新农保、过去一年是否得到低保）对因变量（农村老年人生活满意度）的影响效应，本书采用了嵌套模型的建模策略，模型 1 是仅包含控制变量的基准模型。模型 2 在模型 1 的基础上增加了是否参加新农合变量，以检验是否参加新农合对农村老年人生活满意度的影响。模型 3 在模型 2 的基础上增加了是否参加新农保变量，以检验是否参加新农保对农村老年人生活满意度的影响。模型 4 在模型 3 的基础上增加了过去一年是否得到低保变量，以检验是否得到低保对农村老年人生活满意度的影响。具体统计结果如表 6 - 2 所示。

表 6 - 2 报告了国家养老主体对农村老年人生活满意度影响的模型估计结果。从模型 1 可以发现，10 个控制变量中，性别、婚姻状况、受教育年限和地区类型 4 个变量对农村老年人生活满意度没有显著影响；而年龄、个人储蓄、生活水平、患慢性病数量、生活自理能力和近一个月是否参加休闲社交活动 6 个变量对农村老年人生活满意度有显著影响。其中，患慢性病数量的增多以及生活不能自理会显著降低农村老年人的生活满意度；而年龄的增大以及积极参加休闲社交活动却会显著提升农村老年人的生活满意度。

表 6 - 2　国家养老主体对农村老年人生活满意度影响的序次 Logistic 回归模型

变量	模型 1	模型 2	模型 3	模型 4
年龄	0.019***	0.019***	0.020***	0.020***
	(0.005)	(0.005)	(0.005)	(0.005)
性别（男性 =1）	-0.072	-0.072	-0.071	-0.069
	(0.065)	(0.065)	(0.065)	(0.065)
婚姻状况（在婚 =1）	0.033	0.033	0.024	0.020
	(0.079)	(0.079)	(0.079)	(0.079)
受教育年限	-0.008	-0.008	-0.006	-0.007
	(0.010)	(0.010)	(0.010)	(0.010)
个人储蓄（万元）	0.016**	0.016**	0.017**	0.017**
	(0.006)	(0.006)	(0.006)	(0.006)
家庭收入水平（非贫困 =1)	1.380***	1.380***	1.377***	1.362***
	(0.090)	(0.090)	(0.090)	(0.091)
患慢性病数量	-0.098***	-0.098***	-0.098***	-0.096***
	(0.022)	(0.022)	(0.022)	(0.022)
生活自理能力（不能自理 =1)	-0.240**	-0.240**	-0.229**	-0.224**
	(0.078)	(0.078)	(0.078)	(0.078)
近一个月是否参加休闲社交活动（参加 =1)	0.191**	0.191**	0.182**	0.182**
	(0.060)	(0.060)	(0.061)	(0.061)
地区类型（中西部地区 =1)	0.022	0.022	0.052	0.066
	(0.066)	(0.066)	(0.066)	(0.067)
是否参加新农合（参加 =1)		0.011	-0.039	-0.031
		(0.109)	(0.110)	(0.110)
是否参加新农保（参加 =1)			0.310***	0.310***
			(0.066)	(0.066)
过去一年是否得到低保（得到 =1)				-0.116
				(0.088)
N	4416	4416	4416	4416
Log-likelihood	-4625.83	-4625.82	-4614.82	-4613.95
Pseudo R^2	0.034	0.034	0.036	0.036

说明：括号里的数字为标准误；+ p <0.1，* p <0.05，** p <0.01，*** p < 0.001（双尾检验）。

值得强调的是，个人储蓄的增多以及家庭收入水平的提高会显著提升农村老年人的生活满意度。在个人储蓄方面，控制了其他变量之后，个人储蓄每增加 1 万元，农村老年人生活满意度更高的几率就会上升 2% 左右（$e^{0.016} - 1 \approx 0.016$，$p < 0.01$）。在家庭收入水平方面，保持其他因素不变，非贫困家庭老年人生活满意度更高的几率是贫困家庭老年人的 4 倍左右（$e^{1.380} \approx 3.975$，$p < 0.001$），这足以说明个人储蓄和家庭经济收入水平是显著影响农村老年人生活满意度的因素，个人储蓄和家庭经济收入水平的提高对提升农村老年人生活满意度起到了积极作用。

表 6-2 的模型 2 增加了是否参加新农合变量，目的是为了检验是否参加新农合对农村老年人生活满意度的影响。结果显示，其他因素保持不变，是否参加新农合对农村老年人生活满意度的影响作用没有显著差异。这一结果没有证实假设 8a。这说明截止到本调查的时间点，参加新农合对提升农村老年人生活满意度的作用非常有限。

表 6-2 的模型 3 增加了是否参加新农保变量，目的是为了检验是否参加新农保对农村老年人生活满意度的影响。结果显示，是否参加新农保对农村老年人生活满意度的影响作用具有显著差异，而且回归系数是正的，说明参加新农保对提升农村老年人生活满意度具有积极作用。具体而言，其他因素保持不变，参加新农保的农村老年人生活满意度更高的几率比未参加的要高出 36% 左右（$e^{0.310} - 1 \approx 0.363$，$p < 0.001$）。这一结果证实了假设 8b。这一研究结果说明新农保作为由国家向农村老年人提供的制度化经济支持型福利，截止到 CHARLS2011-12 的调查时间点，新农保福利政策的实施对提升农村老年人生活满意度方面已经取得一定的成效。

表 6-2 的模型 4 增加了过去一年是否得到低保变量，目的是为了检验过去一年是否得到低保对农村老年人生活满意度的影响。结果显示，过去一年是否得到低保对农村老年人生活满意度的影响作用没有显著差异。这一结果没有证实假设 8c。这说明，农村最低保障这一社会救助政策对提升农村老年人生活满意度的作用有限。

总体来看，在国家养老主体的 3 个变量中，是否参加新农合和是否得到低保对农村老年人生活满意度没有显著影响；而是否参加新农保对农村老年人生活满意度具有显著影响。这表明参加新农保能够显著提升老年人的生活满意度，也就是说，截止到本书的调查时间节点，新农保这一农村社会福利制度对提升农村老年人生活满意度具有明显的积极作用。

（三）国家养老主体与农村老年人抑郁倾向

由于因变量——抑郁倾向变量是二分类变量，因此采用二元 Logistic 回归模型来进行统计分析。为分别估计控制变量和自变量（是否参加新农合、是否参加新农保、过去一年是否得到低保）对因变量（农村老年人抑郁倾向）的影响效应，本书采用了嵌套模型的建模策略，模型 1 是仅包含控制变量的基准模型。模型 2 在模型 1 的基础上增加了是否参加新农合变量，以检验是否参加新农合对农村老年人抑郁倾向的影响。模型 3 在模型 2 的基础上增加了是否参加新农保变量，以检验是否参加新农保对农村老年人抑郁倾向的影响。模型 4 在模型 3 的基础上增加了过去一年是否得到低保变量，以检验是否得到低保对农村老年人抑郁倾向的影响。具体统计结果如表 6 – 3 所示。

表 6 – 3 报告了国家养老主体对农村老年人抑郁倾向的模型估计结果。从模型 1 可以发现，在 10 个控制变量中，只有年龄变量对农村老年人抑郁倾向没有显著影响，其他 9 个变量都对农村老年人抑郁倾向有显著影响。其中，男性有抑郁倾向的几率显著低于女性；在婚老年人有抑郁倾向的几率显著低于非在婚老年人；受教育年限越高，有抑郁倾向的几率越低；个人储蓄越多，有抑郁倾向的几率越低。非贫困家庭老年人有抑郁倾向的几率显著低于贫困家庭老年人；积极参加休闲社交活动的老年人有抑郁倾向的几率显著低于不参与的老年人。中西部地区老年人有抑郁倾向的几率显著高于东部地区老年人，也就是说，在老年人抑郁倾向方面存在明显的地区差异。

值得强调的是，患慢性病数量和生活自理能力两个客观身体健康状况，对农村老年人心理上的抑郁倾向都有显著影响。具体而言，其他因素保持不变，患慢性病数量每增加一种，老年人有抑郁倾向的几率就会增加 43% 左右（$e^{0.359} - 1 \approx 0.432$，$p < 0.001$）；而生活不能自理的老年人有抑郁倾向的几率是生活能自理的老年人的 2.4 倍左右（$e^{0.871} \approx 2.389$，$p < 0.001$）。这一研究结果充分说明，老年人客观身

表6-3　国家养老主体对农村老年人抑郁倾向影响的二元 Logistic 回归模型

变量	模型1	模型2	模型3	模型4
年龄	-0.003	-0.003	-0.003	-0.005
	(0.005)	(0.005)	(0.005)	(0.005)
性别（男性 =1）	-0.449***	-0.451***	-0.453***	-0.464***
	(0.070)	(0.070)	(0.070)	(0.070)
婚姻状况（在婚 =1）	-0.294***	-0.287***	-0.284***	-0.277***
	(0.083)	(0.083)	(0.083)	(0.083)
受教育年限	-0.033**	-0.033**	-0.034**	-0.032**
	(0.011)	(0.011)	(0.011)	(0.011)
个人储蓄（万元）	-0.105**	-0.107**	-0.110**	-0.107**
	(0.039)	(0.039)	(0.040)	(0.039)
家庭收入水平（非贫困 =1）	-0.992***	-0.989***	-0.983***	-0.946***
	(0.090)	(0.090)	(0.090)	(0.091)
患慢性病数量	0.359***	0.359***	0.360***	0.357***
	(0.024)	(0.024)	(0.025)	(0.025)
生活自理能力（不能自理 =1）	0.871***	0.871***	0.862***	0.844***
	(0.081)	(0.081)	(0.081)	(0.082)
近一个月是否参加休闲社交活动（参加 =1）	-0.108+	-0.111+	-0.109+	-0.114+
	(0.065)	(0.066)	(0.066)	(0.066)
地区类型（中西部地区 =1）	0.603***	0.604***	0.585***	0.541***
	(0.074)	(0.074)	(0.075)	(0.075)
是否参加新农合（参加 =1）		-0.257*	-0.230*	-0.258*
		(0.115)	(0.116)	(0.116)
是否参加新农保（参加 =1）			-0.169*	-0.173*
			(0.074)	(0.074)
过去一年是否得到低保（得到 =1）				0.380***
				(0.093)
N	4781	4781	4781	4781
Log-likelihood	-2808.91	-2806.44	-2803.80	-2795.45
Pseudo R^2	0.134	0.135	0.136	0.139

　　说明：括号里的数字为标准误；+ p <0.1，* p <0.05，** p <0.01，*** p < 0.001（双尾检验）。

体健康状况，诸如患慢性病数量增多、生活不能自理能力会显著增加老年人有抑郁倾向的可能性，降低老年人的心理健康水平。

　　表 6 - 3 的模型 2 增加了是否参加新农合变量，目的是为了检验是否参加新农合变量对农村老年人抑郁倾向的影响。结果显示，是否参加新农合变量对农村老年人抑郁倾向的影响作用具有显著性差异，并且回归系数是负的，说明参加新农合对降低农村老年人有抑郁倾向的可能性具有积极作用。具体而言，保持其他因素不变，参加新农合的农村老年人有抑郁倾向的几率比未参加的要低 23% 左右（$1 - e^{-0.257} \approx 0.227$，$p < 0.05$）。这一结果证实了假设 9a。这表明参加新农合能够显著降低农村老年人有抑郁倾向的可能性。这一结果与亓寿伟、周少甫的研究结果保持相似性。[①] 这充分说明，新农合作为由国家提供的保障国民健康医疗方面的福利政策，截止到 CHARLS2011 - 12 的调查时间点，新农合福利政策的实施在降低农村老年人抑郁倾向方面已经取得一定的成效。

　　表 6 - 3 的模型 3 增加了是否参加新农保变量，目的是为了检验是否参加新农保变量对农村老年人抑郁倾向的影响。结果显示，是否参加新农保变量对农村老年人抑郁倾向的影响作用具有显著差异，并且回归系数是负的，说明参加新农保对降低农村老年人有抑郁倾向的可能性具有积极作用。具体而言，保持其他因素不变，参加新农保的农村老年人有抑郁倾向的几率比未参加的要低 16% 左右（$1 - e^{-0.169} \approx 0.155$，$p < 0.05$）。这一结果证实了假设 9b。这表明参加新农保能够显著降低农村老年人有抑郁倾向的可能性。这一研究结果与林艳艳等的研究结果保持相似性。[②] 这充分说明，新农保作为由国家向农村老年人提供的制度化经济支持福利，截止到 CHARLS2011 - 12 的调查时间点，新农保政策的实施在降低农村老年人抑郁倾向方面已经取得一定的成效。

　　表 6 - 3 的模型 4 增加了过去一年是否得到低保变量，目的是为

---

① 亓寿伟、周少甫：《收入、健康与医疗保险对老年人幸福感的影响》，《公共管理学报》2010 年第 1 期。

② 林艳艳、曹光海、赵洁：《山东省老年人抑郁症状、孤独感与社会支持特点》，《中国老年学杂志》2015 年第 24 期。

了检验过去一年是否得到低保对农村老年人抑郁倾向的影响。结果显示，过去一年是否得到低保对农村老年人抑郁倾向的影响作用具有显著差异，其回归系数是正的，即得到低保却增加了农村老年人有抑郁倾向的几率。具体而言，在控制了其他因素之后，过去一年得到低保的农村老年人有抑郁倾向的几率比没有得到低保的要高 46% 左右（$e^{0.380} - 1 \approx 0.462$，$p < 0.001$）。这一结果与假设 9c（得到低保的农村老年人比未得到的更可能没有抑郁倾向的假设）刚好相反，没能证实假设 9c。其原因可能在于，本书所使用的常规 Logistic 回归模型得出的结果，并不能反映低保救助与抑郁倾向二者之间的净效应，而反映的是家庭经济收入水平的标准和门槛，所以模型 4 显示得到低保对抑郁倾向的一些系数为正的。这说明，享受低保的老年人是农村社区中最为弱势的老年人群体，他们往往家中劳动力缺乏，经济收入难以维持生计，贫困与疾病交加，因病致贫、因病返贫，尽管国家的低保救助能够给他们提供一些经济支持，但仍然不足以改变他们的贫困状况。而且农村低保对象的产生还要经过村民民主评议、面向社会公示、县乡政府审核等程序，可能会增加低保对象的心理压力和负担，从而增加了其抑郁倾向的可能性。因此，得到低保对降低农村老年人抑郁倾向的影响作用是负向的。

总体来看，在国家养老主体的 3 个变量中，是否参加新农合和新农保都对农村老年人抑郁倾向有显著影响；参加新农合和新农保都对降低老年人抑郁倾向有积极作用。得到低保虽然对农村老年人抑郁倾向有显著影响，但得到低保却增加了有抑郁倾向的可能性；从某种意义上说，这一结果反映的是低保对象的家庭经济收入水平要显著低于非低保对象。

（四）国家养老主体与农村老年人福祉各维度比较

为了进一步探析国家养老主体对农村老年人福祉各个维度的影响，本书将所有控制变量和构成国家养老主体的 3 个自变量——是否参加新农合、是否参加新农保、过去一年是否得到低保变量合在一起，分别与 3 个因变量——自评健康变量、生活满意度变量、抑郁倾向变量纳入模型，形成模型 1、模型 2、模型 3，从而比较国家养老主体对农村老年人福祉各维度的影响。具体数据结果如表 6-4 所示。

其中，模型1和模型2是序次 Logistic 回归模型，模型3是二元 Logistic 回归模型。

表6-4 国家养老主体对农村老年人福祉各维度影响的 Logistic 回归模型

变量	模型1——自评健康	模型2——生活满意度	模型3——抑郁倾向
年龄	-0.011 * (0.005)	0.020 *** (0.005)	-0.005 (0.005)
性别（男性=1）	0.189 ** (0.060)	-0.069 (0.065)	-0.464 *** (0.070)
婚姻状况（在婚=1）	-0.091 (0.071)	0.020 (0.079)	-0.277 *** (0.083)
受教育年限	0.018 + (0.010)	-0.007 (0.010)	-0.032 ** (0.011)
个人储蓄（万元）	0.013 + (0.007)	0.017 ** (0.006)	-0.107 ** (0.039)
家庭收入水平（非贫困=1）	0.653 *** (0.080)	1.362 *** (0.091)	-0.946 *** (0.091)
患慢性病数量	-0.533 *** (0.022)	-0.096 *** (0.022)	0.357 *** (0.025)
生活自理能力（不能自理=1）	-0.806 *** (0.072)	-0.224 ** (0.078)	0.844 *** (0.082)
近一个月是否参加休闲社交活动（参加=1）	0.197 *** (0.056)	0.182 ** (0.061)	-0.114 + (0.066)
地区类型（中西部地区=1）	-0.349 *** (0.062)	0.066 (0.067)	0.541 *** (0.075)
是否参加新农合（参加=1）	-0.001 (0.100)	-0.031 (0.110)	-0.258 * (0.116)
是否参加新农保（参加=1）	0.020 (0.062)	0.310 *** (0.066)	-0.173 * (0.074)
过去一年是否得到低保（得到=1）	-0.343 *** (0.082)	-0.116 (0.088)	0.380 *** (0.093)
N	5150	4416	4781
Log-likelihood	-4716.93	-4613.95	-2795.45
Pseudo R^2	0.114	0.036	0.139

说明：括号里的数字为标准误；+ $p<0.1$，* $p<0.05$，** $p<0.01$，*** $p<0.001$（双尾检验）。

从表6-4可以看出，模型中控制变量和国家养老主体的3个自变量对3个因变量的影响虽然也存在个别差异，但总体上对农村老年人福祉各维度的影响趋向一致。总体来看，在10个控制变量中，仅对农村老年人福祉的部分维度有显著影响的变量共5个，即年龄、性别、婚姻状况、受教育年限和地区类型。而对农村老年人福祉的各个维度都有显著影响的变量共5个，即个人储蓄、家庭收入水平、患慢性病数量、生活自理能力和休闲社交活动参与情况。

具体说来，在控制了其他因素之后，个人储蓄对农村老年人福祉的三个维度均有显著影响；个人储蓄越多，农村老年人自评健康就越好，生活满意度就越高，有抑郁倾向的可能性就越小。在控制了其他因素之后，家庭收入水平对农村老年人福祉的三个维度也都有显著影响；相对于贫困家庭来说，非贫困家庭的老年人自评健康更好，生活满意度更高，有抑郁倾向的可能性更小。在控制了其他因素之后，患慢性病数量对农村老年人福祉各维度的影响都有显著性差异；患慢性病数量越少，农村老年人自评健康就越好，生活满意度就越高，有抑郁倾向的可能性就越小。在控制了其他因素之后，生活自理能力对农村老年人福祉的三个维度也都有显著影响；相对于生活不能自理来说，生活能自理的农村老年人自评健康更好，生活满意度更高，有抑郁倾向的可能性更小。在控制了其他因素之后，与不参与休闲社交活动来说，积极参与休闲社交活动的老年人自评健康就更好，生活满意度就更高，有抑郁倾向的可能性更小。

总体来看，在10个控制变量中，由于参加休闲社交活动会不同程度地受到生活自理能力等客观健康状况的限制，因而可以把个人储蓄、家庭收入水平、患慢性病数量、生活自理能力与休闲社交活动参与5个变量概括为两类，即经济状况与健康休闲。因此在所有控制变量中，健康状况与健康休闲这两类因素对农村老年人福祉的影响最大，也就是说，经济状况和健康休闲是影响农村老年人福祉最为关键的控制变量，因此，提高农村老年人的经济收入水平和健康水平是提升老年人福祉水平的重要政策举措。

从表6-4可以看出，模型中国家养老主体的3个自变量，即是否参加新农合、是否参加新农保、过去一年是否得到低保对3个因变量的影响虽然存在个别的差异，但总体上对农村老年人福祉各维度的影响趋向一致。

新型农村合作医疗保险作为国家养老主体的一个重要组成部分，它是由国家提供的医疗卫生福利政策，它的实施旨在保障国民健康医疗需求。[①] 从表6－4的第12行可以看出，是否参加新农合对农村老年人自评健康和生活满意度都没有显著影响，而对农村老年人抑郁倾向有显著影响。在控制了其他因素之后，参加新农合的农村老年人有抑郁倾向的几率明显低于未参加的老年人。这一研究结果充分说明，参加新农合对提升农村老年人福祉水平具有一定的积极作用。

新型农村社会养老保险作为国家养老主体的一个重要组成部分，它是由国家向农村老年人养老提供的制度化经济支持福利，它的实施旨在农村老年人养老的经济需求。[②] 从表6－4的第13行可以看出，是否参加新农保对农村老年人自评健康没有显著影响，而对农村老年人生活满意度和抑郁倾向都有显著影响。在控制了其他因素之后，参加新农保的农村老年人生活满意度更高的几率明显高于未参加的老年人；而有抑郁倾向的几率明显低于未参加的老年人。这一研究结果充分说明，参加新农保对提升农村老年人的福祉水平具有积极作用。

低保制度是我国社会救助体系中重要的和基础性的制度。[③] 而农村低保政策主要是国家对因疾病残疾、年老体弱、丧失劳动能力等原因造成生活常年困难的农村居民实施的救助性质的福利政策，它的实施旨在保障最底层的生活极度困难居民的基本生活。从表6－4的第14行可以看出，过去一年是否得到低保对农村老年人生活满意度没有显著影响，而对老年人自评健康和抑郁倾向都有显著影响。在控制了其他因素之后，得到低保的农村老年人自评健康更好的几率明显低于未得到的老年人，而有抑郁倾向的几率明显高于未得到的老年人。也就是说，得到低保对提升低保对象的福祉水平具有一定的积极作用，但对提升非低保对象的福祉水平没有明显作用。

总体来看，作为国家养老主体组成部分的新农合和新农保，它们

---

① 史柏年：《社会保障概论》（第二版），高等教育出版社2012年版。
② 同上。
③ 关信平：《社会政策概论》（第三版），高等教育出版社2014年版。

是影响农村老年人福祉的重要因素，新农合和新农保的福利供给能够在一定程度上提升农村老年人的福祉水平。作为国家养老主体组成部分之一的低保福利供给，它只是针对极个别生活极度困难的老年人群体。截止到 CHARLS2011–12 的调查时间点，大约 14.44% 的农村老年人在过去一年得到了低保，因而低保提升的也只是得到低保的少数生活困难老年人的福祉水平，而低保这一福利供给对大多数非贫困老年人群体来说并没有覆盖，它属于补缺型社会福利供给，当然也就对全部农村老年群体福利政策的评估没有意义。

总体来看，以上研究结果也证明了黄有光的快乐论在国家养老主体与农村老年人福祉问题上适用的局限性，也就是说，黄有光的快乐论不能较好地解释当前国家养老主体在农村老年人福祉提升中的作用和成效。

第二节 国家养老主体与农村老年人福祉的语境分析

从前文的定量研究可以得知，作为国家养老主体组成部分的新农合和新农保，它们是影响农村老年人福祉的重要因素，新农合和新农保的福利供给能够在一定程度上提升农村老年人的福祉水平。作为国家养老主体组成部分之一的低保福利供给，它只是针对极个别生活极度困难的老年人群体。本节将继续从这个视角出发，通过定性的个案研究进一步了解国家养老主体在农村老年人福祉提升中的影响作用和角色定位，对被访谈对象深度访谈的话语进行理解和分析，深挖国家养老主体在提升农村老年人福祉中存在的局限性和困境。

一 社会保险与农村老年人福祉的语境分析

农村老年人享有的社会保险主要有新型农村医疗合作保险（简称新农合）和新型农村社会养老保险（简称新农保），本书的定性研究部分也从新农合和新农保这两大保险入手，来谈这两大保险与农村老年人福祉之间的关系，从而来解释和印证定量研究的相关结果。

(一) 新农合对农村老年人福祉提升作用参差不齐

新型农村合作医疗保险制度是由政府组织，并引导支持，农民自愿参加，个人、集体和政府多方筹资，以大病统筹为主的农民医疗互助共济制度。[①] 从前文的定量研究得知，新农合对农村老年人福祉的影响较为复杂，它对降低农村老年人有抑郁倾向的几率具有显著性的正向影响，而对提升自评健康和生活满意度没有显著影响。虽然没有显著影响，但其系数是负的，说明参加新农合反而降低了老年人的自评健康水平和生活满意度。从定性的访谈资料也可以发现，在参加新农合对农村老年人福祉提升的作用中，有些老年人新农合认为发挥了明显的作用，还有些老年人认为新农合并没有发挥明显的作用。也就是说，新农合对农村老年人福祉提升的作用参差不齐，对不同群体的作用具有较大的差异性。

1. 新农合发挥了较大作用

新型农村合作医疗保险制度作为国家养老主体的一个重要组成部分，它是由国家提供的医疗卫生福利政策，它的实施旨在保障国民健康医疗需求。[②] 一些农村老年人在生病住院时通过新农合这一医疗福利制度，报销了很大比例的医疗费用，大大减轻了他们的经济负担，认为新农合发挥了较大的作用，他们对新农合制度较为满意。因此，新农合制度在一定程度上提升了这些老年人的福祉水平。

> 新农合交着钱呢，今年是 120 块。交这钱平时有病能报销，住院就给报销，也怪（很）有帮助。像我老伴那个癌症，花一万多（元）报了八千，自己就掏了三四千。它这个是按着比例报的，花钱多，报的就多。国家的医保政策是不赖。(访谈对象 1)
>
> 我和老伴都参加新农合了，有了这医保，平时看个病也不难，报销也挺高的，就是在洛阳住院报销比较慢，县里当即就报了。还有就是像我老伴，有低保的报销比例就更高。外们（我们）对国家这政策（新农合）可满意，可是得感谢国家这政策，

---

① 叶敬忠、贺聪志：《中国农村留守人口之留守老人：静寞夕阳》，社会科学文献出版社 2014 年版。

② 史柏年：《社会保障概论》（第二版），高等教育出版社 2012 年版。

这医保让外们（我们）生个病住个院也不担心了。（访谈对象7）

平时看病在县医院也方便，有这新农合住院给报销，我住过院，住院县医院不知道是百分之七十，还是百分之六十五，就是这个劲儿（样子）。你要是花一千块钱，就给你报六七百呢，那是太有帮助了！那以前你花一千是一千，花一百是一百，现在花一千给你报销六七百，这新农合可好了！（访谈对象18）

都有新农合，也能报销，就是算起来最多报销一半，说的是百分之七十报销，哎呀。那要是住院了，我刚才也说了，能报销百分之六七十。要是你住院，那你个人肯定还要掏一些（拿一些钱）。就是能解决很大一部分问题，要说那和以前比起来就是好多了嘛，那国家报销一大部分，各人负担就一小部分，就这样来看还是感觉比较满意的。（访谈对象21）

我这身体不好，有高血压、冠心病。新农合咱也有，平时看病吃药，这也是有的报有的不报。现在住院有的药也不报销。这帮助不帮助，你得看你住不住院，住院时间长的话，那有帮助。那现在是药价太高了，咱这小地方也很贵。我这也没住院，逗（就）是在家吃药，那这新农合对很多药不报销。但你要是住院的话，这新农合那确实有很大的帮助，能报销不少钱呢。（访谈对象23）

从以上访谈内容可以看出，老年人在生病住院的情况下，参加新型农村合作医疗保险的病人，其医疗费用会有较大比例的报销金额，这样会大大减轻参加新农合病人经济上的负担。正如访谈对象21所说，"要是你住院，那你个人肯定还要掏一些（拿一些钱）。就是能解决很大一部分问题，要说那和以前比起来就是好多了嘛，那国家报销一大部分，各人负担就一小部分，就这样来看还是感觉比较满意的"。访谈对象18也认为，"有这新农合住院给报销，我住过院，住院县医院不知道是百分之七十，还是百分之六十五，就是这个劲儿（样子）。你要是花一千块钱，就给你报六七百呢，那是太有帮助了！那以前你花一千是一千，花一百是一百，现在花一千给你报销六七百，这新农合可好了！"因此，在生病住院的情况下，参加新农合能够给医疗费用有较大比例的报销，减轻了农村老年人经济上的负担，从而提升了农村老年人的福祉水平。

2. 新农合没有发挥多大作用

一些农村老年人认为新农合报销的门槛太高，因为新农合只有在生病住院的情况下才能报销一定比例的医疗费用，而新农合在平时买药打针时并不能报销，因而并没有真正减轻他们医疗费用上的经济负担。因而他们对新农合制度并不是非常满意，也就是说，新农合并没有真正提升他们的福祉水平。

　　现在医院都太贵了，特别是这新农合，没多大作用。你花没花多少钱，报销也报不了多少钱，要求特别多，我就感觉这样挺不合理的，人挣了木（没）多少钱，都送到医院去了，除了有大病了才给你报销，对了，有些药不报销。国家补的医疗钱太少了，合作医疗门槛太高了，人到老了都得往医院去，医院里医疗费都胡乱要。像头疼脑热都得花几百块，给你输液嘞，打针嘞，验血啥的，做 CT 嘞，检查项目又多又贵。合作医疗报销又比较困难，咱也不敢生个病啊。（访谈对象 16）

　　那参加合作医疗（新农合）都没什么用，我觉得这个合作医疗是现在给老百姓最大的倒退啊。这都不是帮助，反而是倒退。现在这药价，原来这一瓶咳嗽药原来是 4 块 8，3 块多的原来都有呢。新农合以后涨到 5 块 6，10 块多，你看现在涨到 15 块。现在这药价涨得特别的多，它说药价报销这 60%，50%，药都涨了三分之二。现在有病都不敢去看，你去乡卫生院，都是两个单。你说你有新农合了，他给你开另外一个单。你说你没新农合还能便宜。我感觉这新农合的钱都没用在老百姓身上，这最后还是得咱老百姓多掏腰包，这合作医疗的作用真不大。（访谈对象 31）

　　合作医疗这咱有，那这个就是住院能给报，报 75% 吧。我觉得这合作医疗作用不大，这都不光是咱说的，那现在这合作医疗基本来说是用了也得掏好多钱，报得少了。它这报的比例是高了，但自个掏的钱还多了。这药价那看来是不低。那都得住院了才给报，像我这一天吃药得 5 块钱，这一个月看病那得 300 多。

那就不敢住院，住院那才多呢。那现在还是这药太贵，我觉得这吧，这合作医疗用处不大。（访谈对象32）

新农合你得住院才给报销。你光买药不给报，你交医疗保险，你好比交了120，你超过这120，就不报了。你的卡上有钱，就都给你报了，卡上没钱就不给你报。我之前也花过那本上的钱，小来小病也花过，你说新农合解决老百姓吃药看病的问题，那其实根本解决不了。那报的钱太少，所以说新农合在咱老百姓吃药这方面都没啥大作用。（访谈对象36）

有着合作医疗，新农合，能看看，报销一部分，减轻些负担。这农村的合作医疗有个啥问题吧，这医院的药费太贵，降不下来，你去看病你看看。你有个头疼脑热，去买点药一吃就妥（就好）了，不俩钱。你让他一看，真就说买药，现在100块钱儿的药都不中。再交钱，让你这检查那检查，医院都是以营利为目的的，检查费太贵了，药也太贵了。新农合也一直解决不了这个问题。（访谈对象46）

新农合报销的都是有限的，你去买药，一回买三四盒得一百多块，才报销三四十，不认作（不咋着，意思是报销得很少）。你入这新农合，就是有大病了才管用。谁都巴不得自己健康，一有病，那就跟一直两条腿走，廓（突然）折了一条腿了，才走不成嘞。震这儿（现在）这新农合对老百姓看病吃药用处不大，应该多报点才行。（访谈对象60）

从以上几位访谈对象的访谈内容可以看出，只有农村老年人在生病住院的情况下，参加新农合的病人的医疗费用才会有较大比例的报销金额。也就是说，新农合的门槛较高，普通的买药并不给报销，再加上药费偏高，各种医疗检查项目繁杂，而且医疗检查费用较高。正如访谈对象16所说，"国家补的医疗钱太少了，合作医疗门槛太高了，人到老了都得往医院去，医院里医疗费都胡乱要。像头疼脑热都得花几百块，给你输液嘞，打针嘞，验血啥的，做CT嘞，检查项目又多又贵。合作医疗报销又比较困难，咱也不敢生个病啊"。因此，很多农村老年人认为新农合在平常生病治疗时并没有发挥较大的作用，期望降低新农合报销的门槛，从而减轻其经济上的负担。

（二）新农保对农村老年人福祉提升作用参差不齐

从前文的定量研究结果可知，新农保对农村老年人自评健康没有显著影响，而对生活满意度和抑郁倾向有显著影响，即参加新农保能显著提升老年人的生活满意度，降低老年人有抑郁倾向的可能性。从本书中定性的访谈资料也可以发现，新农保在对农村老年人福祉提升作用中，有些老年人认为新农保有较为明显的积极作用，还有些老年人认为新农保没有明显的作用，并对城乡养老保险之间的公平性提出质疑。因此，新农保对农村老年人福祉提升的作用参差不齐，对不同群体的作用具有较大的差异性。

1. 与过去纵向比，新农保增加了其获得感

新型农村社会养老保险作为国家养老主体的一个重要组成部分，它是由国家向农村老年人养老提供的制度化经济支持福利，它的实施旨在填补农村老年人养老的经济需求。[①] 而奚恺元的幸福经济学认为，幸福的一种来源就是比较。人们觉得自己幸福，在很大程度上是通过比较而产生的，比较可以让人们幸福。这种比较包括自身状况的横向的社会性比较和纵向的时间性比较。[②] 在本书的定性访谈过程中发现，大多农村老年人认为新农保提供的保险金提供了一些经济来源，与过去根本没有得到过任何养老保险相比，他们对新农保这一福利制度的实施还是相当满意的，也就是说，新农保政策的实施大大增加了他们的获得感，从而提升了其福祉水平。

> 新农保，这个好嘛，一没钱就去领回来。新农保这奏（就）是挺好，能拿到咱手里。对生活也有帮助，挺好。咱庄稼人，以前都是给国家交钱，没想到国家还能给咱发养老钱。钱不多，也够咱花了。咱一个月也用不了几个钱。这钱领回来，平时想买点啥也有钱买，国家这政策（新农保）是给咱照顾，挺好的。（访

---

① 史柏年：《社会保障概论》（第二版），高等教育出版社 2012 年版。
② 奚恺元、张国华、张岩：《从经济学到幸福学》，《上海管理科学》2003 年第 3 期。

谈对象 17)

　　老年金今年刚领上，一个月 78 块钱儿，也不赖，以前一分钱都没有呢，领 78 算 78 嘛！这能不高兴吗，那不顾着生活上的大忙，有时候也稍微改善一下生活，像过去没一分钱，过去那光景多苦，我们这代人都过过那种苦光景（日子）。这现在都已经不错了，一月还给（老年人）70 多块钱，国家能想到外们（我们）这些老农民就不错了，外们（我们）心里都觉着高兴。（访谈对象 25）

　　震这儿（现在）就是一个月领 100 多块。那我要是不害病，每个月也能顾住，要是有病指望它（新农保）就不行了。不过这政策怪好，震这儿（现在）是它只要不变更都怪（很）好。但是这不能比啊。你像城里工人（养老金）都涨了七回了，农民这养老钱真不多。不多吧也说得过去，木你（相比）原先国家木（没有）给你一分，你不也木（没有）一分。这比以前强多了！（访谈对象 41）

　　那这（新农保）一个月拿多少钱，都是国家有规定的。那现在这一个月一个人能拿个二三百，那都不够用，那咱也不能让国家都给咱包起来。这个养老金，那只能解决你一部分困难。那这（新农保）一个人一年三千多块，那都很多钱了。那也不能靠国家都给你包起来过日子，人得识局（满足），跟以前年代一分养老金都没有相比，现在这（现在的新农保）都可以了。（访谈对象 52）

　　养老金一月一百多（元）我们都有，感觉那个一百块钱，对日常生活有一点改善。你平日一百块钱就是当这零花钱。买点小东小西的啥了。感觉我们这确实是不赖，现在这老百姓这，国家比孩子还强呢，你说你这当父母的，有时候管孩子要钱都没法张口。可是这国家按时月月给你钱，也不用你张嘴要，也不会觉得不好意思。参加这新农保感觉有点满意，你说这上年纪这人又不花啥钱，这些新农保还有一百多块钱，当这零花钱差不多都够了。跟过去比，我存着（感觉）这（新农保）不赖。（访谈对象 62）

　　这一月一百多块钱（养老金）逗（就）是顾住这平常生活，这烧煤了，买点东西了。你觉得少，国家给你多少逗是多少，给你一点就行了。那以前国家就不给（农村老年人）发，你不还得过，反正就是这。不过这新农保，解决问题还不少，没有这，国家要是没有这政策（新农保），我们去哪儿花钱。你自己不能干了，那确实是。我自己有这感觉，有时候吸烟干嘛的去买点米了，不管怎么样，你拿着这个钱都觉得很方便。到时间了咱去取点，国家给了咱就觉得不错。没钱了咱想着，哎能去取点养老保险金花花了。国家这（新农保）确实不错，很满意。（访谈对象 64）

正如以上几位老人所说，"咱庄稼人，以前都是给国家交钱，没想到国家还能给咱发养老钱。国家这政策（新农保）是给咱照顾，挺好的"。"像过去没一分钱，过去那光景多苦，我们这代人都过过那种苦光景（日子）。这现在都已经不错了，国家能想到外们（我们）这些老农民就不错了，外们（我们）心里都觉着高兴"。"那这（新农保）一个人一年三千多块，那都很多钱了。那也不能靠国家都给你包起来过日子，人得识局（满足），跟以前年代一分养老金都没有相比，现在这（现在的新农保）都可以了"。正所谓，幸福来自于比较。在农村老年人看来，与过去农村的苦光景、农村养老金政策的空白相比，如今的新农保政策提供了一定的养老金，确实在一定程度上改善了他们的物质生活水平。因而新农保政策大大增加了他们的获得感。

新农保这政策真不赖，像我们这老了也没什么收入，那这一个月国家给你发点钱，那这钱都是能领到自己手里的。我这钱都是我老婆领的，那我也不知道，好像是一月七八十（元）。那肯定是好嘛，这钱拿回来平时给孙子、孙女买点吃的，咱这想买点什么也有钱买。像咱老百姓别的也不懂，那国家给咱钱，这钱能到咱手里，那都可以了。（访谈对象 32）

老年金（新农保）今年好像涨了，我还没去取呢。一年我去取两回，一年能取 1000 多块钱，今年涨了，得 2000 块钱了吧。这钱吧，这闺女孩子都不要。咱的钱搁到那，都不要，盛点盐，买点酱油哩，买点菜，多少割（买）点肉，也中，钱没多少。老了也不懂，也不想，过一天说一天，怪（很）好，公家（国家）

照顾得多好啊，公家这政策可真好！（访谈对象44）

养老金俺也领着，今年涨了，原来是70块，今年过六十（岁）是75块，过七十是95块，过八十是125块。也木（没有）多少，但是领着能让咱的日子好过点，一般在农村奏（就）是买点菜嘞，割点肉嘞，不一定弄啥。对于（新农保）给钱嘞多少，木（没有）啥说，但是有了它肯定比没有好，有这新农保真是怪好。（访谈对象46）

俺这老年人养老保险一个月100多块钱！这一个月是150还是160（块），我也没去提过，孩子给我提的。木（没有）钱了，孩子给我提点。这钱就是买点菜，割（买）点豆腐，对咱生活也没有什么改善，就是割点肉包点饺子。你没钱了，去找钱，不就是解决你一些困难了吗？卡里只要有钱，早晚去提，有的一个月领一回，有的两仨月领一回，有的半年。钱虽少点，但也局点事（办一些事情），很满意。（访谈对象49）

我这一直都领着养老金的，一个月国家给我发二三百块钱。我除了这也没别的钱，也就是靠这个钱了。你说我要是没有这些钱（养老金），我真的就没啥钱了，现在这物价涨得这么快，钱都经不住花。所以我感觉多了这么多钱还是有好处的。这钱对生活还是有一定帮助的。（访谈对象53）

总的来看，自从新型农村社会养老保险在农村地区实施以来，虽然发放的养老金金额较低，但与过去农村根本就没有任何养老金进行纵向相比，还确实为农村老年人提供了一些经济收入，在一定程度上也改善了老年人的物质生活水平。正如访谈对象53所说，"我这一直都领着养老金的，一个月国家给我发二三百块钱。我除了这也没别的钱，也就是靠这个钱了。你说我要是没有这些钱（养老金），我真的就没啥钱了。所以我感觉多了这么多钱还是有好处的。这钱对生活还是有一定帮助的"。因此，经济状况的改善确实为农村老年人福祉水平的提升起到了一定的积极作用。

2. 与低保和新农合比，对新农保更为满意

奚恺元的幸福经济学认为，人们觉得自己幸福，在很大程度上

是通过比较而产生的，比较可以让人们幸福；而这种比较包括自身状况的横向的社会性比较和纵向的时间性比较。从本书的定性访谈资料可以发现，一些农村老年人拿农村低保的产生过程与新农保相比，或者拿新农合需要先交基础金与新农保相比，认为与这两者相比，新农保的产生过程更加公平，因而对新农保更加满意。

　　　　我有那老年金，一个月78块。基本能解决平常生活这吃盐问题，还能买点儿油，解决这几样问题。这钱不老多（不太多），根本不够咋花。但国家弄这（新农保）是最英明的，因为不管你黑白胖瘦，只要年龄一到六十都有。那低保得分黑白胖瘦，这比没有强。最起码它公平呀！（访谈对象3）
　　　　新农保这个好嘛，那比合作医疗好太多了。这钱也不多，我这两口子一个月拿个一百多块钱，那这都是能拿到手里的钱。不像这个合作医疗还得咱多掏钱，新农保这是国家给咱钱。那平时咱也没什么经济来源，奏指着（就靠）这钱改善生活呢，那这（新农保）可好了。（访谈对象31）

　　从访谈对象3和访谈对象31的访谈内容可以看出，与低保"得分黑白胖瘦"相比，新农保不分家庭条件，人人都能享有，因而其产生过程更加公平；与新农合相比，不用农村老年人再交更多钱，也不是生病住院时才能享有，每月都能领到钱，因而更能改善农村老年人的物质生活水平，也更能提升农村老年人的福祉水平。

　　3. 新农保增加金额，会更有获得感
　　从本书的定性访谈资料可以发现，另有一些农村老年人虽然也对新农保表示满意，但他们希望新农保能够再增加一些养老金的金额，毕竟新农保每个月给农村老年人提供的基础养老金实在太少，想依靠新农保每个月发放的养老金去维持基本生活是不可能的。

　　　　外们（我们）都有那老年金（新农保），六十岁那才有了，往和（过去）是60块，现在涨了，一月70块，我每月都领着呢，要是不领，我咋想吃就吃，想喝就喝。你说那钱能改善生活不能，咋说呢，偶尔有改善吧，实际上根本不够花。那肯定是再多发一些老年金更满意。我一蛮（平常）都不买啥东西，逗是（就是）买个馍吃，不舍利（舍得）花，钱太少，也没办法和娃子（儿子）要钱，人家也四五口，那们（儿子）也得顾住自己呀，都是打工的，咱不好意思去要，咱受点苦吧，管他呢受苦就受苦呗。没办法，你老了，哈哈（笑）。其实新农保还是不赖，国家要是不给你，你不是一分（钱）也没有，知足常乐，国家这政策（新农保）真不赖！（访谈对象4）

我俩都有那老年金（新农保），国家这政策好啊，给外们（我们）这些老年人还弄了老年金。这养老金一个月七十八（元），在之前一个月六十，就是有点少啊，不过跟以前没有比，那肯定是不少啦！要是生活，那肯定不得够了。如果（新农保）再多发点钱，外们（我们）日子肯定更好过了。（访谈对象10）

现在经济上的来源也就是每月78块钱（新农保），逗是（就是）这些钱，木（没有）其他啥收入。老头都70多了，干不动，有气管炎，整天在家里待着。外们（我们）都是农民出身，逗是（就是）靠种地。对这国家政策（新农保）也满意，逗是嫌钱少，根本不能解决啥问题。不过外们（我们）也是识局（知足），每月这又加钱了，也算不赖，外们（我们）也可感谢，也不能说不满意。那要是和以前一分没有相比，每月有这78块钱，也挺满意的。（访谈对象13）

养老金我今年还没去领呢，就是（新农保）发的钱太少了。（生活）能改善点啥，都全发了也没法改善。不过有这一部分钱稍微能那个一点（改善一下生活），你要是没这一部分钱，你个人不还得掏那一部分钱吗？国家给咱负担一部分，咱也能少负担点。这六十多（岁）的老人，全国可多着呢，国家负担也不小，国家也算对老年人够好的了！（访谈对象37）

从对以上四位老人的访谈内容可以看出，毕竟新农保发放的金额太少，如果新农保能够提高发放的金额，肯定更能提高农村老年人的物质生活水平，因此，对于经济上相对落后的农村地区，经济状况是影响农村老年人福祉水平的决定性因素。也就是说，只有经济状况的改善，家庭日常经济收入水平的提高，才能让他们具有更多的获得感。而只有对美好生活拥有更多的获得感，才能真正提升农村老年人的幸福感和安全感。

4. 从城乡横向比，对新农保并不满意

奚恺元的幸福经济学认为，人们觉得自己幸福，在很大程度上是通过比较而产生的，比较可以让人们幸福；而这种比较包括自身状况的横向的社会性比较和纵向的时间性比较。① 而从本书的定性访谈资料可以发现，另有一些农村老年人把新农保与城市老年人退休金进行横向比较，认为新农保的发放的养老金金额太低，根本无法解决其日常的基本生活需要，因而对现有的新农保政策并不是很满意，也就是说，新农保政策并没有真正提升其福祉水平。

人家城里人，退休有钱啊，一月两三千（元）。咱这老农民他又没啥退休不退休，不能干活了就木（没有）啥钱。国家那老年金（新农保），一月就那七十八，农民的钱太少了，这一月最少也得四五百（维持基本生活）。要到将来不会动了，人家城里人有钱，雇个保姆吧！住个高档养老院，有人伺候！可这老农民咋办？那城里人对国家有贡献，咱老农民对国家也有贡献呀！再怎么说，咱年轻的时候虽然是种地，也为国家贡献了粮食，那还年年把最好的粮食免费交给国家。国家给咱农民太少了，再咋也得让咱农民能生活呗！（访谈对象16）

领养老金一个月70块钱，老伴儿都是70块钱，两个人一个月就是140块钱。那140块钱弄啥也买不来，不吃药还行，要是有个头疼脑热，（新农保）140块钱根本不够用。也不舍得吃药看病，140块做个什么？就是平时咱也不舍得吃也不舍得花，领得钱都花在了看病上了，与那城里老人的退休金相比，国家给咱农民发的（养老金）太少了。（访谈对象22）

①　奚恺元、张国华、张岩：《从经济学到幸福学》，《上海管理科学》2003年第3期。

　　要我说现在这政策（新农保）对老农民还是不中，这老农民就是老受症（很受罪）。我出去干活那活也不同，搞机械，打桩，砸地基，打零工，去给人家装车卸车，累死累活也挣不了几个钱。你说现在老农民这待遇，跟城里工人、教师这些正式工退休之后的待遇确实没法比。农民月月就那几十块（养老金），工人退休工资一个月登味（感叹词，表示羡慕）拿个两三千，你说这能比？这待遇就比不了。总体来说，国家给咱老农民这养老金实在是太少了。（访谈对象48）

　　现在就是公家（国家）这养老金发的钱太少，不够用嘛。公家应该再给老农民补助点，一个人再提高百十块。人家工人退休了都有退休金，最低一个月得有两千三千块钱吧。人家工人不发愁啊，农民哪有啥退休啊！不干活就没有一点点收入，俺这种棵树都种不成，搁（在）院里撒片菜吧，风调雨顺了中，你还老了还浇不成。老农民这老了可真苦！（访谈对象60）

　　现在这养老金政策不平衡。你看这同样是老年人，有的有退休金，有的都没有，这差别太大。你想这干部、这工人、这教师、这农民，这差别太大了。你看这工人退休了，一个月拿两千块钱；你说这农民这老了也不是退休了，一个月就这一百块钱，这差别太大了！更不用说跟这干部跟教师比了。我觉得国家也应该意识到这一点吧。你最起码吧，农民，他超过六十岁他也失去劳动力了，工人也失去劳动力了，干部也失去劳动力了，同时都是失去劳动力了，但是这养老金这太不平衡了吧。工人这为国家劳动着哩，农民这种地嘞，把最好的粮食也交给国家了。同时都失去劳动力了，应该一视同仁嘛，人应该平等嘛，就不说平等了，最起码差距不要太大吧。国家给这工人一月发两千，给农民发五百，中不中？（访谈对象63）

　　从以上五个访谈对象的访谈内容可以看出，与城镇老年人发放的退休金或养老金进行横向比较，农村老年人新农保发放的金额确实太低，根本无法保证基本的物质生活需要。正如访谈对象63所说，"你最起码吧，农民，他超过六十岁他也失去劳动力了，工人也失去劳动力了，干部也失去劳动力了，同时都是失去劳动力了，但是这养老金这太不平衡了吧。工人这为国家劳动着哩，农民这种地嘞，把最好的粮食也交给国家了。同时都失去劳动力了，应该一视同仁嘛，人应该平等嘛，就不说平等了，最起码差距不要太大吧。国家给这工人一月发两千，给农民发五百，中不中？"相比于城镇老年人而言，农村老年人经济状况更差，城乡之间及城乡各自内部经济状况的不平等性更严重。因而，与城镇老年人享有相对充足的养老金相比，新农保对提升农村老年人福祉水平的作用极其有限。

二 救助服务与农村老年人福祉的语境分析

前文的定量研究结果显示，对享受低保的农村老年人群体来说，由于他们大多没有物质生活的基本保障和依靠，享受低保确实保障了其基本生活，提升了其福祉水平。从本书的定性访谈资料也可以发现，享受低保对提升该群体老年人福祉水平的积极作用。在农村社会保障体系中，除了新农合、新农保和低保之外，还存在着各种形式的补贴与救助项目，诸如种粮补贴、救助性住房、无依靠老人补助等等。这些补贴与救助大多以村集体经济为基础、以上级政府补贴为辅，由村委会负责救助资金的筹集与发放，成为继新农合、新农保和农村低保之外的独立保障项目。①

1. 低保保障了贫困老年人基本生活

农村最低生活保障制度主要是国家对因疾病残疾、年老体弱、丧失劳动能力等原因造成生活常年困难的农村居民实施的救助性质的福利政策，它的实施旨在保障最底层的生活极度困难居民的基本生活。②在本书的定性访谈中，享受低保的农村老年人对低保政策大多都表示满意，也就是说，低保政策确实提升了贫困老年人的福祉水平。

外们（我们）有低保，一季度发一回，发一回三百多

---

① 韩央迪：《第三部门视域下的中国农民福利治理》，上海三联书店2012年版。
② 史柏年：《社会保障概论》（第二版），高等教育出版社2012年版。

（元）。这钱我们平时吃点油吃点米，旁的也没钱，国家这政策（低保）也不赖。这五保户发钱多，发一回发一千多，发三个月的。当时办低保这是一有困难就办了，找大队也不去找乡里头，找一次就办好了。感觉国家这政策还可以，要不是这（低保），这日子咋过呀？这低保确实解决了外们（我们）生活上的一些困难，真不赖！（访谈对象11）

现在国家对穷人这政策（低保）真是不赖，真是好，能解决咱这不少问题。国家给你这钱花，不比你跟孩子们要着强嘛，要钱去的时候，嘴很难张的。你说你去儿子那里要，媳妇好的给你；媳妇不好的，给你吆喝吆喝，你还得受气嘞。国家这钱你一季度领三百多（元），比啥都强呢，国家对咱这穷人也真是不赖，这也给你照顾照顾（基本生活）。有了这些低保钱，就能过上日子了。之前人多可怜，再穷，国家也不给钱，那不是也只能那样嘛，现在的穷人也能过（日子）了！（访谈对象30）

我家这有低保，低保三个月发一回，三个月一个人是三百多。我这和老婆一个月能有个两百多。那国家其他的补助咱也不知道，就知道有这个低保，这低保那都是国家照顾着咱。国家这给点，娃子有钱了也给点，那咱这一个月也有钱花花，那肯定是舒坦嘛。咱这老了，也不花啥钱儿。平时给孙子买点吃的啊，这钱拿来买个药啊，那都差不多了。（访谈对象32）

国家给我低保我都通（很）高兴，我都再活十年二十年都不少，光吃低保我逗（就）高兴。一个季度三百多（元），我都觉得这都中了，不用再涨了，一天十块钱我都觉得可高兴，咱这人可节省。现在对这低保政策很满意。我整天表扬中央这干部们，表扬这习近平，人家老婆子们一见面都说，这中央干部们可真好！一个季度三百多块钱都行，不用再涨啦！只要是不变逗（就）很好啦！逗（就）这我都可高兴。（访谈对象33）

从以上四个访谈对象的访谈内容可以看出，最低生活保障制度通过每个月给困难群体发放困难救助金，确实让处于最低生活水平线以下的农村老年人生活上有了一定的保障，改善了他们的物质生活水平,经济上得到了保障,从而提升了他们的福祉水平。正如访谈对象30所言,"国家这钱你一季度领三百多(元),比啥都强呢,国家对咱这穷人也真是不赖,这也给你照顾照顾(基本生活)。有了这些低保钱,就能过上日子了。之前人多可怜,再穷,国家也不给钱,那不是也只能那样嘛,现在的穷人也能过(日子)了!"也就是说,经济状况是影响农村老年人福祉提升的关键性因素,只有经济状况的改善,物质生活水平的提高,才能谈得上福祉水平的提升。

2. 种粮补贴及住房救助改善了贫困老年人生活水平

由国家提供的种粮补贴以及住房救助等社会救助形式的福利供给,对于农村老年人,尤其是贫困老年人群体来说,改善了他们的生活环境和生活条件,他们对此感到比较满意。也就是说,这些社会救助政策确实提升了农村困难群体老年人的福祉水平。

> 我这有个低保,一季度三百多(元),这老年钱(新农保)一个月七十八(元),除了这些也缪(没有)其他收入,平时生活全靠这些了。就这一个月两百多够我一个人花了,我生活中小来小去的钱都不用娃子们掏(给钱),过年要是我手里有钱也就不要他们的钱,俩娃子生活也都挺难的(贫困)。反正,低保钱,老年钱,今年不赖还有土地补贴钱,一亩地国家补贴了100来块,一年那钱也够花了。要不是国家(救助),我咋能过(日子)呀!(访谈对象20)

> 扶贫往年没有我,今年扶贫才有我。这村干部来看见我住的房子,下雨噗哒噗哒,没处住了。乡里领导也来看看,拿了些钱,搭了这个彩钢房,不然我都没处住了。且不说这房子满不满意,咱老了,有个避雨的地方就算了。咱不是年轻的时候,咱不满意咱自己有力量咱自己盖。有地方住就行了,可真感谢政府!(访谈对象26)

> 咱这有粮食补贴,今年这个还没领呢,听说下来了。我这二亩地能给补贴一半,什么意思呢,我这地有一亩没报上去,两亩地只能领一亩地的粮食补贴。这粮食补贴一年是一百多块钱。钱

也不多，这顶多够一年地里的肥料钱，那也没得办法，咱还能拿着这一百多块钱。以前种粮一分补贴没有，还要上交大量的公粮。现在可比以前强多了，不但不交公粮，还能得到种粮补贴，这政策（种粮补贴）好啊！（访谈对象31）

我和老伴两个都有低保，一个月都是200来块钱，两个人都是400多块钱。差不多，只要你不买衣裳都能顾住我们生活费。我们现在两个人也吃不了多少，基本上也够生活吧，也缺不了多少。对这政策（低保）可满意，现在不是以前那六零年都饿死很多人，现在大多数低收入都能过（日子）。国家政策真是好，群众这种粮有补贴；享受着六十岁以上有这养老金（新农保）；低收入人可以吃低保，你看现在这政策多好！（访谈对象34）

俺和俺的大儿子都领低保，每人都是100多块。大队也知道情况，俺家出了这么多事儿，当时办低保的时候通（很）费事勒，那大队看咱条件摆着呢！就这也不中，解决不了问题，（低保）一个月才恁些钱儿。领过种粮补贴，我们五口人的地180块钱，这钱都给我，写我的户主名字。低保再加上种粮补贴的钱也能解决很多困难。不过这钱都用在吃药上，人家只给你这么多，光吃药都不够。身体健康就是福，要是不害病，日子就好过了。木门（没办法），国家对穷人这政策确实也不赖！日子好过些了，俺们肯定高兴了。（访谈对象51）

从以上五个访谈对象的访谈内容可以看出，与以前每年都要交公粮相比，现在不但不交公粮，还能得到种粮补贴，这一国家福利供给确实提升了农村老年人的福祉水平。正如访谈对象31所说，"以前种粮一分补贴没有，还要上交大量的公粮。现在可比以前强多了，不但不交公粮，还能得到种粮补贴，这政策（种粮补贴）好啊！"另外，住房救助等国家福利供给也给身处困境的农村老年人提供了生活的保障和依靠，改善了他们的生活环境和生活条件。正如访谈对象26所说，"乡里领导也来看看，拿了些钱，搭了这个彩钢房，不然我都没处住了。且不说这房子满不满意，咱老了，有个避雨的地方就算了。

咱不是年轻的时候，咱不满意咱自己有力量咱自己盖。有地方住就行了，可真感谢政府！"住房救助等社会福利政策在一定程度上提升了农村困难群体老年人的福祉水平。

3. 敬老院确保了五保老人基本生活

国家对农村五保（保吃、保穿、保住、保医、保葬）老人群体实行集体供养并辅之以其他救助形式的福利制度，敬老院就是五保老人救助制度之一。[①] 敬老院主要是面向农村五保户而建立的老年人集中供养场所，负责为这些五保老人提供最基本的生活上的照料。[②] 由敬老院提供的福利服务供给，对于农村五保老人来说，给予了他们生活保障，改善了他们的生活条件，因此，他们对此感到比较满意。也就是说，敬老院福利服务在一定程度上提升了农村五保老人的福祉水平。

> 我一辈子木（没有）结婚，木（没有）孩子，是个五保户。一直是跟着侄子，两年前，人家说把我送到这里面（敬老院）了。人家也不给我钱，以前我年轻时候挣的钱都给他了，但是现在人家也不管我了，我木办法。比起老了没人管，住这个养老院也可以了。平时有点小病弄点药吃吃，也不掏钱儿。这儿的条件还可以，夏天有空调，都搁后边楼里边的。冬天有锅炉，烧锅炉，西边那就是锅炉，都送到住室。住在这儿好处多得很，搁家里你得个人做饭吃，搁这里面饭都给你做好了。有的不能端了，就互相帮助给他端去。在这有吃有喝，有地方住。像俺这木（没）儿木（没）女的五保户，能在这敬老院里待着，已经不错了。（访谈对象5）

> 我就木（没有）结过婚，木（没有）娃子也木（没有）媳妇啥也缪（没有），这里面（敬老院）住的全是无儿无女那五保户。这里面专门有人做饭，平常都是敲钟吃饭，钟一响自己端着碗都去吃，吃完碗自己洗，各人的碗各人洗。外们（我们）早上

---

① 史柏年：《社会保障概论》（第二版），高等教育出版社 2012 年版。

② 叶敬忠、贺聪志：《中国农村留守人口之留守老人：静寞夕阳》，社会科学文献出版社 2014 年版。

和晚上是面条，中午是素菜、汤和馍，一个月能改善三四次伙食，能吃到肉。外们（我们）平常在这也不打牌，这里面木（没有）人打牌，也木（没有）人下棋。光是搁那儿（在那儿）坐着，有时候聊聊天。这也有电视，还不能看，还木人来接天线，看不成。我家里现在还有亲戚，亲戚们都知道我住这里面了，但是都不联系，那有啥联系嘞，不联系，都木（没有）来看过。就这样，在这里面慢慢过吧！（访谈对象6）

涧口乡敬老院就在外们（我们）村东头，这敬老院反正太瞎，那敬老院的领导啊太赖！你像我们这些低保，等到去敬老院了，低保也没了，低保给收了，等于敬老院把钱领了，返给你十块八块。你看这敬老院，成天给你锁到那里头，出都不叫你出去。所以还不胜（不如）自己有低保，有老年金，自己做着吃出来转转，那敬老院我才不去，给（如同）监狱一样，我们老百姓都说那是老年狱。（访谈对象20）

咱这有敬老院，我还给敬老院做过几年饭。敬老院那生活主要是一个月给四十斤面，奏（就）是一个月一袋面。那跟自家肯定是没得比，那馍啊、面啊，肯定没有自家好。那除了给点吃的，也木（没有）啥照顾了，有时候就帮着洗洗衣服。就这嘛，洗洗衣服，做做饭，那其他的也没有了。那都无儿无女才能住，咱这有儿有女的不够条件，都不叫你住那里面。（访谈对象32）

从以上几位老人的访谈内容可以看出，由于敬老院条件受到当地经济条件的制约，因而敬老院给五保老人提供的服务也就是能保证老人基本生活条件的福利供给形式。而对于其他生活有保证的非五保老人而言，住在敬老院仅仅保证了最基础的生活，用他们的话说就是饿不死，生活质量并不高。正如访谈对象20所说，"你看这敬老院，成天给你锁到那里头，出都不叫你出去。所以还不胜（不如）自己有低保，有老年金，自己做着吃出来转转，那敬老院我才不去，给（如同）监狱一样，我们老百姓都说那是老年狱"。但对于五保老人本人而言，住在敬老院，最起码有吃的有喝的有穿的。正如访谈对象5所说，"比起老了没人管，住这个养老院也可以了。在这有吃有喝，有地方住。像俺这木（没）儿木（没）女的五保户，能在这敬老院里待着，已经不错了"。敬老院保证了他们的基本生活，在一定程度上也提升了他们的福祉水平。

三 国家在农村老年人福祉提升中的责任与困境

通过定性的访谈资料可以发现，国家主体在农村老年人福祉提升中承担着一定的责任，尤其是在农村贫困老人群体福祉提升中承担着积极的作用。首先，国家福利主体通过提供新农合为农村老年人健康医疗提供了一定的保障，通过提供新农保为农村老年人物质生活提供了一定的保障；其次，国家福利主体通过提供低保为农村贫困老人群体提供了基本生活保障，通过提供粮食补贴和住房救助等改善了农村老年人的基本生活，通过提供敬老院等福利服务为农村五保老人提供了基本生活保障。基于以上两个方面，本书发现了国家福利供给主体在农村老年人福祉提升中承担着一定的责任，尤其是在农村贫困老人群体福祉提升中承担着积极的作用。

当然，由于社会保障制度城乡二元化，与城镇老年人相比，农村老年人在医疗保险和养老保险方面享有的福利供给极其有限；而低保、住房救助以及敬老院救助等福利供给都是针对农村特殊老人群体，属于补缺型福利供给，并不是面向农村所有老年人群体的普惠型福利供给。整体上，我国现行的农村社会福利还未形成合理的制度框架，更谈不上城乡福利体系的平等，而农村社会福利的去福利化恰恰是加剧城乡二元福利体系隔阂的直接原因。目前，中国农村社会福利不仅缺乏相应的物质生活保障制度，更缺乏高层次服务性质的公共福利的供给。[①] 因此，国家福利供给主体在农村老年人福祉提升中面临着诸多困境，而这些困境从定性的访谈资料中也可以清晰地发现。

> 现在医院都太贵了，特别是跟这合作医疗（新农合），没多大作用。你花没花多少钱，报销也报不了多少钱，要求特别多，

---

① 韩央迪：《第三部门视域下的中国农民福利治理》，上海三联书店 2012 年版。

我就感觉这样挺不合理的，人挣了木（没）多少钱，都送到医院去了，除了有大病了才给你报销，对了，有些药不报销。国家补的医疗钱太少了，合作医疗门槛太高了，人到老了都得往医院去，医院里医疗费都胡乱要，像头疼脑热都得花几百块，给你输液嘞，打针嘞，验血啥的，合作医疗报销又比较困难，咱也不敢生个病啊。（访谈对象16）

现在这养老金政策不平衡。你看这同样是老年人，有的有退休金，有的都没有，这差别太大。你想这干部、这工人、这教师、这农民，这差别太大了。你看这工人退休了，一个月拿两千块钱；你说这农民这老了也不是退休了，一个月就这一百块钱，这差别太大了！更不用说跟这干部跟教师比了。我觉得国家也应该意识到这一点吧。你最起码吧，农民，他超过六十岁他也失去劳动力了，工人也失去劳动力了，干部也失去劳动力了，同时都是失去劳动力了，但是这养老金这太不平衡了吧。工人这为国家劳动着哩，农民这种地嘞，把最好的粮食也交给国家了。同时都失去劳动力了，应该一视同仁嘛，人应该平等嘛，就不说平等了，最起码差距不要太大吧。国家给这工人一月发两千，给农民发五百，中不中？（访谈对象63）

从访谈对象16和访谈对象63的访谈内容能够明显看出，国家社会福利制度的城乡二元分化。与城镇老年人相比，农村老年人享有新农保提供的养老金极其有限，根本无法保障其基本生活，因此，国家养老主体在农村老年人福祉提升中的作用亟须改进。因此，国家养老主体在提升农村老年人福祉中面临的困境，一方面在于国家提供的新农合报销的门槛较高，而新农保提供的养老金又极其有限，根本无法保证农村老年人日常的基本生活；另一方面在于国家在农村地区实施的社会救助和福利制度只是针对农村特殊老年人群体的补缺型福利制度，而农村大多数普通老年人群体并不能享受到普惠型的津贴和服务形式的福利供给。

本章小结

本书对国家养老主体与农村老年人福祉各维度之间关系的定量研究表明，在农村老年人自评健康维度上，是否参加新农合和新农保对农村老年人自评健康水平的提升都没有显著性影响。而得到低保虽然对农村老年人自评健康有显著性影响，但其影响作用是负的，从某种意义上说，这一结果反映的是低保户的家庭经济收入水平要显著低于非低保户。在农村老年人生活满意度维度上，是否参加新农合和是否得到低保对农村老年人生活满意度没有显著性影响；而是否参加新农保对农村老年人生活满意度具有显著性影响。这表明参加新农保能够显著提升老年人的生活满意度，新农保这一福利制度对提升农村老年人生活满意度具有积极作用。在农村老年人抑郁倾向维度上，是否参加新农合和新农保都对农村老年人抑郁倾向有显著性影响；参加新农合和新农保都对降低老年人抑郁倾向有积极作用。得到低保虽然对农村老年人抑郁倾向有显著性影响，但得到低保却增加了有抑郁倾向的可能性；从某种意义上说，这一结果反映的是低保对象的家庭经济收入水平要显著低于非低保对象。

总体来看，作为国家养老主体组成部分的新农合和新农保，它们是影响农村老年人福祉的重要因素，新农合和新农保的福利供给能够在一定程度上提升农村老年人的福祉水平。作为国家养老主体组成部分之一的低保福利供给，它只是针对极个别生活极度困难的老年人群体，它对提升低保对象的福祉水平具有一定的积极作用，但对提升非低保对象的福祉水平没有明显作用。

本书通过定性的访谈资料发现，国家主体在农村老年人福祉提升中承担着一定的责任，尤其是在农村贫困老人群体福祉提升中承担着积极的作用。首先，国家福利主体通过提供新农合为农村老年人健康医疗提供了一定的保障，通过提供新农保为农村老年人物质生活提供了一定的保障；其次，国家福利主体通过提供低保为农村贫困老人群体提供了基本生活保障，通过提供粮食补贴和住房救助等改善了农村老年人的基本生活，通过提供敬老院等福利服务为农村五保老人提供了基本生活保障。基于以上两个方面，本书发现了国家福利供给主体在农村老年人福祉提升中承担着一定的责任，尤其是在农村贫困老人群体福祉提升中承担着积极的作用。

本书通过定性的访谈资料还发现，国家养老主体在提升农村老年人福祉中面临的困境，一方面在于国家提供的新农合报销的门槛较高，而新农保提供的养老金又极其有限，根本无法保证农村老年人日常的基本生活；另一方面在于国家在农村地区实施的社会救助和福利制度只是针对农村特殊老年人群体的补缺型福利制度，而农村大多数普通老年人群体并不能享受到普惠型的津贴和服务形式的福利供给。

第七章

社会养老主体与农村老年人福祉

本章第一节将提出社会养老主体对农村老年人福祉作用的研究假设，然后通过多元回归模型的建立分别进行了验证，旨在检验研究假设，探讨社会养老主体对农村老年人福祉的影响关系。第二节将通过定性研究进一步了解社会养老主体在农村老年人福祉提升中的有限作用和角色定位，对被访谈对象深度访谈的话语内容进行深入的分析，深挖社会养老主体在提升农村老年人福祉中存在的局限性和困境。

第一节　社会养老主体对农村老年人福祉的影响逻辑

根据黄有光的快乐论，本节先提出社会养老主体对农村老年人福祉影响的研究假设，然后通过多元回归模型的建立分别进行了验证，旨在检验研究假设，探讨国家养老主体对农村老年人福祉的影响关系。

一　研究假设

黄有光的快乐论认为，社会福祉应该是一个社会中每个人的福祉（即快乐）的无权总和；从终极目标来看，公共政策应该把所有个人的福祉（即快乐）的无权总和极大化。快乐是人生的终极目标，而且是唯一有理性的最终目标；公共政策的最终目标都应该是为了增加人们的福祉（即快乐）；一个政策是不是好政策，最终要看其是否会增加人们的福祉（即快乐）。①② 本书认为，黄有光的快乐论适合于理解如何评判社会养老主体与农村老年人福祉之间的关系与作用机制。因此，本书就具体的社会养老主体与农村老年人福祉之间的关系，提出如下假设：

（一）社会养老主体与农村老年人自评健康

根据上文的文献回顾部分可知，国家养老主体在多元化养老体系中处于主导地位，它主要是国家通过向老年人提供城乡社会养老保险、城乡医疗保障、最低生活保障、贫困老年人救助等来实现对老年人养老的保障。而来自社会提供的社区养老设施及服务，如社区健身设施、社区休闲娱乐设施、社区老年活动中心、社区居家养老服务站、养老院等养老机构也都会对老年人自评健康产生一定影响。③ 基于此，提出以下假设：

假设10：社会养老主体有助于提升农村老年人自评健康水平。

假设10a：其他因素不变，社区有老年活动中心的农村老年人自评健康好于没有的农村老年人。

假设10b：其他因素不变，社区有居家养老服务站的农村老年人自评健康好于未参加的农村老年人。

假设10c：其他因素不变，社区有养老院的农村老年人自评健康好于没有的农村老年人。

（二）社会养老主体与农村老年人生活满意度

根据上文的文献回顾部分可知，生活满意度是衡量老年人福祉的一个重要维度。而来自社会提供的社区养老设施及服务，如社区健身设施、社区休闲娱乐设施、社区老年活动中心、社区居家养老服务站、养老院等养老机构都会对老年人生活满意度产生一定影响。④ 基于此，提出以下假设：

假设11：社会养老主体有助于提升农村老年人生活满意度。

---

① ［澳］黄有光：《福祉经济学：一个趋于更全面分析的尝试》，张清津译，东北财经大学出版社2005年版。

② ［澳］黄有光：《社会福祉与经济政策》，唐翔译，北京大学出版社2005年版。

③ 刘宏、高松、王俊：《养老模式对健康的影响》，《经济研究》2011年第4期。

④ 陈东、张郁杨：《不同养老模式对我国农村老年群体幸福感的影响分析——基于CHARLS基线数据的实证检验》，《农业技术经济》2015年第4期。

假设 11a：其他因素不变，社区有老年活动中心的农村老年人生活满意度高于没有的农村老年人。

假设 11b：其他因素不变，社区有居家养老服务站的农村老年人生活满意度高于没有的农村老年人。

假设 11c：其他因素不变，社区有养老院的农村老年人生活满意度高于没有的农村老年人。

（三）社会养老主体与农村老年人抑郁倾向

根据上文的文献回顾部分可知，抑郁倾向是测量心理幸福感的有效性量表，它是衡量老年人福祉的一个重要维度。而来自社会提供的社区养老设施及服务，如社区健身设施、社区休闲娱乐设施、社区老年活动中心、社区居家养老服务站、养老院等养老机构都会对老年人心理幸福感（有无抑郁倾向）产生一定影响。[①] 基于此，提出以下假设：

假设 12：社会养老主体会降低农村老年人有抑郁倾向的可能性。

假设 12a：其他因素不变，社区有老年活动中心的农村老年人比没有的更可能没有抑郁倾向。

假设 12b：其他因素不变，社区有居家养老服务站的农村老年人比没有的更可能没有抑郁倾向。

假设 12c：其他因素不变，社区有养老院的农村老年人比没有的更可能没有抑郁倾向。

二　数据分析

在本数据分析部分，把社会养老主体作为自变量，把农村老年人福祉的自评健康、生活满意度、抑郁倾向三个维度作为因变量，通过回归分析逐一验证社会养老福利对老年人福祉各个维度的作用假设。

（一）社会养老主体与农村老年人自评健康

由于因变量——自评健康变量是有序的三分类变量，因此采用序

---

① 何铨、张实、王萍：《"老年宜居社区"建设过程中社区管理对老年人幸福感的影响——以杭州市的调查为例》，《西北人口》2015 年第 4 期。

次 Logistic 回归模型来进行统计分析。为分别估计控制变量和自变量（社区有无老年活动中心、社区有无居家养老服务站、社区有无养老院）对因变量（农村老年人自评健康）的影响效应，本书采用了嵌套模型的建模策略，模型 1 是仅包含控制变量的基准模型。模型 2 在模型 1 的基础上增加了社区有无老年活动中心变量，以检验社区有无老年活动中心对农村老年人自评健康的影响。模型 3 在模型 2 的基础上增加了社区有无居家养老服务站变量，以检验社区有无居家养老服务站对农村老年人自评健康的影响。模型 4 在模型 3 的基础上增加了社区有无养老院变量，以检验社区有无养老院对农村老年人自评健康的影响。具体统计结果如表 7 - 1 所示。

表 7 - 1 报告了社会养老主体对农村老年人自评健康影响的模型估计结果。从模型 1 可以发现，10 个控制变量中，只有婚姻状况对农村老年人自评健康没有显著影响，其他 9 个控制变量均对自评健康有显著影响。控制了其他变量之后，年龄越大，农村老年人自评健康越差；男性自评健康明显好于女性；受教育年限越高，自评健康越好；近一个月积极参加休闲社交活动的老年人自评健康明显好于不参加的老年人；东部地区农村老年人自评健康明显好于中西部地区，说明在农村老年人自评健康上，不同地区之间具有明显的差异。其原因可能在于，经济相对发达的东部地区农村老年人由于物质上富裕，他们没有养老的经济压力，可能就会选择更多的诸如运动健身、休闲、娱乐、旅游活动，锻炼了身体，丰富了精神生活，因此，他们比中西部地区农村老年人的自评健康明显偏好。

值得重视的地方有两个方面：一方面是个人储蓄和家庭收入水平都对农村老年人自评健康有显著影响。在控制了其他因素之后，个人储蓄越多，自评健康就越好；非贫困家庭老年人自评健康明显好于贫困家庭老年人。具体而言，其他因素不变，个人储蓄每增加一万元，农村老年人自评健康更好的几率就会增加 1% 左右（$e^{0.013} - 1 \approx 0.013$，$p < 0.1$）；非贫困家庭的农村老年人自评健康更好的几率是贫困家庭的 2 倍左右（$e^{0.677} \approx 1.968$，$p < 0.001$）。也就是说，无论是绝对收入的个人储蓄，还是相对收入的家庭收入水平对提升农村老年人自评健康都具有积极作用。另一方面是患慢性病数量和生活自理

表7-1　社会养老主体对农村老年人自评健康影响的序次 Logistic 回归模型

变量	模型1	模型2	模型3	模型4
年龄	-0.012 **	-0.012 **	-0.012 **	-0.012 **
	(0.004)	(0.004)	(0.004)	(0.004)
性别（男性=1）	0.195 **	0.202 ***	0.202 ***	0.203 ***
	(0.060)	(0.060)	(0.060)	(0.060)
婚姻状况（在婚=1）	-0.086	-0.086	-0.085	-0.086
	(0.071)	(0.071)	(0.071)	(0.071)
受教育年限	0.018 +	0.017 +	0.017 +	0.017 +
	(0.010)	(0.009)	(0.009)	(0.009)
个人储蓄（万元）	0.013 +	0.013 +	0.013 +	0.013 +
	(0.007)	(0.007)	(0.007)	(0.007)
家庭收入水平（非贫困=1）	0.677 ***	0.663 ***	0.663 ***	0.663 ***
	(0.079)	(0.079)	(0.079)	(0.079)
患慢性病数量	-0.535 ***	-0.537 ***	-0.537 ***	-0.538 ***
	(0.022)	(0.022)	(0.022)	(0.022)
生活自理能力（不能自理=1）	-0.813 ***	-0.809 ***	-0.809 ***	-0.809 ***
	(0.072)	(0.072)	(0.072)	(0.072)
近一个月是否参加休闲社交活动（参加=1）	0.189 ***	0.188 ***	0.188 ***	0.188 ***
	(0.056)	(0.056)	(0.056)	(0.056)
地区类型（中西部地区=1）	-0.390 ***	-0.355 ***	-0.355 ***	-0.355 ***
	(0.061)	(0.062)	(0.062)	(0.062)
社区有无老年活动中心（有=1）		0.203 **	0.204 **	0.203 **
		(0.068)	(0.071)	(0.071)
社区有无居家养老服务站（有=1）			-0.014	-0.013
			(0.185)	(0.186)
社区有无养老院（有=1）				0.009
				(0.099)
N	5205	5205	5205	5205
Log-likelihood	-4778.20	-4773.72	-4773.72	-4773.72
Pseudo R^2	0.112	0.113	0.113	0.113

说明：括号里的数字为标准误；+ p<0.1，* p<0.05，** p<0.01，*** p<0.001（双尾检验）。

能力都对农村老年人自评健康有显著影响。在其他因素保持不变的情况下，患慢性病数量越多，农村老年人自评健康就越差；生活不能自理的老年人自评健康明显差于能自理的老年人。具体而言，其他因素不变，患慢性病数量每多一种，老年人自评健康更好的几率就会下降41%左右（$1 - e^{-0.535} \approx 0.414$，$p < 0.001$）；生活不能自理的老年人自评健康更好的几率比能自理的老年人要低56%左右（$1 - e^{-0.813} \approx 0.556$，$p < 0.001$）。也就是说，两个客观的健康状况严重影响着老年人自我健康评价，它们是农村老年人自评健康的重要影响因素。

表7-1的模型2增加了社区有无老年活动中心变量，目的是为了检验社区有无老年活动中心对农村老年人自评健康的影响。结果显示，社区有无老年活动中心对农村老年人自评健康的影响作用具有显著性差异，而且回归系数是正的，也就是说，社区有老年活动中心对老年人自我健康评价具有积极的影响。具体来说，在控制了其他因素之后，社区有老年活动中心的农村老年人自评健康更好的几率比没有的要高出23%左右（$e^{0.203} - 1 \approx 0.225$，$p < 0.01$）。这一结果证实了假设10a。这一结果充分说明，与社区没有老年活动中心相比，社区有老年活动中心显著提升了农村老年人自评健康水平，说明老年活动中心是影响农村老年人自评健康的积极因素。

表7-1的模型3增加了社区有无居家养老服务站变量，目的是为了检验社区有无居家养老服务站对农村老年人自评健康的影响。结果显示，社区有无居家养老服务站对农村老年人自评健康的影响作用没有显著差异。这一结果没有证实假设10b。也就是说，社区居家养老服务站对提升农村老年人自评健康水平的作用相当有限。

表7-1的模型4增加了社区有无养老院变量，目的是为了检验社区有无养老院对农村老年人自评健康的影响。结果显示，社区有无养老院对农村老年人自评健康的影响作用没有显著差异。这一结果没有证实假设10c。也就是说，社区养老院对提升农村老年人自我健康水平的作用有限。这说明在广大农村地区，社区居家养老服务站和养老院都是极其稀缺的养老资源，其对提升农村老年人健康水平的作用极其有限。

总的来看，在社会养老主体的3个变量中，只有社区有无老年活动中心对农村老年人自评健康有显著影响，而社区有无居家养老服务站和养老院对农村老年人自评健康均没有显著影响。这表明，老年活动中心对提升农村老年人自评健康具有积极作用。截止到CHARLS2011 - 12 的调查时间点，大约 27.59% 的农村社区设有老年活动中心，相对于居家养老服务站和养老院来说，老年活动中心资金投入相对较少，设施相对简单，因而在农村社区相对普遍。这些老年活动中心的设立为农村老年人提供健身、娱乐、休闲、社交和学习场所，让老年人积极进行运动健身和休闲活动，锻炼了他们的身体，丰富了他们的精神生活，帮助他们保持积极乐观的心态，从而对老年人自评健康水平的提升起到了积极作用。

（二）社会养老主体与农村老年人生活满意度

由于因变量——生活满意度变量是有序的五分类变量，因此采用序次 Logistic 回归模型来进行统计分析。为分别估计控制变量和自变量（社区有无老年活动中心、社区有无居家养老服务站、社区有无养老院）对因变量（农村老年人生活满意度）的影响效应，本书采用了嵌套模型的建模策略，模型 1 是仅包含控制变量的基准模型。模型 2 在模型 1 的基础上增加了社区有无老年活动中心变量，以检验社区有无老年活动中心对农村老年人生活满意度的影响。模型 3 在模型 2 的基础上增加了社区有无居家养老服务站变量，以检验社区有无居家养老服务站对农村老年人生活满意度的影响。模型 4 在模型 3 的基础上增加了社区有无养老院变量，以检验社区有无养老院对农村老年人生活满意度的影响。具体统计结果如表 7 - 2 所示。

表 7 - 2 报告了社会养老主体对农村老年人生活满意度影响的模型估计结果。从模型 1 可以发现，10 个控制变量中，性别、婚姻状况、受教育年限和地区类型 4 个变量对农村老年人生活满意度没有显著影响；而年龄、个人储蓄、生活水平、患慢性病数量、生活自理能力和近一个月是否参加休闲社交活动 6 个变量对农村老年人生活满意度有显著影响。值得强调的有两个方面，一方面是个人储蓄的增多以及家庭收入水平的提高会显著提升农村老年人的生活满意度。在个人储蓄方面，控制了其他变量之后，个人储蓄每增加 1 万元，农村老年人生活满意度更高的几率就会上升 2% 左右（$e^{0.016} - 1 \approx 0.016$，$p <$

表7－2　社会养老主体对农村老年人生活满意度影响的序次 Logistic 回归模型

变量	模型1	模型2	模型3	模型4
年龄	0.020 ***	0.019 ***	0.019 ***	0.019 ***
	(0.005)	(0.005)	(0.005)	(0.005)
性别（男性＝1）	－0.072	－0.069	－0.069	－0.068
	(0.065)	(0.065)	(0.065)	(0.065)
婚姻状况（在婚＝1）	0.056	0.055	0.055	0.054
	(0.078)	(0.078)	(0.078)	(0.078)
受教育年限	－0.008	－0.008	－0.008	－0.009
	(0.010)	(0.010)	(0.010)	(0.010)
个人储蓄（万元）	0.016 **	0.015 **	0.015 **	0.015 **
	(0.005)	(0.005)	(0.005)	(0.005)
家庭收入水平（非贫困＝1)	1.374 ***	1.364 ***	1.363 ***	1.364 ***
	(0.090)	(0.090)	(0.090)	(0.090)
患慢性病数量	－0.098 ***	－0.099 ***	－0.099 ***	－0.099 ***
	(0.022)	(0.022)	(0.022)	(0.022)
生活自理能力（不能自理＝1)	－0.239 **	－0.236 **	－0.234 **	－0.234 **
	(0.078)	(0.078)	(0.078)	(0.078)
近一个月是否参加休闲社交活动（参加＝1)	0.187 **	0.187 **	0.188 **	0.187 **
	(0.060)	(0.060)	(0.060)	(0.060)
地区类型（中西部地区＝1)	0.034	0.057	0.061	0.060
	(0.065)	(0.067)	(0.067)	(0.067)
社区有无老年活动中心（有＝1)		0.123 +	0.106	0.102
		(0.074)	(0.077)	(0.077)
社区有无居家养老服务站（有＝1)			0.150	0.157
			(0.199)	(0.199)
社区有无养老院（有＝1)				0.047
				(0.103)
N	4467	4467	4467	4467
Log-likelihood	－4678.87	－4677.49	－4677.20	－4677.10
Pseudo R^2	0.033	0.034	0.034	0.034

说明：括号里的数字为标准误；＋ p < 0.1，＊ p < 0.05，＊＊ p < 0.01，＊＊＊ p < 0.001（双尾检验）。

0.01)。在家庭生活水平方面，保持其他因素不变，非贫困家庭老年人生活满意度更高的几率是贫困家庭老年人的 4 倍左右（$e^{1.374} \approx$ 3.951，p <0.001），这足以说明家庭经济收入水平是显著影响农村老年人生活满意度的因素，收入水平的提高对提升农村老年人生活满意度起到了积极作用。另一方面是患慢性病数量的增多以及生活不能自理会显著降低农村老年人的生活满意度。控制了其他变量之后，患慢性病数量每增加一种，老年人生活满意度更高的几率就会下降 1% 左右（$1 - e^{-0.098} \approx 0.093$，p <0.001）；生活不能自理的老年人生活满意度更高的几率比能自理的老年人要低 21% 左右（$1 - e^{-0.239} \approx$ 0.213，p <0.01）。这也充分说明了患慢性病数量和生活自理能力等客观健康状况是农村老年人生活满意度的重要影响因素。

表 7-2 的模型 2 增加了社区有无老年活动中心变量，目的是为了检验社区有无老年活动中心对农村老年人生活满意度的影响。结果显示，社区有无老年活动中心对农村老年人生活满意度的影响作用具有显著性差异，而且回归系数是正的，也就是说，社区有老年活动中心对老年人生活满意度具有积极的影响。具体来说，在控制了其他因素之后，社区有老年活动中心的农村老年人生活满意度更高的几率比没有的要高出 13% 左右（$e^{0.123} - 1 \approx 0.131$，p <0.1）。这一结果证实了假设 11a。这一结果说明，农村社区设有老年活动中心是老年人生活满意度的显著影响因素，对提升老年人生活满意度起到了积极作用。

表 7-2 的模型 3 增加了社区有无居家养老服务站变量，目的是为了检验社区有无居家养老服务站对农村老年人生活满意度的影响。结果显示，社区有无居家养老服务站对农村老年人生活满意度的影响作用没有显著差异。这一结果没有证实假设 11b。也就是说，社区有居家养老服务站对提升农村老年人生活满意度的作用有限。截止到 CHARLS2011 - 12 的调查时间点，只有 2.39% 左右的农村社区设有居家养老服务站，而 97.61% 的农村社区并没有居家养老服务站，说明社区居家养老服务站在农村地区还属于凤毛麟角，因此，它对提升农村老年人生活满意度的作用极其有限。

值得注意的是，在模型 2 中对农村老年人生活满意度有显著影响的社区老年活动中心变量，却在模型3增加了社区居家养老服务站变量之后变成不显著了，说明社区老年活动中心的作用部分被居家养老服务站所解释，虽然居家养老服务站变量的作用并不显著。这说明，相对于社区老年活动中心来说，社区居家养老服务站设施更为高级、内容更为丰富、服务更为专业，因此，在很少一部分既有老年活动中心又有居家养老服务站的农村社区，相比老年活动中心来说，居家养老服务站对提升老年人生活满意度的作用更大。

表7-2的模型4增加了社区有无养老院变量，目的是为了检验社区有无养老院对农村老年人生活满意度的影响。结果显示，社区有无养老院对农村老年人生活满意度的影响作用没有显著差异。这一结果没有证实假设11c。也就是说，社区养老院对提升农村老年人生活满意度的作用有限。截止到CHARLS2011-12的调查时间点，只有8.77%左右的农村社区设有养老院，而91.23%的农村社区并没有养老院，说明绝大部分农村老年人享受不到养老院所提供的专业化服务，因此，它对提升农村老年人生活满意度的作用极其有限。

总体来看，在社会养老主体的3个变量中，只有社区有无老年活动中心对农村老年人生活满意度有显著影响，社区有无居家养老服务站和养老院对农村老年人生活满意度均没有显著影响。而社区有无老年活动中心对农村老年人生活满意度的影响作用具有显著差异，但在控制了居家养老服务站之后就没有了显著差异，也就是说，社区老年活动中心对提升老年人生活满意度的作用也相当有限。

（三）社会养老主体与农村老年人抑郁倾向

由于因变量——抑郁倾向变量是二分类变量，因此采用二元Logistic回归模型来进行统计分析。为分别估计控制变量和自变量（社区有无老年活动中心、社区有无居家养老服务站、社区有无养老院）对因变量（农村老年人抑郁倾向）的影响效应，本书采用了嵌套模型的建模策略，模型1是仅包含控制变量的基准模型。模型2在模型1的基础上增加了社区有无老年活动中心变量，以检验社区有无老年活动中心对农村老年人抑郁倾向的影响。模型3在模型2的基础上增加了社区有无居家养老服务站变量，以检验社区有无居家养老服务站对农村老年人抑郁倾向的影响。模型4在模型3的基础上增加了社区

表7－3　社会养老主体对农村老年人抑郁倾向影响的二元 Logistic 回归模型

变量	模型1	模型2	模型3	模型4
年龄	－0.003	－0.003	－0.003	－0.003
	(0.005)	(0.005)	(0.005)	(0.005)
性别（男性＝1）	－0.438 ***	－0.446 ***	－0.446 ***	－0.446 ***
	(0.070)	(0.070)	(0.070)	(0.070)
婚姻状况（在婚＝1）	－0.262 **	－0.265 **	－0.264 **	－0.264 **
	(0.082)	(0.082)	(0.082)	(0.082)
受教育年限	－0.032 **	－0.030 **	－0.031 **	－0.031 **
	(0.011)	(0.011)	(0.011)	(0.011)
个人储蓄（万元）	－0.107 **	－0.103 **	－0.099 **	－0.099 **
	(0.039)	(0.039)	(0.039)	(0.039)
家庭收入水平（非贫困＝1）	－0.999 ***	－0.986 ***	－0.984 ***	－0.984 ***
	(0.090)	(0.090)	(0.090)	(0.090)
患慢性病数量	0.354 ***	0.356 ***	0.357 ***	0.357 ***
	(0.024)	(0.024)	(0.024)	(0.024)
生活自理能力（不能自理＝1）	0.859 ***	0.856 ***	0.853 ***	0.853 ***
	(0.080)	(0.080)	(0.080)	(0.080)
近一个月是否参加休闲社交活动（参加＝1）	－0.103	－0.102	－0.107	－0.107
	(0.065)	(0.065)	(0.066)	(0.065)
地区类型（中西部地区＝1）	0.600 ***	0.565 ***	0.551 ***	0.551 ***
	(0.074)	(0.075)	(0.075)	(0.075)
社区有无老年活动中心（有＝1）		－0.202 *	－0.152 +	－0.153 +
		(0.082)	(0.085)	(0.086)
社区有无居家养老服务站（有＝1）			－0.545 *	－0.544 *
			(0.255)	(0.256)
社区有无养老院（有＝1）				0.007
				(0.118)
N	4828	4828	4828	4828
Log-likelihood	－2844.95	－2841.91	－2839.48	－2839.48
Pseudo R^2	0.132	0.133	0.134	0.134

说明：括号里的数字为标准误；＋ p＜0.1， * p＜0.05， ** p＜0.01， *** p＜0.001（双尾检验）。

有无养老院变量，以检验社区有无养老院对农村老年人抑郁倾向的影响。具体统计结果如表7-3所示。

表7-3报告了社会养老主体对农村老年人抑郁倾向影响的模型估计结果。从模型1可以发现，10个控制变量中，只有年龄和近一个月是否参加休闲社交活动2个变量对农村老年人抑郁倾向没有显著影响；而性别、婚姻状况、受教育年限、个人储蓄、生活水平、患慢性病数量、生活自理能力和地区类型8个变量对农村老年人抑郁倾向都有显著影响。具体而言，控制了其他因素之后，男性有抑郁倾向的几率明显低于女性；在婚老年人有抑郁倾向的几率低于非在婚老年人；受教育年限越高，老年人有抑郁倾向的几率就越低；个人储蓄越多，老年人有抑郁倾向的几率就越低；非贫困家庭老年人有抑郁倾向的几率明显低于贫困家庭老年人；患慢性病数量越多，老年人有抑郁倾向的几率就越高；生活不能自理的老年人有抑郁倾向的几率明显高于生活能够自理的老年人。另外，控制了其他因素之后，中西部地区的农村老年人有抑郁倾向的几率明显高于东部地区，这说明农村老年人的抑郁倾向存在明显的地区差异。在经济相对发达的东部地区的农村，由于老年人物质上富裕，没有养老的经济压力，他们可能会选择更多的诸如休闲、娱乐、旅游活动，心情上舒畅，因此，他们比中西部地区农村老年人有抑郁倾向的几率明显偏低。

表7-3的模型2增加了社区有无老年活动中心变量，目的是为了检验社区有无老年活动中心对农村老年人抑郁倾向的影响。结果显示，社区有无老年活动中心对农村老年人抑郁倾向的影响作用具有显著性差异，而且回归系数是负的，也就是说，社区有老年活动中心对降低老年人抑郁倾向具有积极的影响。具体来说，在控制了其他因素之后，社区有老年活动中心的农村老年人有抑郁倾向的几率比没有老年活动中心的要低18%左右（$1 - e^{-0.202} \approx 0.183$，$p < 0.05$）。这一结果证实了假设12a。这一结果与何铨等人的研究[①]保持了一致性。这说明农村社区设有老年活动中心是老年人抑郁倾向的显著影响因

---

① 何铨、张实、王萍：《"老年宜居社区"建设过程中社区管理对老年人幸福感的影响——以杭州市的调查为例》，《西北人口》2015年第4期。

素，它对降低老年人有抑郁倾向的几率起到了积极作用。

表 7-3 的模型 3 增加了社区有无居家养老服务站变量，目的是为了检验社区有无居家养老服务站对农村老年人抑郁倾向的影响。结果显示，社区有无居家养老服务站对农村老年人抑郁倾向的影响作用具有显著性差异，而且回归系数是负的，也就是说，社区有居家养老服务站对降低老年人抑郁倾向具有积极的影响。具体来说，在控制了其他因素之后，社区有居家养老服务站的农村老年人有抑郁倾向的几率比没有居家养老服务站的要低 42% 左右（$1 - e^{-0.545} \approx 0.420$，$p < 0.05$）。这一结果证实了假设 12b。这说明农村社区设有居家养老服务站是老年人抑郁倾向的显著性影响因素，它对降低老年人有抑郁倾向的几率起到了明显的积极作用。

值得注意的是，在模型 3 增加了社区居家养老服务站变量之后，老年活动中心的显著性明显降低，从模型 2 中在 0.05 的水平显著下降到模型 3 中在 0.1 的水平显著。这说明社区老年活动中心的作用部分被居家养老服务站所解释，而且模型 3 中居家养老服务站变量在 0.05 的水平上显著。其原因可能在于，相对于社区老年活动中心来说，社区居家养老服务站设施更为高级、内容更为丰富、服务更为专业，因此，在很少一部分既有老年活动中心又有居家养老服务站的农村社区，居家养老服务站比老年活动中心对降低老年人抑郁倾向的作用更大。

表 7-3 的模型 4 增加了社区有无养老院变量，目的是为了检验社区有无养老院对农村老年人抑郁倾向的影响。结果显示，社区有无养老院对农村老年人抑郁倾向的影响作用没有显著差异。这一结果没有证实假设 12c。也就是说，社区养老院对降低农村老年人抑郁倾向的几率没有显著作用，这充分说明在广大农村地区，专业养老院是一种极其稀缺的资源，绝大多数农村老年人想享受专业化养老服务依然是遥不可及的事情。

总体来看，在社会养老主体的 3 个变量中，社区有无老年活动中心和居家养老服务站对农村老年人抑郁倾向均有显著影响，而社区有无养老院对农村老年人抑郁倾向没有显著影响。这说明社区设立老年活动中心和居家养老服务站对降低老年人有抑郁倾向的可能性有显著作用；而社区养老院对降低老年人有抑郁倾向的可能性并没有显著作用，说明农村养老院这一机构养老福利供给严重不足。

（四）社会养老主体与农村老年人福祉各维度比较

为了进一步探析社会养老主体对农村老年人福祉各个维度的影响，本书将所有控制变量和构成社会养老主体的 3 个自变量——社区有无老年活动中心、社区有无居家养老服务站、社区有无元老院变量合在一起，分别与 3 个因变量——自评健康变量、生活满意度变量、抑郁倾向变量纳入模型，形成模型 1、模型 2、模型 3，从而比较社会养老主体对农村老年人福祉各维度的影响。具体数据结果如表 7 - 4 所示。其中，模型 1 和模型 2 是序次 Logistic 回归模型，模型 3 是二元 Logistic 回归模型。

从表 7 - 4 可以看出，模型中控制变量和社会养老主体的三个自变量对三个因变量的影响虽然也存在个别差异，但总体方向上对农村老年人福祉各维度的影响趋向一致。总体来看，在 10 个控制变量中，仅对农村老年人福祉的部分维度有显著影响的变量共 6 个，即年龄、性别、婚姻状况、受教育年限、近一个月是否参加休闲社交活动和地区类型。而对农村老年人福祉的各个维度都有显著影响的变量共 4 个，即个人储蓄、家庭生活水平、患慢性病数量和生活自理能力。

具体来说，在控制了其他因素之后，个人储蓄对农村老年人福祉的三个维度均有显著影响；个人储蓄越多，农村老年人自评健康就越好，生活满意度就越高，有抑郁倾向的可能性就越小。控制了其他因素之后，家庭生活水平对农村老年人福祉的三个维度也都有显著影响；相对于贫困家庭来说，非贫困家庭的老年人自评健康更好，生活满意度更高，有抑郁倾向的可能性更小。控制了其他因素之后，患慢性病数量对农村老年人福祉各维度的影响都有显著差异；患慢性病数量越少，农村老年人自评健康就越好，生活满意度就越高，有抑郁倾向的可能性就越小。控制了其他因素之后，生活自理能力对农村老年人福祉的三个维度也都有显著影响；相对于生活不能自理来说，生活能自理的农村老年人自评健康更好，生活满意度更高，有抑郁倾向的可能性更小。

表 7 - 4　社会养老主体对农村老年人福祉各维度影响的 Logistic 回归模型

变量	模型1——自评健康	模型2——生活满意度	模型3——抑郁倾向
年龄	- 0. 012 ** (0. 004)	0. 019 *** (0. 005)	- 0. 003 (0. 005)
性别（男性 = 1）	0. 203 *** (0. 060)	- 0. 068 (0. 065)	- 0. 446 *** (0. 070)
婚姻状况（在婚 = 1）	- 0. 086 (0. 071)	0. 054 (0. 078)	- 0. 264 ** (0. 082)
受教育年限	0. 017 + (0. 009)	- 0. 009 (0. 010)	- 0. 031 ** (0. 011)
个人储蓄（万元）	0. 013 + (0. 007)	0. 015 ** (0. 005)	- 0. 099 * (0. 039)
家庭收入水平（非贫困 = 1）	0. 663 *** (0. 079)	1. 364 *** (0. 090)	- 0. 984 *** (0. 090)
患慢性病数量	- 0. 538 *** (0. 022)	- 0. 099 *** (0. 022)	0. 357 *** (0. 024)
生活自理能力（不能自理 = 1）	- 0. 810 *** (0. 072)	- 0. 234 ** (0. 078)	0. 853 *** (0. 080)
近一个月是否参加休闲社交活动（参加 = 1）	0. 188 *** (0. 056)	0. 187 ** (0. 060)	- 0. 107 (0. 066)
地区类型（中西部地区 = 1）	- 0. 355 *** (0. 062)	0. 060 (0. 067)	0. 551 *** (0. 075)
社区有无老年活动中心（有 = 1）	0. 202 ** (0. 071)	0. 102 (0. 077)	- 0. 152 + (0. 086)
社区有无居家养老服务站（有 = 1）	- 0. 011 (0. 186)	0. 157 (0. 199)	- 0. 546 * (0. 256)
社区有无养老院（有 = 1）	0. 020 (0. 098)	0. 047 (0. 103)	- 0. 002 (0. 117)
N	5205	4467	4828
Log-likelihood	- 4773. 70	- 4677. 10	- 2839. 48
Pseudo R^2	0. 113	0. 034	0. 134

说明：括号里的数字为标准误；+ p < 0. 1，* p < 0. 05，** p < 0. 01，*** p < 0. 001（双尾检验）。

总体来看，本书中，可以把个人储蓄和家庭收入水平这两个变量概括为收入因素，把患慢性病数量和生活自理能力这两个变量概括为健康因素。也就是说，在所有控制变量中，收入与健康这两类因素对农村老年人福祉的影响最大，也就是说，收入水平和健康状况是影响农村老年人福祉最为关键的控制变量。因此，提高农村老年人的经济收入水平和健康状况是提升老年人福祉水平的重要政策举措。

从表7-4可以看出，模型中社会养老主体的3个自变量，即社区有无老年活动中心、社区有无居家养老服务站、社区有无养老院对福祉在三个维度上的因变量的影响虽然存在个别的差异，但总体方向上对农村老年人福祉各维度的影响趋向一致。

从表7-4的第12行可以看出，社区有无老年活动中心对农村老年人自评健康和抑郁倾向有显著影响，而对农村老年人生活满意度没有显著影响。具体而言，控制了其他因素之后，社区有老年活动中心会显著提升农村老年人自评健康水平，降低其有抑郁倾向的几率。这一研究结果充分说明，社区老年活动中心对提升农村老年人福祉水平具有积极作用。究其原因可能在于老年活动中心资金投入相对较少，设施相对简单，因而在农村社区相对普遍。这些老年活动中心的设立为农村老年人提供健身、娱乐、休闲、社交和学习场所，让老年人积极进行运动健身和休闲活动，锻炼了他们的身体，丰富了他们的精神生活，帮助他们保持积极乐观的心态，从而对提升老年人自评健康、降低老年人抑郁倾向都起到了积极作用。

从表7-4的第13行可以看出，社区有无居家养老服务站对农村老年人抑郁倾向有显著影响，而对自评健康和生活满意度都没有显著影响。具体而言，控制了其他因素之后，社区有居家养老服务站会显著降低农村老年人有抑郁倾向的几率。这一研究结果充分说明，社区居家养老服务站对提升农村老年人福祉水平具有一定的作用。居家养老服务站是农村社区近几年才新兴起来的专业化养老服务机构，截止到CHARLS2011-12的调查时间点，农村社区拥有率仅为2.39%左右，但其对农村老年人抑郁倾向有显著影响，这说明居家养老服务站在农村社区是一种值得推广的专业化养老服务机构，对提升农村老年人福祉能起到一定的积极作用。

从表 7 - 4 的第 14 行可以看出，社区有无养老院对农村老年人福祉的所有维度都没有显著影响，也就是说，社区养老院对提升农村老年人福祉水平没有明显作用。截止到 CHARLS2011 - 12 的调查时间点，农村社区拥有率仅为 8.77% 左右；而且养老院作为专业化的养老机构，其设施建设比社区居家养老服务站更为复杂，服务要求更为专业化，因此，养老院这一专业化养老机构对大多数农村老年人来说简直就是奢侈品。

总体来看，在社会养老主体的 3 个变量中，社区老年活动中心对提升农村老年人福祉作用相对较大；社区居家养老服务站对提升老年人福祉有一定的积极作用；而养老院这一专业化的养老服务机构对提升农村老年人福祉没有明显的作用。

综上所述，以上研究结果也证明了黄有光的快乐论在社会养老主体与农村老年人福祉问题上适用的局限性，也就是说，黄有光的快乐论不能较好地解释当前社会养老主体在农村老年人福祉提升中的作用和成效。

第二节　社会养老主体与农村老年人福祉的语境分析

从上文的定量研究可以得知，作为社区服务的社区老年活动中心和居家养老服务站对提升农村老年人福祉有一定作用，而养老院这一专业化的养老服务机构对提升农村老年人福祉没有明显的作用，也就是说，社会养老主体对农村老年人福祉提升的作用极其有限。本书将继续从这个视角出发，通过定性的研究进一步了解社会养老主体在农村老年人福祉提升中的责任分担和角色定位，对被访谈对象深度访谈的话语内容进行深入分析，深挖社会养老主体在提升农村老年人福祉中存在的局限性和困境。

一　社区服务与农村老年人福祉的语境分析

上文的定量研究结果显示，在社区服务中，社区老年活动中心对农村老年人自评健康和抑郁倾向有显著影响，对老年人生活满意度没有显著影响；而社区居家养老服务站仅对农村老年人抑郁倾向有显著影响，对自评健康和生活满意度都没有显著影响。从本书的定性访谈资料中也可以发现，社区健身设施、社区健康义诊、老年活动中心等社区设施和服务对农村老年人福祉提升有一定作用，但其作用极其有限。

（一）社区健身设施和健康服务给老年人提供了便利

农村社区是以血缘和地缘关系为基础的"熟人社会"，也是农村老年人社会活动的主要空间，社区对农村老年人的关爱和支持尤为重要。[①] 在广大农村地区，由社区提供的健身设施和健康义诊等服务，为广大农村老年人提供了生活便利，丰富了他们的日常休闲生活，因此，农村老年人对这些社区设施和服务比较满意。

> 外们（我们）村每年组织有免费量血压量血糖，管管我们这些老头儿老婆儿们的健康，那们（村委会）提供的服务都不赖，那们对外们老年人的照顾还算周到，外们老年人都可满意，外们村委会都算是不错的了，跟这附近的村比起来。（访谈对象7）

> 外们村委会这儿有这老年人活动的健身器材，有时候也去那里锻炼锻炼。除了这以外，村里对我们老年人也没有啥其他服务，或者特别照顾。就这都中了，农村人你也别要求太多，差不多就行了。（访谈对象12）

> 这大队（村委会）组织有这来量血压的，也可关心。都是这老病号，通知这老病号去。咱们大队这义诊啊，还不赖。外们一有啥不得劲儿（不舒服）的，得空了也赶紧去量量，他们有时候俩月（来义诊），那也说不来，也不经常来。（村委会组织的义诊）真不赖！（访谈对象13）

> 那咱村有活动器材，村里面大队部活动设施多着嘞，我平常也老去锻炼，都是些老头儿老婆儿们，木（没有）事了，去那转转，活动活动，扭扭胳膊扭扭腿，锻炼锻炼身体，也怪得劲（舒服），怪美！（访谈对象43）

---

① 叶敬忠、贺聪志：《中国农村留守人口之留守老人：静寞夕阳》，社会科学文献出版社2014年版。

俺这村里头有老年活动的健身设施，年龄大一点的老年人有时候去锻炼锻炼，里头有十几样器材嘞。基本上我出去打工了，都木空（没空）去那里耍。我对村里头弄这老年活动设施感觉也还不赖，这老头儿老婆儿们有个活动胳膊活动腿的地方。这大队弄得怪美嘞。（访谈对象 61）

从以上五位老人的访谈内容中可以看出，农村社区健身设施为农村老年人提供了健康休闲活动场所，让"老头儿老婆儿们，木（没有）事了，去那转转，活动活动，扭扭胳膊扭扭腿，锻炼锻炼身体，让俺"这老头儿老婆儿们有个活动胳膊活动腿的地方"。社区健康义诊能够"管管我们这些老头老婆们的健康"，这一社区服务活动为农村老年人提供了便利，让老年人在这个"熟人社会"里感受到了来自"熟人"的关爱和支持，因而他们对"熟人社会"的关爱都比较满意，从而提升了其获得感、幸福感和安全感。

（二）社区老年活动中心丰富了老年人精神生活

中国农村社区公共空间的类型多样，同时公共空间的形式、内容、参与群体等在不同经济条件的社区都呈现出不同的特征。① 在一些经济条件较好的农村社区，其老年活动中心的设立，给农村老年人提供了休闲娱乐和健身场所，丰富了农村老人们的日常生活，因此，老人们对此都比较满意。也就是说，农村社区老年活动中心一定程度地提升了农村老年人的福祉水平。

我们这个村里有个老年活动中心，那里面什么（设施）都有，就在大队（村委会）那院里，平时去也很方便。我平时闲了都是下下棋，和村上的人聊聊天，省得自己在家里闷。村里除了老年活动中心，对老年人也没有啥别的服务。就这都差不离（差不多），咱也得识局（知足），大队有大队的难处。（访谈对象 1）

俺这村里有一个老年活动中心嘞，那边有啊（指着说）。岁

---

① 叶敬忠、贺聪志：《中国农村留守人口之留守老人：静寞夕阳》，社会科学文献出版社 2014 年版。

数大了，可以去那边打打乒乓球，活动活动身子，聊聊天，下下棋，看看报纸啥嘞，通不赖（很好）。那个活动中心是大队掏钱建的，就在那个学校隔壁，俺村这么多条马路也都是大队出钱修的，说实话大队干得不赖，我也没啥说的，大队他们能搞成这样。说实话吧，是真的都不赖了，这咱不能说不满意了。（访谈对象48）

俺这村子里也有老年活动中心，年龄稍微大一点的老年人在里头（老年活动中心），也能打乒乓球、下象棋，但是像七八十岁的都不去了，年龄太大的走不动了，都不去了。以前我总去，这几年活动不方便，我都木有（没有）去里头活动。村里给这老年人弄个这（老年活动中心）还中。（访谈对象50）

我们这有那老年人养老服务站，里面有很多设施。这是镇政府建的，像这六十岁以上的老人，都可以在那活动，都可以在那里面吃饭。八十岁以上的，不能自理的，还有人专门伺候，早上子女给送过去，晚上子女下班后接回家。人家那里面也有文化活动，有唱歌的，跳老年舞的，样式可多，反正人家各方面都有。去那里面下象棋的人也多，聊天的什么的，里面也还有那健身器材，老头儿们老婆儿们还可以在里面活动身体。那镇里和村里对老年人这很照顾，很满意。（访谈对象55）

村里面，作为大队这一级，我们这有那游乐场，老年中心。我们这生产队搞的老年活动比较好，俺队长给群众办实事比较多。俺队里有个游乐园，有活动身体的器材，比这个小一点（指着身边的健身设施）吧，反正是都有十几种，可多了。俺村还有老年活动中心，那里面有下棋的，有打牌的，有跳舞的。从我们老年人来说，我觉得可以闲的时候，都去老年活动中心活动活动，可得劲（很好）。俺村的老年人都对这（老年活动中心）比较满意。（访谈对象62）

从以上访谈对象的访谈内容可以发现，社区老年活动中心的设立，为农村老年人提供了健身、娱乐、休闲、社交和学习场所。正如访谈对象55所说，"人家那里面也有文化活动，有唱歌的，跳老年舞的，样式可多，反正人家各方面都有。去那里面下象棋的人也多，聊天的什么的，里面也还有那健身器材，老头儿们老婆儿们还可以在里面活动身体。那镇里和村里对老年人这很照顾，很满意"。老年活动中心这一社区服务模式，让农村老年人在自己熟悉的社区内部，积极进行运动健身和休闲活动，锻炼了他们的身体，丰富了他们的精神生活，帮助他们保持积极乐观的心态，给他们提供了心理上的依靠和感情上的寄托，从而对他们福祉水平的提升起到了积极的作用。

（三）社区邻里互助让老年人在"熟人社会"老有所依

农村社区不同于城市社区，狭小的地域范围、长期形成的乡土文化、联系紧密的关系网络，这些都使得农村社区成员之间的人际关系较为持久，互动互换程度、邻里之间的依赖程度、农村老年人对社区的归属感相对都比较高。① 从对以下几位老人的访谈内容中就可以发现社区邻里互助对农村老年人日常生活的重要性。

现在俺村没有老年活动中心，也没有什么健身设施这东西。不过咱这农村邻里关系都不错，年轻人我们也坐不到一块，都是我们老年人坐一起，吃完饭转转圈聊聊天，东家长西家短，谁有那不顺心的事了，都相互说说。我们这邻里关系都很好，平时有啥事也相互照顾，相互帮忙，村里人都不错，也怪好，很满意。（访谈对象36）

咱们这儿没有老年活动的场所，没有组织过活动。俺平时就是出去转转，街上转转，跟老婆子们在门口坐那耍耍，坐门口暖和暖和。就是这，木（没有）那活动的地方，咱老婆子了，吃饱了，啥也不能干了，会弄啥就弄啥。一天就是吃饱了蹲那，木啥事干，就是老婆子们坐那喷喷（聊聊天），有个啥事的话，相互帮帮忙，在村里生活一辈子了，都可熟。（访谈对象44）

咱这村子里也没啥老年活动中心，那咱老年人也不爱参加活动。咱这也不指望这村子里给咱提供啥活动中心。那都给咱这

① 叶敬忠、贺聪志：《中国农村留守人口之留守老人：静寞夕阳》，社会科学文献出版社2014年版。

（像咱们这样），自己住着舒坦满意，左邻右舍有啥事的话，相互照应着，相互帮帮忙，这都中了。那这村里啊、村委会啊，也帮不了咱什么，也不指望。（访谈对象52）

从以上三位老人的访谈内容可以看出，农村老年人并不是孤立的社区个体，他们与左邻右舍等社区成员之间存在较为频繁的交往与互助。正如访谈对象36所说，"不过咱这农村邻里关系都不错，年轻人我们也坐不到一块，都是我们老年人坐一起，吃完饭转转圈聊聊天，东家长西家短，谁有那不顺心的事了，都相互说说。我们这邻里关系都很好，平时有啥事也相互照顾，相互帮忙，村里人都不错，也怪好，很满意"。访谈对象44所说，"有个啥事的话，相互帮帮忙，在村里生活一辈子了，都可熟"。

这一社区邻里互助模式在农村社区是极其常见的，在农村社区有着深厚的群众基础，它增添了农村老年人对社区成员的依赖程度和对社区的归属感，让农村老年人在日常生活中有所依靠，它是农村社区养老的一种重要模式。农民愿意选择农村这个可以与土地结合起来的、有根的、有身体安全感和精神归属感的、有情有义的"生于斯，长于斯"的"熟人社会"，来度过自己的晚年生活。①

二 机构服务与农村老年人福祉的语境分析

上文的定量研究结果显示，社区养老院对农村老年人自评健康、生活满意度和抑郁倾向都没有显著影响，也就是说，社区养老院对农村老年人福祉提升没有明显作用。从本书的定性访谈资料可以发现，由于农村地区老年人经济收入较低，固有的传统养儿防老的观念，再加上农村养老院数量极其有限，因而机构养老对提升农村老年人福祉的作用非常有限。

（一）农村老年人大多并不愿意入住养老院

鉴于家庭经济条件限制、传统养儿防老观念限制，以及农村养老

---

① 贺雪峰：《关于实施乡村振兴战略的几个问题》，《南京农业大学学报》（社会科学版）2018年第3期。

院服务条件的限制，大多数农村老年人并不愿意入住养老院。由此也可以看出社会养老服务在广大农村地区，尤其是经济条件落后的地区发展困难重重。

> 这养老院，我也肯定不会去。我在家做点吃点，这也自由，不想去那。中国自古都是养儿防老嘛，那都得靠娃子（儿子）养老，那去养老院的都是娃子不孝，不管老的（父母）了。那去养老院，那十里八里传出去，叫娃子怎丢人的事儿，多不光彩！咱不干，我们这老了，脑子可不糊涂。等老到走不动了，在家里好好待着，娃子给口饭吃就行了！（访谈对象26）

> 住养老院那得掏钱，它收费再低，那咱也住不起，还是（经济）困难。让我住我肯定是愿意去的嘛，那只要不要钱，那都中了。不要钱，住那里面，有吃有喝那都可美了，还有人伺候。关键是木（没有）钱，谁让你住（养老院）？（访谈对象32）

> 去养老院这地方我不赞同，去那地方干啥，我在家能干这干那了，去那就剩花钱了。养儿防老，防的就是自己老了，那你辛辛苦苦给他（子女）拉扯大了，老了他会不管你？不像那城里的，子女都上班了，家里连个人都没有。去那（养老院）不得花钱吗，一个月得花多少钱啊，还不如在家里了，还不用花钱。在家我俩做个伴，也可美。（访谈对象38）

> 我们这养老应该算是靠自己在家养老了，应该来说还是依靠孩子的多，去那里（养老院）让人感觉孩子不孝顺。大家老了都愿跟着孩子，养儿防老说的就是这句话，就是有这个习惯，就是我们受这种传统思想的多一点。谁家孩子不管老人，住养老院了，那舆论马上都让他（子女们）受不了。不能让孩子背这骂名。（访谈对象39）

> 我不想去养老院。我震这儿（现在）在家里，孩子老伴都照顾得这么好，有啥情况的话，他们都直接给我送到医院看病治疗了，现在震（这么）好的照顾条件，我不愿意去住养老院。俺儿子老伴照顾得就怪好。我自己是更想在家里养老，我感觉在家养老就怪好。（访谈对象47）

去养老院住还得掏很多钱嘞，都是老农民也挣不来恁多钱。孩子们哪有钱让我去住养老院呀？再说我也不咋愿意呀，还不胜搁家（不如在家），家里自己有房子也怪随便。那要是到时候国家形势更好了，发展得快了，过六十的人都叫去养老院了，那就只该去了是不是。这是跟国家嘞形势、力量说嘞。住在养老院也有一些好处，不劳累孩子呀。（访谈对象 50）

你好比人家工人退休了，有退休工资，住养老院吧还有震些（这么多）钱。你说咱这农民吧，你说你去住养老院，钱呢？你没钱，你咋去那养老院。好比说叫我去养老院，我咋好意思让孩子掏钱（拿钱），是不是？你好比我手里有点钱，够住那养老院，我可能就去住，关键是没钱。你手里没钱，只有靠孩子在家养你，孩子在身边，心里也踏实。（访谈对象 59）

从对以上几位农村老年人养老院入住意愿的访谈可以发现，大多数农村老年人不愿意入住养老院的原因，一是经济条件限制。中国绝大多数农村地区农民的经济收入水平相对低下，即使建了养老院，而大多数普通农村家庭老年人限于经济条件，根本承担不起入住养老院的费用；二是传统观念限制。按照传统的农村养儿防老观念，只有子女不孝，不愿意承担赡养老人的责任，老年人才会住进养老院，因而很多农村老年人即便存在严重的照料缺失问题，但为了顾全子女的面子，怕村里人笑话，也不愿意入住养老院；三是接受不了离开自己熟悉的生活了一辈子的家庭和社区，不愿意到一个陌生的环境去养老，他们认为只有在自己熟悉的社区养老，才会让自己心理上踏实，感情上接受，精神上得到安慰。

（二）接受养老院专业服务能够让老年人满意

从本书的定性访谈资料中可以发现，如果经济条件允许的话，入住农村专业养老院，接受专业化的养老服务，分享同龄人在一起的关爱和支持，而且减轻了子女们的负担，让子女们有更多时间和精力忙自己的工作。因而入住专业化养老院，让农村老年人老有所养、老有所依、老有所医，才是大大提高了他们的生活质量和水平。

　　我家就是这巩义农村的。我来这（养老院）一年多了，之前一直住在家里，孩子都老忙。大孩子都 50 多（岁）了，都上着班儿都不得空，没搁家（没在家），我住这里，能腾出来好些人。闺女都上着班，俺二闺女也是教师，教高中嘞。老大儿子在上海开厂，去了好几年，也不回来。老二孩子在家当村长，平常太忙了。俺的重孙子孙女都多大了。孙子都六七个呢。孩子们也都孝顺着哪，平时不断来，来了就啥都买好，苹果、梨等水果都没断，要是不能咬了，人家买的有打汁机。孩子们经常来看我。他们来了，我心里高兴嘛！这个养老院搞得好，方圆百十里的人都知道，所以这里住的老人多得很，郑州的，洛阳的，连焦作的都有，人多得很。有的孩子不得闲，老忙，所以让老人住到这。夜黑（昨天晚上）老二孩子来看我时问，妈你回不回家？我说不回！你在这习惯不？我说习惯！不习惯咱走？不走！我在这挺好的，有吃有喝，还专门有人伺候，在家你们都恁忙，还得连累你们。儿子最后说，那说啥过年不能搁这。人家不让搁这过年，在腊月二十三必须得接回去。过了破五想来就来吧。孩子不叫搁这，老人在这，那他心里能会得劲？我这儿子、孙子、重孙子，一家上上下下二三十口。过年我一回去，那孩子们都往我身边围。这养老啊，不管是谁，关键是得有钱。没有钱不中，就像我吧，我在这一月得一千多块呢，孩子们要不交这钱，我咋能住这呢。（访谈对象 65）

　　我就是个农民，年轻的时候就是在家里干活了，平时我主要生活来源就是靠孩子们供养。我仨儿俩闺女，一个人每月给我三百块钱，让我住到这养老院里，我感觉就挺满足的。不过这经济条件确实重要，你像俺村有那老太太，儿女们都急得很（很贫困），连自己的一家都还顾不住，小孩们还要上学，哪有钱往这交啊。我存着（感觉）这个经济条件确实对于养老影响比较大。俺那子女都比较忙，平时工作压力就可大，天天这事那事的，没有时间照顾我。他们就给我找了个保姆，在家里照顾我，那个人照顾得挺好了。前几个月，就是她家里有事了，就回去了。我就没人照顾了，我孩子就给我送到这了。他们老是来看我，一有时间就过来了，那会不高兴吗，不过我也知道他们忙，来一次得耽误多少事。但还是想他们啊，那肯定，来得越多我越高兴啊。有时候我那孙子孙女给我打个电话，我能高兴可长时间。其实这养老院的娱乐活动也挺多的，有专门的老师教唱歌，教跳舞啥的，每天的活动还是挺有意义的，也不会感觉到无聊，生活也挺高兴。（访谈对象66）

从以上入住养老院的两位老人的访谈内容可以发现，一些养老设施和服务等条件较好的农村养老院，还是能够为老年人提供良好的生活条件和养老服务的，让老人们能够在养老院安度晚年。正如访谈对象66所说，"其实这养老院的娱乐活动也挺多的，有专门的老师教唱歌，教跳舞啥的，每天的活动还是挺有意义的，也不会感觉到无聊，生活也挺高兴"。而农村老年人能够入住养老院的条件，最基本的还是家庭经济条件相对较好，子女有足够的让其老年父母入住专业养老院的经济实力。正如访谈对象65所说，"这养老啊，不管是谁，关键是得有钱。没有钱不中，就像我吧，我在这一月得一千多块呢，孩子们要不交这钱，我咋能住这呢"。访谈对象66也谈道，"不过这经济条件确实重要，你像俺村有那老太太，儿女们都急得很（很贫困），连自己的一家都还顾不住，小孩们还要上学，哪有钱往这交啊。我存着（感觉）这个经济条件确实对于养老影响比较大"。因此，只有家庭经济条件较好的农村老年人，才有可能入住专业养老院进行养老。也就是说，经济状况才是决定农村老年人是否能够入住专业养老院的最根本条件。

三　社会在农村老年人福祉提升中的责任与困境

通过定性的访谈资料，不但印证了定量研究中的诸多观点，从中也可以发现，社会主体在农村老年人福祉提升中承担的责任极其有限。社会主体承担的较少部分责任，也仅仅局限于经济条件较好的农村地区或农村家庭。经济条件较好的农村社区通过设置养老设施，如社区老年活动中心等，为农村老年人提供一定的养老服务；或者经济条件较好的农村老年人通过入住养老院，获得相对专业的养老服务，从而一定程度上提升了其福祉水平。

由于国家农业税取消和计划生育政策调整，导致农村基层社区组织的财政收入大大减少，再加上农村社区组织自身力量的弱化，当前农村基层组织在福利供给中严重不足。而鉴于农村地区经济条件落后和自身传统观念所限，民间的养老机构显然无法满足农村老年人养老的基本需要。因此，社会养老主体在农村老年人福祉提升中面临着诸多困境，而这些困境从定性的访谈资料中也可以清晰地发现。

> 大队（村委会）能解决你啥问题嘞，大队是个穷大队，啥钱也缪（没有），也没有建什么活动设施了，更没有那老年活动中心嘞。之前我们帮大队扫扫垃圾，灌灌水啊，连水费也不给你，现在还差四五百都不给你，要钱就说缪钱（没有钱）。穷大队还欠别人一屁股账。大队也不给咱们福利，它也缪钱（没有钱），不解决一点问题。大队的支书都去河北（县城）住了，那们都卖了点房子跑那里住去了，他们现在都在自己屋子里办公了，都不去村委会了。大队一点问题也解决不了，啥事也办不了。（访谈对象 30）

> 现在俺村没有老年活动中心，也没有什么健身设施这东西。不过咱这农村邻里关系都不错，年轻人我们也坐不到一块，都是我们老年人坐一起，吃完饭转转聊聊天，谁有那不顺心的事了，都说说。我们这邻里关系都很好，平时有啥事也相互照顾，相互帮忙，村里人都不错，也怪好，很满意。（访谈对象 36）

> 我们这养老应该算是靠自己在家养老了，应该来说还是依靠孩子的多，去那里（养老院）让人感觉孩子不孝顺。大家老了都愿跟着孩子，养儿防老说的就是这句话，就是有这个习惯，就是我们受这种传统思想的多一点。谁家孩子不管老人，住养老院了，那舆论马上都让他（子女们）受不了。不能让孩子背这骂名。（访谈对象 39）

> 你好比人家工人退休了，有退休工资，住养老院吧还有震些（这么多）钱。你说咱这农民吧，你说你去住养老院，钱呢？你没钱，你咋去那养老院。好比说叫我去养老院，我咋好意思让孩

子掏钱（拿钱），是不是？你好比我手里有点钱，够住那养老院，我可能就去住，关键是没钱。你手里没钱，只有靠孩子在家养你，孩子在身边，心里也踏实。（访谈对象59）

从以上访谈对象的访谈内容也可以发现，社会养老主体在农村老年人福祉提升中面临的困境主要在于，一是农村社区组织力量的薄弱和涣散，不能给农村老年人提供较好的社区养老服务，而农村社区成员互助存在较大的自发性、随意性和应急性，难以提供稳定的社会支持；二是民间社会组织力量的薄弱，再加上农村老年人经济条件和传统养老防老观念所限制，绝大多数农村老年人并不愿意入住养老院，而农村地区基本上也没有可以满足农村老年人需要的专业化养老机构。因此，社会养老主体对提升农村老年人福祉的作用亟须改进和加强。

本章小结

本书通过社会养老主体与农村老年人福祉关系的定量研究发现，在农村老年人自评健康维度上，只有社区有无老年活动中心对农村老年人自评健康有显著影响，而社区有无居家养老服务站和社区有无养老院均对农村老年人自评健康没有显著影响。这表明，社区老年活动中心对提升农村老年人自评健康具有积极作用。

在农村老年人生活满意度维度上，只有社区有无老年活动中心对农村老年人生活满意度有显著影响，社区有无居家养老服务站和社区有无养老院均对农村老年人生活满意度并没有显著影响。而社区有无老年活动中心对农村老年人生活满意度的影响作用具有显著差异，但在控制了居家养老服务站之后就没有了显著差异，也就是说，社区老年活动中心对提升老年人生活满意度的作用也相当有限。

在农村老年人抑郁倾向维度上，社区有无老年活动中心和社区有无居家养老服务站对农村老年人抑郁倾向均有显著影响，而社区有无养老院对农村老年人抑郁倾向没有显著影响。这说明社区设立老年活动中心和居家养老服务站对降低老年人有抑郁倾向的可能性有显著作用；而社区养老院对降低老年人有抑郁倾向的可能性并没有显著作用，充分说明农村养老院这一专业化机构养老福利供给严重不足。

本书通过定性的访谈资料发现，社会主体在农村老年人福祉提升中承担的责任极其有限。社会主体承担的较少部分责任也仅仅局限于经济条件较好的农村地区或农村家庭。经济条件较好的农村社区通过设置养老设施，如社区老年活动中心或居家养老服务站等，为农村老年人提供一定的专业化养老服务；或者经济条件较好的农村老年人通过入住养老院，获得比较专业的社会化养老服务，从而在一定程度上提升了其福祉水平。

本书通过定性的访谈资料还发现，社会养老主体在农村老年人福祉提升中面临的困境主要在于，一是农村社区组织力量的薄弱和涣散，不能给农村老年人提供较好的社区养老服务，而农村社区成员互助存在较大的自发性、随意性和应急性，难以提供稳定的社会支持；二是民间社会组织力量的薄弱，再加上农村老年人经济条件和传统养儿防老观念所限制，绝大多数农村老年人并不愿意入住养老院，而农村地区基本上也没有可以满足农村老年人需要的专业化养老机构。因此，社会养老主体对提升农村老年人福祉的作用亟须改进和加强。

第八章

多元治理主体对农村老年人福祉
提升的责任分担与现实困境

前面三章，本书按照福利多元主义的分析框架，分别从家庭、国家、社会三个养老主体，分析了各个养老主体在农村老年人福祉提升中的福利责任，并通过定量资料与定性资料的分析对各个主体的具体特征进行了分析。本章将从整体上对养老福利多元主体的责任分担进行一个全面分析。本章在结构上分为两大部分，仍是在对定量资料与定性资料的分类探讨基础上进行总结。本章第一节主要是通过定量资料分析，来对农村老年人福祉提升中各个主体的福利责任进行分析，探讨各个养老主体在福祉提升中的主要作用及存在问题。本章第二节主要是通过定性资料分析，来探讨多元治理主体在福祉提升中所形成的角色担当和现实问题，其中前者将通过定量资料分析进行数据印证，而后者将通过定性分析对角色背后的深层次问题予以挖掘。本书希望利用定量资料与定性资料之间的相互补充，来深化对农村老年人福祉提升中各个养老主体的责任认知，并对当前形成的农村养老福利多元治理框架进行探讨。

第一节　多元治理主体对农村老年人
福祉提升的定量分析

本节根据责任分担理论，通过定量的 Logistic 回归模型分析，分别从农村老年人福祉的自评健康、生活满意度、抑郁倾向三个维度，在整体上探讨家庭、国家、社区等各个养老福利主体的相互关系，以及对农村老年人福祉提升的福利责任分担及存在的困境。

一 多元治理主体对提升农村老年人自评健康的责任分担

责任分担理论认为，非正规组织（如家庭）和正规组织（如国家民政部门、医院、护理院等）在有效发挥各自功能时存在一种角色与功能互补的关系，二者各有自己的优势和不足，它们为实现老年人的人性照顾的共同目标提供责任分担的运行机制。[1][2] 根据责任分担理论，不同主体或要素在实现某一共同目标过程中要对责任、功能、风险和作用进行共同承担。[3] 本书中的责任分担，特指家庭、国家和社会等各个养老福利供给主体在农村老年人福祉提升中对责任的分担状况。

在本书中，由于因变量——自评健康变量是有序的三分类变量，因此采用序次 Logistic 回归模型来进行统计分析。为分别估计控制变量和自变量（家庭养老主体、国家养老主体、社会养老主体）对因变量（农村老年人自评健康）的影响效应，本书采用了嵌套模型的建模策略，模型 1 是仅包含控制变量的基准模型。模型 2 在模型 1 的基础上增加了家庭养老主体变量，以检验家庭养老主体对农村老年人自评健康的影响。模型 3 在模型 2 的基础上增加了国家养老主体变量，以检验国家养老主体对农村老年人自评健康的影响。模型 4 在模型 3 的基础上增加了社会养老主体变量，以检验社会养老主体对农村老年人自评健康的影响。具体统计结果如表 8 − 1 所示。

表 8 − 1 报告了多元治理主体对农村老年人自评健康影响的模型估计结果。可以发现，模型 1 中各变量的估计效应都基本符合预期。其中，性别、受教育年限、个人储蓄、生活水平、近一个月是否参加休闲社交活动 5 个变量都对提升农村老年人自评健康有正向的作用；

---

① Litwak, E., *Helping the Elderly: Complementary Roles of Informal Networks and Formal Systems*, New York: The Guilford Press, 1985.

② Sussman, M., "Family, Bureaucracy, and the Elderly Individual: An Organizational Linkage Perspective", in E. Shans and M. B. Sussman (eds), *Family, Bureaucracy, and the Elderly*, Durham, N. C.: Duke University Press, 1977.

③ 熊跃根：《需要、互惠和责任分担——中国城市老人照顾的政策与实践》，上海人民出版社 2008 年版。

表 8 – 1　多元治理主体对农村老年人自评健康影响的序次 Logistic 回归模型

变量	模型 1	模型 2	模型 3	模型 4
年龄	-0.014 **	-0.015 **	-0.014 **	-0.014 **
	(0.005)	(0.005)	(0.005)	(0.005)
性别（男性 =1）	0.197 **	0.218 ***	0.224 ***	0.230 ***
	(0.062)	(0.062)	(0.062)	(0.062)
婚姻状况（在婚 =1）	-0.105	-0.110	-0.119	-0.120
	(0.073)	(0.073)	(0.073)	(0.073)
受教育年限	0.020 *	0.019 +	0.018 +	0.017 +
	(0.010)	(0.010)	(0.010)	(0.010)
个人储蓄（万元）	0.012 +	0.013 +	0.012 +	0.012 +
	(0.007)	(0.007)	(0.007)	(0.007)
家庭收入水平（非贫困 =1）	0.676 ***	0.645 ***	0.613 ***	0.601 ***
	(0.082)	(0.082)	(0.083)	(0.083)
患慢性病数量	-0.538 ***	-0.536 ***	-0.533 ***	-0.535 ***
	(0.023)	(0.023)	(0.023)	(0.023)
生活自理能力（不能自理 =1）	-0.818 ***	-0.822 ***	-0.806 ***	-0.802 ***
	(0.074)	(0.074)	(0.074)	(0.074)
近一个月是否参加休闲社交活动（参加 =1）	0.224 ***	0.215 ***	0.217 ***	0.215 ***
	(0.057)	(0.057)	(0.058)	(0.058)
地区类型（中西部地区 =1）	-0.379 ***	-0.350 ***	-0.310 ***	-0.278 ***
	(0.063)	(0.064)	(0.065)	(0.067)
过去一年是否得到子女经济支持（得到 =1）		-0.086	-0.097	-0.094
		(0.070)	(0.071)	(0.071)
生活需要时有无亲人照顾（有 =1）		0.165 *	0.156 *	0.159 *
		(0.064)	(0.064)	(0.064)
有无子女经常看望（有 =1）		0.184 **	0.182 **	0.171 *
		(0.069)	(0.069)	(0.069)
是否参加新农合（参加 =1）			-0.003	0.014
			(0.104)	(0.104)
是否参加新农保（参加 =1）			0.041	0.047
			(0.064)	(0.065)
过去一年是否得到低保（得到 =1）			-0.325 ***	-0.324 ***
			(0.084)	(0.084)

续表

变量	模型 1	模型 2	模型 3	模型 4
社区有无老年活动中心（有 = 1）				0.165 * (0.074)
社区有无居家养老服务站（有 = 1）				0.032 (0.192)
社区有无养老院（有 = 1）				0.029 (0.104)
N	4902	4902	4902	4902
Log-likelihood	− 4492.75	− 4485.00	− 4477.30	− 4474.34
Pseudo R²	0.113	0.115	0.117	0.117

说明：括号里的数字为标准误；+ p < 0.1，* p < 0.05，** p < 0.01，*** p < 0.001（双尾检验）。

年龄、患慢性病数量、生活自理能力、地区类型 4 个变量都对提升老年人自评健康有负向的作用。但婚姻状况变量的系数不显著，表明农村老年人自评健康对自身的婚姻状况并不敏感。

表 8 - 1 的模型 2 增加了家庭养老主体变量，目的是为了检验家庭养老主体对农村老年人自评健康的影响。结果显示，控制了其他变量之后，过去一年是否得到子女经济支持对农村老年人自评健康没有显著影响，而生活需要时有无亲人照顾和有无子女经常看望这两个因素对农村老年人自评健康有显著影响。具体而言，控制了其他因素之后，有亲人照顾的农村老年人自评健康更好的几率比无亲人的要高出 18% 左右（$e^{0.165} - 1 \approx 0.179$，p < 0.05）；有子女经常看望的农村老年人自评健康更好的几率比没有的要高出 20% 左右（$e^{0.184} - 1 \approx 0.202$，p < 0.01）。这里的结果支持假设 1b 和假设 1c。这说明，亲人生活照顾和子女经常看望对提升农村老年人自评健康具有积极作用。值得强调的是，加入家庭养老主体变量之后，伪决定系数（Pseudo R²）从模型 1 的 0.113 提高到模型 2 的 0.115，表明家庭养老主体对农村老年人自评健康有一定的解释力，它对提升农村老年人自评健康有积极作用。

表 8 - 1 的模型 3 增加国家养老主体变量，目的是为了检验国家

养老主体对农村老年人自评健康的影响。结果显示，控制了其他变量之后，是否参加新农合和是否参加新农保对农村老年人自评健康都没有显著影响，而过去一年是否得到低保对农村老年人自评健康有显著影响。具体而言，控制了其他因素之后，过去一年得到低保的农村老年人自评健康更好的几率比没有得到的要低 28% 左右（$1 - e^{-0.325} \approx 0.277$，$p < 0.001$）。这里的结果与假设 7c 刚好相反。这表明相对于未得到低保的农村老年人来说，得到低保的农村老年人自评健康反而更差，换句话说，低保福利供给仅对得到低保的部分老年人自评健康有一定作用。值得强调的是，加入国家养老主体变量之后，伪决定系数（Pseudo R^2）从模型 2 的 0.115 提高到模型 3 的 0.117，表明国家养老主体对农村老年人自评健康有一定的解释力，它对提升得到低保的老农村年人的自评健康水平有一定作用。

表 8 - 1 的模型 4 增加了社会养老主体变量，目的是为了检验社会养老主体对农村老年人自评健康的影响。结果显示，控制了其他变量之后，社区有无居家养老服务站和有无养老院这两个变量对农村老年人自评健康都没有显著影响；而社区有无老年活动中心对农村老年人自评健康具有显著影响。具体而言，控制了其他因素之后，社区有老年活动中心的农村老年人自评健康更好的几率比没有的要高出 18% 左右（$e^{0.165} - 1 \approx 0.179$，$p < 0.01$）。这里的结果支持假设 10a。这表明社区老年活动中心对提升农村老年人自评健康具有一定作用。

值得强调的是，模型 2 和模型 3 中在 0.01 水平上显著的子女经常看望变量，而到模型 4 中却在 0.05 水平上显著，而且回归系数也在下降，这表明子女经常看望变量的部分作用被模型 4 中新加入的社会养老主体变量所解释，尤其是对农村老年人自评健康具有显著影响的社区老年活动中心变量。也就是说，子女经常看望对提升老年人自评健康的部分作用，被社区老年活动中心所替代。另外，加入社会养老主体变量之后，伪决定系数（Pseudo R^2）没有变化，表明社会养老主体对农村老年人自评健康几乎没有解释力，它对提升农村老年人自评健康没有显著作用。

总体来说，表 8 - 1 嵌套模型中伪决定系数（Pseudo R^2）的变化显示，家庭和国家养老主体对农村老年人自评健康的解释力基本一致，而社会养老主体对农村老年人自评健康几乎没有解释力。在国家养老主体的变量中，只有是否得到低保这一变量对农村老年人自评健康有显著影响，而且回归系数是负的，说明它提升的仅仅是享受低保的农村老年人的自评健康水平，也就是说，低保福利供给属于补缺型的社会救助范畴，并不是面向全体农村老年人的普惠型福利供给。因此，从某种意义上说，多元治理主体在提升农村老年人自评健康的责任分担方面，家庭承担着最为重要的养老福利责任，国家也承担着一定的养老福利责任，而社会承担的养老福利责任微乎其微。

二　多元治理主体对提升农村老年人生活满意度的责任分担

由于因变量——生活满意度变量是有序的五分类变量，因此采用序次 Logistic 回归模型来进行统计分析。为分别估计控制变量和自变量（家庭养老主体、国家养老主体、社会养老主体）对因变量（农村老年人生活满意度）的影响效应，本书采用了嵌套模型的建模策略，模型 1 是仅包含控制变量的基准模型。模型 2 在模型 1 的基础上增加了家庭养老主体变量，以检验家庭养老主体对农村老年人生活满意度的影响。模型 3 在模型 2 的基础上增加了国家养老主体变量，以检验国家养老主体对农村老年人生活满意度的影响。模型 4 在模型 3 的基础上增加了社会养老主体变量，以检验社会养老主体对农村老年人生活满意度的影响。具体统计结果如表 8 - 2 所示。

表 8 - 2　多元治理主体对农村老年人生活满意度影响的序次 Logistic 回归模型

变量	模型 1	模型 2	模型 3	模型 4
年龄	0.018 ***	0.016 **	0.017 **	0.017 **
	(0.005)	(0.005)	(0.006)	(0.006)
性别（男性 = 1）	− 0.070	− 0.033	− 0.032	− 0.029
	(0.067)	(0.067)	(0.067)	(0.067)
婚姻状况（在婚 = 1）	0.036	0.063	0.055	0.054
	(0.081)	(0.081)	(0.082)	(0.082)
受教育年限	− 0.008	− 0.008	− 0.007	− 0.007
	(0.010)	(0.010)	(0.010)	(0.010)

续表

变量	模型 1	模型 2	模型 3	模型 4
个人储蓄（万元）	0.016 **	0.015 **	0.016 **	0.015 **
	(0.006)	(0.005)	(0.006)	(0.005)
家庭收入水平（非贫困 = 1）	1.349 ***	1.251 ***	1.243 ***	1.233 ***
	(0.093)	(0.093)	(0.094)	(0.094)
患慢性病数量	- 0.099 ***	- 0.091 ***	- 0.090 ***	- 0.091 ***
	(0.022)	(0.022)	(0.022)	(0.023)
生活自理能力（不能自理 = 1）	- 0.250 **	- 0.246 **	- 0.233 **	- 0.227 **
	(0.079)	(0.079)	(0.080)	(0.080)
近一个月是否参加休闲社交活动（参加 = 1）	0.194 **	0.178 **	0.169 **	0.170 **
	(0.062)	(0.062)	(0.062)	(0.062)
地区类型（中西部地区 = 1）	0.020	0.056	0.092	0.118
	(0.067)	(0.068)	(0.069)	(0.072)
过去一年是否得到子女经济支持（得到 = 1）		0.161 *	0.147 +	0.147 +
		(0.076)	(0.076)	(0.076)
生活需要时有无亲人照顾（有 = 1）		0.492 ***	0.489 ***	0.491 ***
		(0.072)	(0.072)	(0.072)
有无子女经常看望（有 = 1）		0.008	0.002	- 0.006
		(0.074)	(0.074)	(0.075)
是否参加新农合（参加 = 1）			- 0.098	- 0.086
			(0.113)	(0.114)
是否参加新农保（参加 = 1）			0.284 ***	0.293 ***
			(0.068)	(0.069)
过去一年是否得到低保（得到 = 1）			- 0.067	- 0.065
			(0.090)	(0.090)
社区有无老年活动中心（有 = 1）				0.102
				(0.081)
社区有无居家养老服务站（有 = 1）				0.177
				(0.207)
社区有无养老院（有 = 1）				- 0.017
				(0.110)
N	4206	4206	4206	4206
Log-likelihood	- 4413.48	- 4384.46	- 4375.28	- 4373.68
Pseudo R^2	0.032	0.039	0.041	0.041

说明：括号里的数字为标准误；+ p < 0.1，* p < 0.05，** p < 0.01，*** p < 0.001（双尾检验）。

　　表8-2报告了多元治理主体对农村老年人生活满意度影响的模型估计结果。可以发现，模型1中的10个控制变量中，6个变量对生活满意度有显著影响，4个变量没有显著影响。其中，年龄、个人储蓄、生活水平、近一个月是否参加休闲社交活动4个变量对提升农村老年人生活满意度都有正向的作用；患慢性病数量、生活自理能力2个变量对提升农村老年人生活满意度都有负向的作用。而性别、婚姻状况、受教育年限、地区类型变量的系数不显著，表明农村老年人生活满意度对自身的性别、婚姻状况、受教育年限、地区类型并不敏感。

　　表8-2的模型2增加了家庭养老主体变量，目的是为了检验家庭养老主体对农村老年人生活满意度的影响。结果显示，在控制了其他变量之后，有无子女经常看望对农村老年人生活满意度没有显著影响，而过去一年是否得到子女经济支持和生活需要时有无亲人照顾这两个因素对农村老年人生活满意度有显著影响。具体而言，在控制了其他因素之后，过去一年得到子女经济支持的老年人生活满意度更高的几率比没有的要高出18%左右（$e^{0.161}-1 \approx 0.175$，$p < 0.05$）；生活需要时有亲人照顾的老年人生活满意度更高的几率比无亲人的要高出64%左右（$e^{0.492}-1 \approx 0.636$，$p < 0.001$）。这里的结果支持假设2a和假设2b。这说明，子女经济支持和亲人生活照顾这两个变量对提升农村老年人生活满意度具有积极作用。值得强调的是，加入家庭养老主体变量之后，伪决定系数（Pseudo R^2）从模型1的0.032提高到模型2的0.039，表明家庭养老主体对农村老年人生活满意度有一定的解释力，它对提升农村老年人生活满意度有积极作用。

　　表8-2的模型3增加国家养老主体变量，目的是为了检验国家养老主体对农村老年人生活满意度的影响。结果显示，控制了其他变量之后，是否参加新农合和过去一年是否得到低保对农村老年人生活满意度都没有显著影响，而是否参加新农保对农村老年人生活满意度有显著影响。具体而言，在控制了其他因素之后，参加新农保的农村老年人生活满意度更高的几率比没有参加的要高33%左右（$e^{0.284}-1 \approx 0.328$，$p < 0.001$）。这里的结果支持假设8b。这表明参加新农保对提升农村老年人生活满意度有积极作用，也就是说，截止到本调查

的时间节点，新农保政策的实施在一定程度上提升了农村老年人的生活满意度。

值得强调的是，模型 2 中在 0.05 水平上显著的子女经济支持变量，到了模型 3 中却在 0.1 的水平上显著，而且回归系数也在下降，这表明子女经济支持的部分作用被新加入模型的国家养老主体所解释，尤其是在 0.001 水平上显著的新农保变量，从某种意义上说，新农保给农村老年人的经济支持可以部分替代子女的经济支持。另外，加入国家养老主体变量之后，伪决定系数（Pseudo R^2）从模型 2 的 0.039 提高到模型 3 的 0.041，表明国家养老主体对农村老年人生活满意度有一定的解释力，它对提升农村老年人的生活满意度有一定的积极作用。

表 8 - 2 的模型 4 增加了社会养老主体变量，目的是为了检验社会养老主体对农村老年人生活满意度的影响。结果显示，控制了其他变量之后，社区有无老年活动中心、社区有无居家养老服务站和社区有无养老院 3 个变量对农村老年人生活满意度都没有显著影响。值得强调的是，加入社会养老主体变量之后，伪决定系数（Pseudo R^2）没有变化，表明社会养老主体变量对农村老年人生活满意度没有解释力，它对提升农村老年人的生活满意度没有显著的影响作用。

总体来说，表 8 - 2 嵌套模型中伪决定系数（Pseudo R^2）的变化显示，家庭养老主体对农村老年人生活满意度的解释力最大，国家养老主体对农村老年人生活满意度的解释力很小，而社会养老主体对农村老年人生活满意度没有解释力。因此，从某种意义上说，多元治理主体在提升农村老年人生活满意度的责任分担方面，家庭承担着最为重要的养老福利责任，国家承担着很小一部分的养老福利责任，而社会几乎没有承担养老福利责任。也就是说，多元治理主体在提升农村老年人生活满意度的责任分担方面严重失衡。

三　多元治理主体对降低农村老年人抑郁倾向的责任分担

由于因变量——抑郁倾向变量是二分类变量，因此采用二元 Logistic 回归模型来进行统计分析。为估计自变量（家庭养老主体、国家养老主体、社会养老主体）对因变量（农村老年人抑郁倾向）的影响效应，本书采用了嵌套模型的建模策略，模型 1 是仅包含控制变量的基准模型。模型 2 在模型 1 的基础上增加了家庭养老主体变量，以检验家庭养老主体对农村老年人抑郁倾向的影响。模型 3 在模型 2 的基础上增加了国家养老主体变量，以检验国家养老主体对农村老年人抑郁倾向的影响。模型 4 在模型 3 的基础上增加了社会养老主体变量，以检验社会养老主体对农村老年人抑郁倾向的影响。具体统计结果如表 8 - 3 所示。

表 8 - 3　多元治理主体对农村老年人抑郁倾向影响的二元 Logistic 回归模型

变量	模型 1	模型 2	模型 3	模型 4
年龄	- 0.001	0.001	- 0.002	- 0.002
	(0.005)	(0.005)	(0.006)	(0.006)
性别（男性 = 1）	- 0.455 ***	- 0.508 ***	- 0.519 ***	- 0.527 ***
	(0.072)	(0.073)	(0.073)	(0.073)
婚姻状况（在婚 = 1）	- 0.287 ***	- 0.300 ***	- 0.283 ***	- 0.284 ***
	(0.084)	(0.085)	(0.085)	(0.085)
受教育年限	- 0.036 **	- 0.035 **	- 0.034 **	- 0.033 **
	(0.012)	(0.012)	(0.012)	(0.012)
个人储蓄（万元）	- 0.094 *	- 0.096 *	- 0.097 *	- 0.090 *
	(0.039)	(0.039)	(0.039)	(0.039)
家庭收入水平（非贫困 = 1）	- 1.000 ***	- 0.907 ***	- 0.869 ***	- 0.853 ***
	(0.093)	(0.094)	(0.095)	(0.095)
患慢性病数量	0.361 ***	0.356 ***	0.354 ***	0.357 ***
	(0.025)	(0.025)	(0.025)	(0.025)
生活自理能力（不能自理 = 1）	0.875 ***	0.881 ***	0.855 ***	0.848 ***
	(0.082)	(0.083)	(0.083)	(0.083)
近一个月是否参加休闲社交活动（参加 = 1）	- 0.099	- 0.076	- 0.081	- 0.085
	(0.067)	(0.068)	(0.068)	(0.068)
地区类型（中西部地区 = 1）	0.610 ***	0.560 ***	0.501 ***	0.448 ***
	(0.077)	(0.078)	(0.079)	(0.081)
过去一年是否得到子女经济支持（得到 = 1）		- 0.044	- 0.019	- 0.021
		(0.083)	(0.083)	(0.083)

续表

变量	模型 1	模型 2	模型 3	模型 4
生活需要时有无亲人照顾（有 = 1）		- 0.490 ***	- 0.472 ***	- 0.477 ***
		(0.074)	(0.075)	(0.075)
有无子女经常看望（有 = 1）		- 0.173 *	- 0.167 *	- 0.153 +
		(0.080)	(0.080)	(0.081)
是否参加新农合（参加 = 1）			- 0.214 +	- 0.243 *
			(0.120)	(0.121)
是否参加新农保（参加 = 1）			- 0.160 *	- 0.168 *
			(0.076)	(0.078)
过去一年是否得到低保（得到 = 1）			0.359 ***	0.360 ***
			(0.095)	(0.095)
社区有无老年活动中心（有 = 1）				- 0.148
				(0.090)
社区有无居家养老服务站（有 = 1）				- 0.629 *
				(0.271)
社区有无养老院（有 = 1）				- 0.020
				(0.124)
N	4582	4582	4582	4582
Log-likelihood	- 2683.69	- 2656.12	- 2645.32	- 2639.58
Pseudo R^2	0.136	0.145	0.149	0.151

说明：括号里的数字为标准误；+ $p < 0.1$，* $p < 0.05$，** $p < 0.01$，*** $p < 0.001$（双尾检验）。

表 8 - 3 报告了多元治理主体对农村老年人抑郁倾向影响的模型估计结果。可以发现，模型 1 中的 10 个控制变量中，只有 2 个变量对老年人抑郁倾向没有显著影响，其他 8 个变量都有显著影响。其中，性别、婚姻状况、受教育年限、个人储蓄、生活水平 5 个变量都对农村老年人抑郁倾向有负向的作用；患慢性病数量、生活自理能力、地区类型 3 个变量都对农村老年人抑郁倾向有正向的作用。而年龄、近一个月是否参加休闲社交活动的回归系数不显著，表明农村老年人抑郁倾向对自身的年龄、是否参加休闲社交活动并不敏感。

表 8 - 3 的模型 2 增加了家庭养老主体变量，目的是为了检验家

庭养老主体对农村老年人抑郁倾向的影响。结果显示，控制了其他变量之后，过去一年是否得到子女经济支持对农村老年人抑郁倾向没有显著影响，而生活需要时有无亲人照顾和有无子女经常看望这两个因素对农村老年人抑郁倾向有显著影响。具体而言，控制了其他因素之后，生活需要时有亲人照顾的农村老年人有抑郁倾向的几率比无亲人照顾的要低39%左右（$1 - e^{-0.490} \approx 0.387$，$p < 0.001$）；有子女经常看望的老年人有抑郁倾向的几率比无子女经常看望的要低16%左右（$1 - e^{-0.173} \approx 0.159$，$p < 0.05$）。这里的结果支持假设3b和假设3c。这说明，亲人生活照顾和子女经常看望这两个变量对降低农村老年人有抑郁倾向的几率具有积极作用。值得强调的是，加入家庭养老主体变量之后，伪决定系数（Pseudo R^2）从模型1的0.136提高到模型2的0.145，表明家庭养老主体对农村老年人抑郁倾向有一定的解释力，它对降低农村老年人有抑郁倾向的几率具有积极作用。

表8-3的模型3增加国家养老主体变量，目的是为了检验国家养老主体对农村老年人抑郁倾向的影响。结果显示，控制了其他变量之后，是否参加新农合、是否参加新农保、过去一年是否得到低保对农村老年人抑郁倾向都有显著影响。具体而言，控制了其他因素之后，参加新农合的农村老年人有抑郁倾向的几率比没有参加的要低19%左右（$1 - e^{-0.214} \approx 0.193$，$p < 0.1$）；参加新农保的农村老年人有抑郁倾向的几率比没有参加的要低15%左右（$1 - e^{-0.160} \approx 0.148$，$p < 0.05$）。这里的结果支持假设9a和假设9b。控制了其他因素之后，过去一年得到低保的农村老年人有抑郁倾向的几率比没有得到的要高出43%左右（$e^{0.359} - 1 \approx 0.432$，$p < 0.001$）。这里的结果与假设9c刚好相反。值得注意的是，加入国家养老主体变量之后，伪决定系数（Pseudo R^2）从模型2的0.145提高到模型3的0.149，表明国家养老主体对农村老年人生活满意度有一定的解释力，参加新农合和新农保对降低农村老年人有抑郁倾向的几率有积极作用，而得到低保对降低部分享受低保的农村老年人有抑郁倾向的几率有积极作用。

表8-3的模型4增加了社会养老主体变量，目的是为了检验社会养老主体对农村老年人抑郁倾向的影响。结果显示，控制了其他变量之后，社区有无老年活动中心和养老院这两个变量对农村老年

人抑郁倾向都没有显著影响，而社区有无居家养老服务站对农村老年人抑郁倾向有显著影响。控制了其他变量之后，社区有居家养老服务站的农村老年人有抑郁倾向的几率比没有居家养老服务站的要低47%左右（$1 - e^{-0.629} \approx 0.467$，$p < 0.05$）。这里的结果支持假设12b。

值得强调的是，模型3中在0.05的水平上显著的子女经常看望变量，到了模型3中却在0.1的水平上显著，而且回归系数也在下降，这表明子女经常看望的部分作用被新加入的社会养老主体所解释，尤其是对老年人抑郁倾向有显著影响的社区居家养老服务站变量，从某种意义上说，社区居家养老服务站可以部分替代子女经常看望的作用。另外，加入社会养老主体变量之后，伪决定系数（Pseudo R^2）从模型3的0.149上升到模型4的0.151，表明社会养老主体对农村老年人抑郁倾向有一定解释力，社区有居家养老服务站对降低农村老年人有抑郁倾向的几率具有一定作用。

总体来说，表8-3嵌套模型中伪决定系数（Pseudo R^2）的变化显示，家庭养老主体对农村老年人抑郁倾向的解释力最大，国家养老主体的解释力次之，社会养老主体的解释力最小。因此，从某种意义上说，多元治理主体在降低农村老年人抑郁倾向的责任分担方面，家庭养老主体承担着最为重要的养老福利责任，国家养老主体也承担着一定的养老福利责任，而社会养老主体承担的养老福利责任极其有限。也就是说，多元治理主体在降低农村老年人抑郁倾向的责任分担方面并不均衡。

四 多元治理主体对农村老年人福祉提升的责任比较

为了进一步探析多元治理主体对农村老年人福祉各个维度的影响，本书将所有控制变量和构成福利多元供给的3个自变量——家庭养老主体、国家养老主体、社会养老主体变量合在一起，分别与3个因变量——自评健康变量、生活满意度变量、抑郁倾向变量纳入模型，形成模型1、模型2、模型3，从而比较福利多元主体对农村老年人福祉各维度的影响。具体数据结果如表8-4所示。其中，模型1和模型2是序次Logistic回归模型，模型3是二元Logistic回归模型。

表 8-4　多元治理主体对农村老年人福祉各维度影响的 Logistic 回归模型

变量	模型1——自评健康	模型2——生活满意度	模型3——抑郁倾向
年龄	-0.014**	0.017**	-0.002
	(0.005)	(0.006)	(0.006)
性别（男性=1）	0.230***	-0.029	-0.527***
	(0.062)	(0.067)	(0.073)
婚姻状况（在婚=1）	-0.120	0.054	-0.284***
	(0.073)	(0.082)	(0.085)
受教育年限	0.017+	-0.007	-0.033**
	(0.010)	(0.010)	(0.012)
个人储蓄（万元）	0.012+	0.015**	-0.090*
	(0.007)	(0.005)	(0.039)
家庭收入水平（非贫困=1）	0.601***	1.233***	-0.853***
	(0.083)	(0.094)	(0.095)
患慢性病数量	-0.535***	-0.091***	0.357***
	(0.023)	(0.023)	(0.025)
生活自理能力（不能自理=1）	-0.802***	-0.227**	0.848***
	(0.074)	(0.080)	(0.083)
近一个月是否参加休闲社交活动（参加=1）	0.215***	0.170**	-0.085
	(0.058)	(0.062)	(0.068)
地区类型（中西部地区=1）	-0.278***	0.118	0.448***
	(0.067)	(0.072)	(0.081)
过去一年是否得到子女经济支持（得到=1）	-0.094	0.147+	-0.021
	(0.071)	(0.076)	(0.083)
生活需要时有无亲人照顾（有=1）	0.159*	0.491***	-0.477***
	(0.064)	(0.072)	(0.075)
有无子女经常看望（有=1）	0.170*	-0.006	-0.153+
	(0.069)	(0.075)	(0.081)
是否参加新农合（参加=1）	0.014	-0.086	-0.243*
	(0.104)	(0.114)	(0.121)
是否参加新农保（参加=1）	0.048	0.293***	-0.169*
	(0.065)	(0.069)	(0.078)
过去一年是否得到低保（得到=1）	-0.324***	-0.065	0.360***
	(0.084)	(0.090)	(0.095)

续表

变量	模型1——自评健康	模型2——生活满意度	模型3——抑郁倾向
社区有无老年活动中心	0.166 *	0.102	-0.148
（有 = 1）	(0.074)	(0.081)	(0.090)
社区有无居家养老服务	0.030	0.177	-0.628 *
站（有 = 1）	(0.192)	(0.207)	(0.271)
社区有无养老院（有 = 1）	0.018	-0.017	-0.013
	(0.105)	(0.110)	(0.125)
N	4902	4206	4582
Log-likelihood	-4474.35	-4373.69	-2639.58
Pseudo R^2	0.117	0.041	0.151

说明：括号里的数字为标准误； + p < 0.1， * p < 0.05， ** p < 0.01， *** p < 0.001（双尾检验）。

从表 8 - 4 可以看出，模型中控制变量和养老福利多元主体的 3 个自变量对 3 个因变量的影响虽然也存在个别差异，但总体方向上对农村老年人福祉各维度的影响趋向一致。总体来看，在 10 个控制变量中，仅对农村老年人福祉的部分维度有显著影响的变量共 6 个，即年龄、性别、婚姻状况、受教育年限、近一个月是否参加休闲社交活动、地区类型。而对农村老年人福祉的各个维度都有显著影响的变量共 4 个，即个人储蓄、家庭生活水平、患慢性病数量、生活自理能力。其中个人储蓄和家庭收入水平这两个变量对自评健康和生活满意度都有正向的作用，而对抑郁倾向都有负向的作用；患慢性病数量和生活自理能力这两个变量对自评健康和生活满意度都有负向的作用，而对抑郁倾向都有正向的作用。本书中，可以把个人储蓄和家庭收入水平这两个变量概括为经济因素，把患慢性病数量和生活自理能力这两个变量概括为健康因素。因此，在所有控制变量中，经济状况与健康状况这两类因素对农村老年人福祉的影响最大，也就是说，经济状况和健康状况是影响农村老年人福祉最为关键的控制变量。

表 8 - 4 的第 12—14 行显示，家庭养老主体的三个变量对提升农村老年人福祉有较大的作用。其中，得到子女经济支持能显著提升农村老年人的生活满意度；有子女经常看望能显著提升老年人自评健康

水平，降低老年人有抑郁倾向的可能性。而有亲人提供生活照顾对老年人福祉的各个维度都有显著影响，它能显著提升老年人自评健康和生活满意度，降低老年人有抑郁倾向的可能性，也就是说，有亲人提供生活照顾能够大大提升农村老年人的福祉水平。总体来看，家庭养老主体的3个自变量对老年人福祉的3个因变量共9对变量影响关系中，有6对都有显著影响，而且是正面的积极作用。这也足以说明家庭是提升农村老年人福祉最为重要的养老福利责任主体。

表8-4的第15—17行显示，国家养老主体的3个变量对提升农村老年人福祉有一定程度的作用。其中，参加新农合能够显著降低农村老年人有抑郁倾向的几率；参加新农保能够显著提升农村老年人的生活满意度，显著降低老年人有抑郁倾向的可能性。也就是说，主要由新农合这一医疗保险和新农保这一养老保险构成的社会保险，对提升农村老年人福祉水平起着一定的作用。而过去一年得到低保这一变量比较特殊，它仅仅对享受低保的老年人自评健康和抑郁倾向有一定影响。也就是说，国家的低保福利供给属于补缺型福利供给，而不是面向全体老年人的普惠型福利供给，提升的只是极少数生活极度困难的农村老年人的福祉，而不是所有农村老年人的福祉。总体来看，国家养老主体的3个自变量对老年人福祉的3个因变量共9对变量影响关系中，有5对都有显著影响，其中有3对是正面的积极作用。这说明国家在提升农村老年人福祉的福利供给中也具有一定的作用。

表8-4的第18—20行显示，社会养老主体的三个变量对农村老年人福祉的作用极其有限。其中，社区养老院对老年人福祉的各个维度都没有显著影响；社区老年活动中心仅仅对提升老年人自评健康有一定作用，而对提升生活满意度和降低抑郁倾向都没有显著作用；社区居家养老服务站仅仅对降低老年人抑郁倾向有一定作用，而对提升自评健康和生活满意度都没有显著作用。总体来看，社会养老主体3个自变量对老年人福祉3个因变量共9对变量影响关系中，仅仅有2对有显著的影响。这说明社会在提升农村老年人福祉的福利供给中的作用是极其有限的。

总体来看，在提升农村老年人福祉的养老福利多元主体中，家庭承担着最为重要的养老福利责任；国家在农村老年人福祉提升中也承担了一定的责任；社会在农村老年人福祉提升中承担的责任是极其有限的。这一研究结果与叶敬忠等人的研究保持相似性，即家庭仍然是农村老年人最重要的养老福利主体，养儿防老的传统格局在农村地区尚未改变。[①] 而吴愈晓的研究同样发现，目前我国农村养老福利供给体系仍然坚持着传统的依赖家庭的福利供给模式，因此家庭处于农村养老福利供给的绝对核心地位，家庭养老依然是农村最主要的养老方式，老年人自身及其子女仍是农村老年人晚年生活的基本保障。[②]

另外，农村老年人日常生活的经济来源仍然比较传统，依赖家庭养老的比重非常高，随着农村家庭结构日益小型化、简单化、空巢化，加之农村土地养老保障功能日益弱化的情况下，依赖家庭养老的风险会越来越大。[③] 在国家养老福利体系中，新农保虽然对提升农村老年人福祉具有一定作用，但是极其有限的养老金金额根本无法解决农村老年人日常生活的经济来源问题。在社会养老福利体系中，农村社区养老设施和专业化养老服务严重不足，农村养老院这一专业化养老机构也极度欠缺。

因此，在现有的农村养老福利多元主体中，家庭、国家、社会等各个养老主体之间的责任分担严重不均衡，农村老年人养老面临越来越多的风险和困境。因此，积极构建新型的农村养老福利多元治理机制，形成养老福利多元主体大致均衡的、旨在提升农村老年人福祉的责任分担机制，才是农村养老福利制度构建的主要方向。

第二节 多元治理主体对农村老年人福祉提升的定性分析

一 多元治理主体对农村老年人福祉提升的责任分担

上文的定量研究结果显示，在提升农村老年人福祉的福利供给主体中，家庭主体承担着最为重要的养老福利责任；国家主体在农村老

---

① 叶敬忠、贺聪志：《中国农村留守人口之留守老人：静寞夕阳》，社会科学文献出版社 2014 年版。

② 吴愈晓：《我国农村养老的几个问题》，《宁夏社会科学》2000 年第 1 期。

③ 丁志宏：《中国老年人经济生活来源变化：2005—2010》，《人口学刊》2013 年第 1 期。

年人福祉提升中也承担了一定的养老福利责任，尤其是对农村贫困老人群体福利供给的责任分担；社会主体在农村老年人福祉提升中承担的责任是极其有限的。而本书的定性资料分析结果也印证了定量研究所呈现出来的这些观点。

> 养老主要还得靠娃子们（儿子们），你从小给他带大，他都该养咱。国家政策（新农保）要是多发点钱，咱肯定高兴。你说到时老得啥也干不来，做活也做不了，国家不多给你点老年金，你咋过（日子）。社会上的养老院跟咱也没关系，咱也住不起（养老院），也不指望那们（养老院）。（访谈对象4）

> 总而言之就是国家政策好，这新农合、新农保、低保都不赖！外们（我们）也很满意！生活照顾上还得靠娃子，那只能靠娃子们了，木（没有）衣裳了，拆洗被子还得靠娃子，等老到走不动了，不都得靠娃子。大队（村委会）靠不住，主要是大队太穷，连个活动身体的设施都木有，更没啥服务。（访谈对象20）

> 人老了还是住在家里好嘛，但是得有钱，那有钱了，肯定是家里住着舒坦。但还是得靠国家能够再给咱多发点（养老金），咱（养老）难就难在没钱，还是想国家多给点保障。养老院咱这儿没有，有了也住不起，都不指望这个。（访谈对象23）

> 养老院，我不可能去，我有靠山有孩子，我去那里干什么？从来不指望养老院。我现在是有靠山的人，这靠山就是孩子。我根本就没有那种想法（在养老院养老），咱有孩子，我养孩子就是想将来我老了，有个依靠，孩子能养我。国家也指望不上，国家能管得了你养老的事吗？中国这么多老人。这农村老人只有靠孩子养活啊！（访谈对象28）

> 那养老肯定是得靠娃子（儿子）嘛，从小给娃子养大，咱老了那肯定得靠娃子，我这娃子孝顺，靠得住。靠国家，那也不能说让公家都给你管管，公家这每个月给点钱花花，能解决点问题奏（就）挺好了。养老院咱也住不起，想不了这个，也不指望（养老院养老）。（访谈对象29）

> 养老肯定是儿子的责任最大啊，养儿防老嘛！我现在身体

好，不给孩子们增加压力，还减轻他们的负担了，那俩孙子我不都接济着，所以我都不存钱，要那钱干啥。其实村里可以适当多承担一点，那么多老人了，村干部可以平时多去看看，关心关心，现在是村里基本啥都不管。那国家做得就不错了，一个月还发点钱，是不是，与过去相比，那国家承担不少责任了。（访谈对象38）

养老是大家的事，国家也得承担一部分，不过咱们国家挺好的，政策啥的都不错。小孩们（儿女们）也可孝顺，这还想啥呢，就这就中了。这住养老院得要钱呀，咱关键是木钱，木钱谁让你住呀。其实（养老）主要还是小孩的事，靠自己的小孩比靠什么都强，反正我就指望孩子。（访谈对象39）

这在家住挺好的，那真到走不动了，那年龄大了，那肯定是得靠孩子。现在就是走一步算一步。这养老院肯定不去，咱这有儿有女都不想着去那，要是去住养老院，那不叫人笑话。国家这么大，都指着国家，那国家压力多大了。那养老还是先靠自己，再想着靠孩子，那实在不行才想着国家。这大队咱都不想呢，根本不指望大队。（访谈对象54）

这人老了就应该孩子养活你。养孩子干啥呢，是不是？首先你不应该依赖国家，除非是孩子他不管你了，不正干了那你没办法了。这养老嘞（父母）那都是他（子女）应尽的义务，就不该依赖国家。只要自己有（钱）就不应该向国家伸手，你说我说的对不对？养儿防老，养儿子就是这样，他不管你谁管你。讹也应该讹着他。就是这，人都要老的，他老了怎么办。这养老就得靠孩子。（访谈对象55）

通过以上定性访谈资料的分析结果，可以发现目前养老福利多元主体在农村老年人福祉提升中的责任分担可以总结为：

首先，家庭主体在农村老年人福祉提升中承担着最为重要的养老福利责任。这一观点从对农村老年人个案的深度访谈内容中可以明显看出，当谈到养老主要靠谁时，绝大多数老人们都会毫不犹豫地选择儿女，认为靠儿女养老是天经地义的事情，儿女就是晚年时的靠山。

这也印证了家庭代际互惠蕴含的假设，即子女是老人晚年物质生活的基本保障，同时也是老人晚年精神世界的快乐之源。正如老人们所说，"养老肯定是儿子的责任最大啊，养儿防老嘛！"；"养老主要还得靠娃子们，你从小给他带大，他都该养咱嘛"；"我现在是有靠山的人，这靠山就是孩子"；"这人老了就应该孩子养活你。养孩子干啥呢，是不是"；"其实（养老）主要还是小孩的事，靠自己的小孩比靠什么都强，反正我就指望孩子"。家庭在绝大多数农村老年人看来，它都是最为可靠和最为经济的养老主体。因此，家庭主体处于农村养老福利供给的绝对核心地位。

其次，国家主体在农村老年人福祉提升中也承担一定程度的责任。这一点在农村老年人的访谈内容中都有一定的反映。从以上访谈的内容也可以发现，目前国家主要对低保户和五保户等农村特困老人群体发挥着重要的作用，而新农合和新农保虽然也起到了一些作用，但新农合报销的门槛过高，新农保提供的养老金又太少。正如老人们所说，"靠国家，那也不能说让公家都给你管着，公家这每个月给点钱花花，能解决点问题奏（就）挺好了"；"那国家做得就不错了，一个月还发点钱，是不是，与过去相比，那国家承担不少责任了"；"还是得靠国家能够再给咱多发点（养老金），咱（养老）难就难在没钱，还是想国家多给点保障"；"国家也指望不上，国家能管得了你养老的事吗？中国这么多老人"。因此，国家主体对农村贫困群体老人福祉提升还是有一定作用的，而对农村普通老人群体福祉提升的作用并不是很明显。

最后，社会主体在农村老年人福祉提升中承担的责任极其有限。农村基层社区提供的养老福利极其有限，缺乏有组织性的供给。正如老人们所说，"大队（村委会）靠不住，主要是大队太穷，连个活动身体的设施都木有（没有），更没啥服务"；"这大队咱都不想呢，根本不指望大队"。而养老院等养老机构福利供给的作用从大多数农村老年人的访谈中并不被看好，因而目前机构养老在农村养老福利供给中的责任最为边缘化。正如老人们所说，"社会上的养老院跟咱也没关系，咱也住不起（养老院），也不指望那们（养老院）"；"这养老院肯定不去，咱这有儿有女都不想着去那，要是去住养老院，那不叫人笑话"；"这住养老院得要钱呀，咱关键是木钱，木钱谁让你住呀"；"养老院咱这儿没有，有了也住不起，都不指望这个"。因此，社会主体对农村老年人福祉提升的作用微乎其微。

整体来看，我国农村养老福利供给体系仍然坚持了传统的完全依赖家庭的福利供给模式，家庭处于农村养老福利供给的绝对核心地位。家庭养老模式不但表明我国农村养老福利供给仍然受到传统养儿防老文化的深刻影响，同时说明农村地区社会化养老福利供给体系还远远没有建立起来。国家主体目前在农村养老福利供给中虽然也具有一定的作用，但与城镇养老福利体系相比，国家在对农村老年人的养老福利供给上极其有限。农村基层社区组织的发展极其艰难，而农村养老院等机构服务的养老福利供给极其有限。因此，随着农村家庭结构的变迁，农村劳动力的外流，加之女性劳动参与率的不断提高，这种传统的以家庭为主的养老福利供给体系正在面临越来越多的风险和困境。而积极建设新型养老福利多元治理机制，形成养老福利多元主体大致均衡的责任分担体系，才是农村养老福利制度构建的主要方向，同时也是农村老年人福祉提升的必然选择。

二　多元治理主体对农村老年人福祉提升的现实困境

通过定性的访谈分析，本书也进一步发现了多元治理主体在农村老年人福祉提升中的既有困境。目前农村养老福利多元主体的主要问题就在于在老年人福祉提升过程中，各个养老主体责任分担的严重不均衡性。

第一个困境在于，家庭养老主体在农村老年人福祉提升中的责任过于沉重。随着家庭结构的变迁，农村劳动力的外流，加之女性劳动参与率的不断提高，家庭养老势必面临巨大的风险。

> 我成天都是一个人住，老伴都去世几十年了，俩儿子都在外面打工。大儿在广州打工，好几年我都没见过他。小儿在外面河里给人家捞螃蟹，那们（儿子们）都在外面打工，那们都不回来，那们也都不管我，白养了，有（儿子）跟没有一个样啊。可那们到过年得回来嘛！不回来，每年过年就我一个人，这家都不

像个家，我一个老的在家，那们都一家人，就我孤苦无依无靠。娃子们都指望不上，一点点我给那们攘大（养大），这我老了生活上也没有个娃子（儿子）照顾，我幸福个啥呀！我这心里苦啊！（访谈对象9）

养老靠村里头（村委会），门儿都没有（不可能），哈哈（笑）！像咱这条件艰苦的，俩闺女又不在身边，靠她们（养老）也指望不上啊。还是要这国家多给咱补助一点钱，要不然等我们以后老了，闺女们也不在跟前，也都在外面打工，忙啊！也没有儿子，这可咋办呢？（访谈对象11）

咱肯定想让子女养，咱生他们养他们逗是（就是）为了（让子女）养活咱，现在逗是那们（子女）顾不来，那们（子女）都有自己的负担，负担（养活）不了你。咱是想让人家（子女）养，谁知人家养不养，不养咱了咱也木门。还是希望国家的政策（新农保）好点，每月再给我们多发一点（新农保），我们这老病号，花钱也多。国家多发一点（新农保），外们（我们）过得肯定会好嘛。（访谈对象13）

从以上访谈对象的访谈内容可以发现，农村传统的养老方式都是靠养儿防老，而随着家庭结构的变迁，儿女由于经济贫困和外出务工等原因，不能给老年父母在经济上提供支持，在生活提供照料，在情感上提供支持的情况下，家庭就不能再承担养老福利供给的重任，因此，家庭养老主体在农村老年人福祉提升中，面临着比较大的风险和困境。

第二个困境在于，国家养老主体在农村老年人福祉提升中承担的责任仍然较为不足。尤其是与城市养老福利体系相比，无论是在福利资金上，还是在救助服务上都存在着比较大的漏洞。

我觉得养老这块儿，国家应该负主要责任！国民收入那么多，国家向老百姓收恁多税，国家就应该出大头。国家多点补贴，像城里那退休工人一样，有退休金，有了钱，那咱这老农民也不发愁养老了。（访谈对象40）

　　现在这养老金政策不平衡。你看这同样是老年人，有的有退休金，有的都没有，这差别太大。你想这干部、这工人、这教师、这农民，这差别太大了。你看这工人退休了，一个月拿两千块钱；你说这农民这老了也不是退休了，一个月就这一百块钱，这差别太大了！更不用说跟这干部跟教师比了。我觉得国家也应该意识到这一点吧。你最起码吧，农民，他超过六十岁他也失去劳动力了，工人也失去劳动力了，干部也失去劳动力了，同时都是失去劳动力了，但是这养老金这太不平衡了吧。工人这为国家劳动着哩，农民这种地嘞，把最好的粮食也交给国家了。同时都失去劳动力了，应该一视同仁嘛，人应该平等嘛，就不说平等了，最起码差距不要太大吧。国家给这工人一月发两千，给农民发五百，中不中？（访谈对象63）

　　从以上访谈内容可以发现，与城镇老年人相比，国家提供较低水平的社会福利资金确实无法满足农村老年人日常生活的物质需要，也阻碍了农村老年人福祉水平的提升，因此，国家养老主体在农村老年人福祉提升中，仍然具有较大程度的提升空间。

　　第三个困境在于，社会养老主体在农村老年人福祉提升中承担的责任极其有限。农村基层社区组织的发展极其艰难，农村社区互助的自愿性和随意性较大，农村民间社会组织对于养老福利供给的介入严重不足。

　　现在俺村没有老年活动中心，也没有什么健身设施这东西。不过咱这农村邻里关系都不错，年轻人我们也坐不到一块，都是我们老年人坐一起，吃完饭转转聊聊天，谁有那不顺心的事了，都说说。我们这邻里关系都很好，平时有啥事也相互照顾，村里人都不错，也怪好，很满意。（访谈对象36）

　　那我觉得养老应该是养老院为主，养老院应该大力发展，现在关键是养老院太少，又太贵，根本住不起。儿女每月给点，孩子一月拿几百块钱，送到养老院养老也中。国家给六十岁以上（老人）有补贴，你要是多补贴点，现在（养老金）一月是几十

（元），能涨到几百元。现在就这俩孩子，都出去工作去了，把老类（老人）撇家不也老孤独。到我不会动了，就到那里面（养老院），啥设施都有，一人一房间，吃嘞喝嘞，还有人伺候，我瞅这生活都不赖。哈哈哈（笑），我的想法不是大多数人的想法。（访谈对象43）

从以上访谈内容可以发现，目前农村社区福利仍然是传统的以邻里互助形式进行的，这说明农村地区以社区组织为基础的社会化养老福利供给体系仍然没有形成，因而社区邻里互助等福利供给带有明显的自发性和不稳定性特征。另外，农村民间社会组织在资金、人才、技术及政策等方面还存在较大的问题，因此，农村社会力量对于农村老年人福祉提升的作用也是非常有限的。

综上所述，目前各个养老主体在农村老年人福祉提升中责任分布不均衡性在于，家庭主体的责任过于沉重，其余两个福利主体的责任不但相对有限，而且很难呈现出分担家庭责任的趋势，因而农村养老福利治理机制中各个主体的责任分担具有很强的不均衡性。而国家对农村地区长期坚持的补缺型养老福利制度大大限制了农村养老福利供给的发展，再加上农村基层社区建设的长期滞后和民间社会组织的边缘化，这些都使得农村养老福利供给体系面临巨大的风险和困境。

本章小结

本书通过养老福利多元主体与农村老年人福祉关系的定量研究发现，在农村老年人自评健康维度上，家庭和国家养老主体对农村老年人自评健康的解释力基本一致，而社会养老主体对农村老年人自评健康几乎没有解释力。也就是说，多元治理主体在提升农村老年人自评健康的责任分担方面，家庭承担着最为重要的养老福利责任，国家也承担着一定的养老福利责任，而社会承担的养老福利责任微乎其微。在农村老年人生活满意度维度上，家庭养老主体对农村老年人生活满意度的解释力最大，国家养老主体的解释力很小，而社会养老主体对老年人生活满意度没有解释力。也就是说，多元治理主体在提升农村老年人生活满意度的责任分担方面，家庭承担着最为重要的养老福利责任，国家承担着很小一部分的责任，而社会几乎没有承担养老福利责任。在农村老年人抑郁倾向维度上，家庭养老主体对农村老年人抑郁倾向的解释力最大，国家养老主体的解释力次之，社会养老主体的解释力最小。也就是说，多元治理主体在降低农村老年人抑郁倾向的责任分担方面，家庭承担着最为重要的养老福利责任，国家也承担着一定的福利责任，而社会承担的养老福利责任非常少。

本书通过定性的访谈资料发现，首先，家庭主体在农村老年人福祉提升中承担着最为重要的养老福利责任。这一观点从对老年人个案的深度访谈内容中明显可以看出，家庭处于农村养老福利供给的绝对核心地位。其次，国家主体在农村老年人福祉提升中也承担一定的责任。这一点在农村老年人的访谈中都有一定的反映。访谈的结果发现，目前国家主要对低保户和五保户等农村特困老人群体发挥着重要的作用，由于新农合报销的门槛过高，新农保提供的养老金又太少，因此，国家主体对农村普通老人群体福祉提升的作用并不是很明显。最后，社会主体在农村老年人福祉提升中承担的责任极其有限。社区养老福利供给目前具有很强的自发性和临时性，缺乏有组织性的供给，而且社区福利并不是以组织形式，而是以邻里互助的民间形式展开的福利供给，这一点从对老年人的访谈中可以发现。另外，农村养老院等养老机构福利供给的作用从农村老年人的访谈中并不被看好，因而目前机构养老在农村养老福利供给中的责任最为边缘化。

本书通过定性的访谈资料还发现，多元治理主体在农村老年人福祉提升中的第一个困境在于家庭养老主体在农村老年人福祉提升中的责任过于沉重，随着家庭结构的变迁，农村劳动力的外流，加之女性劳动参与率的不断提高，家庭养老势必面临巨大的风险。第二个困境在于国家养老主体在农村老年人福祉提升中的作用仍然较为不足，尤其是与城市养老福利体系相比，无论是在福利资金上还是在救助服务上，都存在着比较大的漏洞。第三个困境在于社会养老主体在农村老年人福祉提升中的作用极其有限，农村基层社区组织的发展极其艰难，农村民间社会组织的养老福利供给极其有限，因此，农村基层社区与民间社会组织对于养老福利供给的介入都严重不足。

第九章

结论与讨论

本章第一节将通过对农村老年人福祉现状及其主要影响因素进行详细的描述和分析，并对养老福利多元主体与农村老年人福祉之间的内在关系，进行了定量的假设检验和定性的访谈分析，得出相关研究结论，即经济状况对农村老年人福祉提升具有重要影响，多元治理主体对农村老年人福祉提升的责任分担的不均衡性。第二节将通过定量数据分析和定性访谈分析，对源自西方的福利多元主义理论进行相关的验证与讨论，同时也对主观福祉和家庭代际互惠理论进行验证与讨论，丰富和发展了福利多元主义、福祉和家庭代际互惠理论。第三节将根据研究发现，即经济状况对农村老年人福祉提升具有重要影响，多元治理主体对农村老年人福祉提升的责任分担的不均衡性。基于以上研究发现，本书提出以下政策建议：一是建立家庭养老支持政策；二是缩小社会保障城乡差距；三是开展农村社会养老服务，最终构建一个由家庭、国家、社会三大主体组成的，各个福利主体均衡分担责任的，以提升农村老年人福祉为终极目标的农村养老福利多元治理机制。第四节将引出一些有待以后研究的课题：一是养老福利多元主体的传统历史文化背景研究；二是家庭支持与居家养老服务研究；三是福祉理论的深入探讨和研究。

第一节　研究结论

本书的实证分析部分通过对农村老年人福祉困境及其各个维度进

行详细的现状描述，并对养老福利多元主体与农村老年人福祉之间的内在关系及其影响逻辑，进行了定量的研究假设来检验变量之间的因果关系，同时，对访谈对象的访谈资料进行定性分析，来验证定量研究结果，并对定量研究结果进行深入解释，阐释多元治理主体对提升农村老年人福祉的责任分担与现实困境，在此分析基础上，得出以下研究结论：

一 经济状况对农村老年人福祉提升的重要影响

拥有一定的经济收入，经济上能够独立是农村老年人晚年生活的物质基础。而中国农村老年人主要依靠家庭养老，农村社会保障体系的覆盖面非常小，提供的经济供养资源非常有限，经济保障力度十分微弱，而经济上贫困会给老年人晚年生活带来诸多消极影响。也就是说，经济状况是影响农村老年人福祉水平提升的关键性因素，经济上脱离贫困，物质生活上得到保障，消除晚年生活最大的后顾之忧，才能真正提升农村老年人的福祉水平。因此，经济状况是农村老年人福祉提升的最重要基础，这一研究结论从本书定量与定性分析中都已经得以证明。

本书的定量分析显示，无论是代表绝对收入指标的个人储蓄，还是代表相对收入指标的家庭收入水平，两者都对农村老年人福祉的三个维度，即自评健康、生活满意度和抑郁倾向有显著性影响。具体而言，保持其他因素不变，个人储蓄越多，农村老年人自评健康水平和生活满意度就越高，有抑郁倾向的几率就越低；而相对于农村贫困家庭老年人来说，非贫困老年人自评健康水平和生活满意度更高，有抑郁倾向的几率更低。总体来看，经济状况越好，农村老年人的福祉水平就越高；经济上贫困就会严重阻碍农村老年人福祉水平的提升。

另外，在子女经济支持与农村老年人福祉之间的关系方面，控制了其他因素之后，与未得到子女经济支持的农村老年人相比，得到子女经济支持的农村老年人生活满意度更高。在参加新农保与农村老年人福祉之间的关系方面，控制了其他因素之后，与未参加新农保的相比，参加新农保的农村老年人生活满意度更高，有抑郁倾向的几率更低。在参加新农合与农村老年人福祉之间的关系方面，在控制了其他因素之后，与未参加新农合的相比，参加新农合的农村老年人有抑郁倾向的几率更低。以上定量研究结果表明，通过子女经济支持，或者参加新农保领取养老金，或者参加新农合减少医疗费用支出，这些在物质生活水平上的提高都能减轻老年人的经济负担，从而显著提升农村老年人的福祉水平。

从本书的定性访谈资料分析中也可以发现，很多农村老年人都一致认为养老关键得有钱，农村没有建立像城市一样相对完备的养老金制度，因而经济问题是当今中国农村老年人养老面临的首要问题。正如他们所说，"人家城里人，退休有钱啊，一月两三千（元）。咱这老农民他又没啥退休不退休，不能干活了就木（没有）啥钱。国家那老年金（新农保），一月就那七十八（元），农民的钱太少了，这一月最少也得四五百（维持基本生活）"。经济上得不到保障，物质上贫困，农村老年人的福祉水平就非常低下，福祉水平的提升就是一句空话。而从定量研究发现，无论是从子女那里得到经济支持，还是从新型农村社会养老保险中得到基础养老金，还是从新型农村合作医疗保险中减少医疗费用支出，或者是从最低生活保障救助中得到经济支持。无论以上何种情况下物质生活水平的提高，都会相应地提升农村老年人的福祉水平。综上所述，本书的实证分析已经表明，经济状况是影响农村老年人福祉的最重要控制变量，它在农村老年人福祉提升中起着关键作用。也就是说，物质生活水平是福祉提升的客观基础。[1] 经济上贫困就会阻碍农村老年人福祉水平的提升，经济问题是农村老年人养老的头等大事。因而提高农村老年人的经济收入水平是提升其福祉水平的关键性政策举措。

而在广大农村地区，很多农村老人家庭背负着农业生产投入、看病就医、婚丧嫁娶的人情往来等经济重担，家庭经济状况十分拮据，生活上仅仅能解决温饱问题。再加上部分农村老年人由于疾病与衰老等原因失去自养能力，或者自养能力较低，子女又没有为其提供能够维持基本生活的经济资源，生活因此处于贫困状况。经济上的困境对农村老年人的负面影响是极其严重的。本书的实证分析也已经显示，

---

[1]　万树：《国民福祉理论与实证研究》，中国财政经济出版社 2012 年版。

还有一部分农村老年人的经济收入水平尚处于当地最低生活保障线以下，这些老年人大多都是缺乏子女经济上的支持，而相对应地，这类老年人的福祉水平也相对低下。因而国家应实施相应经济救助政策，对虽然有子女但在经济上处于贫困状况的农村老年人给予及时的社会救助，这也是提升其福祉水平的保障性政策措施。这也再一次印证了本书关于经济收入水平与农村老年人福祉关系的结论，即在其他条件相同的情况下，经济收入水平越高，农村老年人福祉水平相对就会越高。

而伊斯特林的幸福悖论认为在国民收入水平非常低的时候，幸福水平与经济收入水平之间存在着显著的正相关关系，而随着国民的经济收入水平增长到一定富裕程度之后，国民的幸福水平就不再随着经济收入水平的增长而增长。[1] 因而本书得出的这一结论也印证了伊斯特林的幸福悖论在中国农村老年人群体使用的局限性。换句话说，中国农村老年人整体上的经济收入水平依然处于相对贫困的水平，还远远没有达到伊斯特林幸福悖论能够适用的经济收入水平的富裕程度。

综上所述，经济状况是影响中国农村老年人福祉提升的基础性因素。对于当前中国广大农村地区来说，增加老年人个人及其家庭成员的经济收入，改善老年人个人及其家庭经济状况，这才是提升农村老年人福祉水平的最为基础性和关键性的福利政策措施。

二　多元治理主体对农村老年人福祉提升责任分担不均衡

对于农村养老福利多元主体问题进行讨论，首先应当明确目前养老福利多元主体与农村老年人福祉之间的关系如何，这样才能以老年人福祉提升为基础和导向，构建一个相对完善的养老福利多元治理机制。也就是说，提升人们的福祉是福利多元供给体系建构的基本导向和终极目标。[2] 而本书的定量和定性分析已经发现，目前农村养老福

① Easterlin, R. A. , "Does Economic Growth Improve the Human Lot? Some Empirical Evidence", in Paul A. David and Melvin W. Reader (eds.), *Nations and Households in Economic Growth：Essays in Honor of Moses Abramowitz*, New York：Academic Press, 1974.
② 景天魁、毕天云、高和荣等：《当代中国社会福利思想与制度——从小福利迈向大福利》，中国社会出版社 2011 年版。

利多元供给体系中，各个主体对农村老年人福祉提升的作用并不一致。其中，家庭福利主体所起的作用明显偏大，国家和社会这两个主体的作用明显不足，国家主体在农村老年人福祉提升中还发挥着一定的作用，尤其是在贫困群体老人福祉提升中发挥着积极作用，而社会主体对农村老年人福祉提升的作用微乎其微。

从本书的定量分析可以发现，养老福利多元主体在农村老年人福祉提升的责任分担方面，家庭承担着最为重要的养老福利责任，也是农村老年人养老所能依赖的绝对核心主体。国家也承担了一定程度的养老福利责任，而社会承担的养老福利责任极其有限。

第一，在提升农村老年人自评健康方面。在家庭养老主体的三个变量中，生活需要时有亲人生活照顾和子女经常看望两个变量都对农村老年人自评健康有显著影响。具体而言，在控制了其他因素之后，相对于生活需要时没有亲人长期照顾的农村老年人来说，有亲人照顾的农村老年人自评健康更好；相对于没有子女经常看望的农村老年人来说，有子女经常看望的农村老年人自评健康更好。在国家养老主体的三个变量中，只有得到低保一个变量对农村老年人自评健康有显著影响。在社会养老主体的三个变量中，也只有社区老年活动中心对农村老年人自评健康有显著影响。具体而言，在控制了其他因素之后，相对于社区没有老年活动中心的农村老年人来说，社区有老年活动中心的农村老年人自评健康更好。从定量分析模型的伪决定系数的变化也可以看出，家庭养老主体变量对模型的解释力最大，国家养老主体变量对模型的解释力次之，社会养老主体变量对模型的解释力最小。因此，在提升农村老年人自评健康方面，家庭主体分担的责任最大，国家主体次之，社会主体最小。

第二，在提升农村老年人生活满意度方面。在家庭养老主体的三个变量中，子女经济支持和生活需要时有亲人生活照顾等两个变量都对农村老年人生活满意度有显著影响。具体而言，控制了其他因素之后，相对于没有得到子女经济支持的农村老年人来说，得到子女经济支持的农村老年人生活满意度更高；相对于生活需要时没有亲人长期照顾的农村老年人来说，有亲人照顾的农村老年人生活满意度更高。在国家养老主体的三个变量中，只有参加新农保变量对农村老年人生活满意度有显著影响。在控制了其他因素之后，相对于没有参加新农保的农村老年人来说，参加新农保的农村老年人生活满意度更高。而社会养老主体的三个变量对农村老年人生活满意度都没有显著影响。从定量分析模型中伪决定系数的变化也可以看出，家庭养老主体对农村老年人生活满意度的解释力最大，国家养老主体的解释力很小，而社会养老主体对老年人生活满意度基本没有解释力。因此，在提升农村老年人生活满意度方面，家庭主体承担着最为重要的养老福利责任，国家主体承担着很小一部分的养老福利责任，而社会主体却几乎没有承担养老福利责任。

第三，在降低农村老年人抑郁倾向方面。在家庭养老主体的三个变量中，生活需要时有亲人生活照顾和子女经常看望两个变量都对农村老年人抑郁倾向有显著影响。具体而言，在控制了其他因素之后，相对于生活需要时没有亲人长期照顾的农村老年人来说，有亲人照顾的农村老年人有抑郁倾向的几率更低；相对于没有子女经常看望的农村老年人来说，有子女经常看望的农村老年人有抑郁倾向的几率更低。国家养老主体的三个变量都对农村老年人抑郁倾向有显著影响。在控制了其他因素之后，相对于没有参加新农合的农村老年人来说，参加新农合的农村老年人有抑郁倾向的几率更低；相对于没有参加新农保的农村老年人来说，参加新农保的农村老年人有抑郁倾向的几率更低；对于享受低保而言，它仅仅降低了低保群体有抑郁倾向的几率。在社会养老主体的三个变量中，只有社区居家养老服务站对农村老年人抑郁倾向有显著影响。具体而言，在控制了其他因素之后，相对于社区没有居家养老服务站来说，社区有居家养老服务站的农村老年人有抑郁倾向的几率更低。从定量分析模型中伪决定系数的变化也可以看出，家庭养老主体对农村老年人抑郁倾向的解释力最大，国家养老主体的解释力次之，社会养老主体的解释力最小。因此，在降低农村老年人抑郁倾向方面，家庭主体承担着最为重要的责任，国家主体也承担着一定的责任，而社会主体承担的责任非常少。

从本书的定性访谈资料分析中同样可以发现，多元治理主体在农村老年人福祉提升中责任分担的不均衡性。首先，家庭主体在农村老年人福祉提升中承担着最为重要的养老福利责任。这一观点从对老年人个案的深度访谈内容中明显可以看出，当谈到养老主要靠谁时，绝大多数老人们都会毫不犹豫地选择儿女，因此，家庭处于农村养老福利供给的绝对核心地位。其次，国家主体在农村老年人福祉提升中也承担一定的责任。这一点在农村老年人的访谈中都有一定的反映。访谈的结果发现，目前国家主要对低保户和五保户等农村特困老人群体发挥着重要的作用，由于新农合报销的门槛过高，新农保提供的养老金又太少，因此，国家主体对农村普通老人群体福祉提升的作用并不是很明显。最后，社会主体在农村老年人福祉提升中承担的责任极其有限。社区养老福利供给目前具有很强的自发性和临时性，缺乏有组织性的供给，而且社区福利并不是以组织形式，而是以邻里互助的民间形式展开的福利供给，这一点从对老年人的访谈中可以发现。另外，养老院等养老机构福利供给的作用从老年人的访谈中并不被看好，因而目前机构养老在农村养老福利供给中的责任最为边缘化。这些定性访谈分析的观点也进一步印证了本书的定量分析所呈现出来的结果。

目前农村福利多元供给主体对农村老年人福祉提升责任分担的严重失衡，这意味着农村养老福利多元供给体系面临巨大的漏洞和风险，其背后体现出的深层次原因在于我国农村家庭在养老福利供给中被赋予了过于沉重的责任。基于传统的养儿防老这一观念而形成的养老福利供给体系，往往将养老福利供给简单地视为家庭这个单一主体所要承担的基本责任，因而，家庭在目前农村养老福利供给领域承担着绝对的核心作用。① 这种传统家庭养老模式虽然能够满足大部分家庭的养老福利需要，但是一旦家庭内部出现结构性变迁时，其养老福利功能就会大幅度地削弱。比如，农村老年人的成年子女外出务工，或者分家不在一起居住，或者女性劳动参与率的不断提高，这些都会带来生活照料和情感支持上的缺失。因此，农村老年人在福利获取上的缺失，正是由于家庭内部成员主要是成年子女的流动而造成的结构性变迁，它不但反映出目前家庭养老主体所面临的巨大风险，同时也

———————
① 穆光宗：《家庭养老面临的挑战及社会政策问题——中国的养老之路》，中国劳动出版社1998年版。

说明养老福利其他多元主体对家庭的支持力度极其有限。当然，家庭养老福利责任过重的背后表明国家和社会养老主体福利供给的不足。而我国对农村地区长期坚持的补缺型福利制度，大大限制了农村养老福利供给制度的发展，再加上农村社区建设的长期滞后和民间社会组织的边缘化，这些都使得目前农村养老福利供给体系面临巨大的漏洞和风险。

从整体上看，目前我国农村养老福利供给体系仍然坚持了传统的完全依赖家庭的福利供给模式，因此，家庭处于农村养老福利供给的绝对核心地位。这种养老模式不但表明我国农村养老福利供给仍然受到传统养儿防老文化的深刻影响，同时说明农村地区社会化养老福利供给体系还远远没有建立起来。国家主体目前在农村养老福利供给中虽然也具有一定的作用，但与城镇养老福利体系相比，国家在对农村老年人的养老福利供给上相当有限。农村基层社区组织的发展极其艰难，农村民间社会组织发展严重滞后，社会主体在农村养老福利供给上极其有限。也就是说，中国农村老年人养老问题的解决不能过于强调农村老年人自身及其儿女等家庭成员的努力，国家和社会必须勇于承担起解决农村老年人养老问题的使命和责任。[1] 因此，积极建设新型养老福利多元治理机制，形成养老福利多元主体大致均衡的责任分担体系，才是农村养老福利制度构建的主要方向，同时也是提升农村老年人福祉的必然选择。

第二节　相关讨论

本书作为一项实证性的研究，通过定量数据分析和定性访谈分析，对源自西方的福利多元主义理论进行了本土的验证与讨论，同时也对农村老年人主观福祉理论和家庭代际互惠理论进行本土的验证与讨论，从而丰富和发展了福利多元主义理论、主观福祉理论和家庭代际互惠理论。

---

[1] 乐章：《依赖与独立：新农保试行条件下的农民养老问题》，《中国农村经济》2012年第11期。

一 对福利多元主义的验证与讨论

本书作为一项实证性的研究，在研究之初就紧紧围绕着福利多元主义理论来探讨所要研究的核心问题，并在实证研究中运用了福利多元主义的分析框架。通过对福利多元主义理论的实证性检验，从而加深了对福利多元主义理论的理解与把握，并对其研究框架和部分观点进行了适当的修正和完善。本书通过对福利多元主义理论及其分析框架进行中国本土农村老年人数据的定量检验，以及定性的半结构式深度访谈资料分析，旨在通过实证性的研究资料来验证与完善源自西方的福利多元主义理论。

福利多元主义理论不但提供了一种福利资源供给分配的理论体系，而且也为实证性地研究目前农村养老福利供给问题提供了可行性的分析框架。国内已经有一些学者运用福利多元主义分析框架，来研究构建多元化的养老福利供给体系。[①] 本书正是从这种研究思路出发，来进行针对农村老年人养老福利供给的相关研究，发现福利多元主义理论在农村养老福利供给的具体实践领域具有很大的可操作性。本书通过对家庭、国家、社区以及民间社会组织对提升农村老年人福祉的责任分担研究，发现了目前农村养老福利供给体系在农村老年人福祉提升中存在的风险和困境。而在当前农村家庭结构变迁及劳动力外流的现实情况下，养老福利供给体系的任何单一主体都不能完全满足农村老年人的养老福利需要，引导各个福利主体相互配合来形成一个多元化的养老福利供给体系势在必行。

而福利多元主义理论的核心理念就是分权与参与，强调国家权力的分散化和社会福利的民营化。它的优点在于，实现了社会的整合与团结，促进了社会力量的合作，共同为弱势群体提供福利，纠正了仅仅依靠国家提供福利的错误思想，促进了社会福利的社会化，促成国家、家庭、社区、市场及民间组织共同分担福利国家责任。[②] 但是福利多元主义理论分析框架应用在本书的实证分析中却发现，各个主体

---

① 杨立雄:《老年福利制度研究》，人民出版社 2013 年版。
② 曹艳春:《我国适度普惠型社会福利制度发展研究》，上海人民出版社 2013 年版。

在农村养老福利供给中的责任分担却严重失衡，家庭主体一支独大，国家主体的福利责任不足，而社会主体的福利责任更是极其有限。这从一个侧面表明，福利多元主义理论在中国农村养老福利供给体系中的运用有其天然存在的局限性，而从另一个侧面也表明，在目前农村养老福利供给体系中，国家和社会主体的责任亟待增强，应当积极构建各个福利供给主体大致均衡的、旨在提升农村老年人福祉的多元化养老福利体系。

当然，任何一个理论在其发展的过程中都会面临各种各样的挑战，在接受各种挑战的过程中，理论自身也会不断地完善与成熟。福利多元主义理论产生之后，很多学者对其进行了各种批评，比较有代表性的是约翰逊（Johnson）和吉尔伯特（Gilbert）对该理论的相关批评。其中约翰逊（Johnson）认为随着人口老龄化的日益凸显，以及女性劳动参与率的增加，由家庭这一非正式部门提供主要福利是不符合社会现实的，同时，由于民间志愿组织的先天发育不足，而让其承担更多的福利责任也会面临诸多问题。[①] 吉尔伯特（Gilbert）认为，私有化的市场机制并不是最有效的福利供给范式，尤其针对弱势群体诸如老人、儿童、残疾人、穷人等群体的福利供给，市场化机制会大大削弱他们的福利获取权利；而地方政府在政治选票的影响下，也不一定能够进行最有效的福利供给；另外，社区基层组织和草根组织的福利供给也并非高效率的。[②]

对于约翰逊（Gilbert）和吉尔伯特（Gilbert）对福利多元主义理论的批评，在本书的实证分析中也得到了部分的解释：首先，家庭养老主体的责任正面临着逐步减少的风险。正如约翰逊所说，人口老龄化趋势的加剧和女性劳动参与率的增加，必然会损害家庭主体的养老福利供给责任。本书的实证分析也验证了这一观点，随着农村人口老龄化趋势的加剧，以及女性劳动参与率的增加，已经让

---

① Johnson, N., "Problems for the Mixed Economy of Welfare", in Alan Ware and Robert E. Goodin (eds.), *Need and Welfare*, London: Sage, 1990.

② Gilbert, N., "Welfare Pluralism and Social Policy", in Midgley, J. M. B. Tracy and M. Livermore (eds.), *Handbook of Social Policy*, *Thousand Oaks*, CA: Sage Publications, 2000.

家庭这一传统的养老福利供给主体的作用大大减弱。因此，完全依赖家庭而构建的养老福利供给体系，不但无法平衡各个养老福利供给主体之间的责任分担，而且容易转化为国家和社会主体推卸自己养老福利责任的借口和手段，这都亟待需要在福利多元主义理论上加以防范、修正和完善。其次，目前农村社区基层组织和民间社会组织在养老福利供给中的作用极其有限，民间社会组织在养老福利供给中仍然受到非常大的制约。而约翰逊和吉尔伯特也都对民间社会力量在福利供给中的作用表示过质疑，并指出了社会力量在发展中可能存在的问题。本书无论是定量数据分析，还是定性访谈资料分析，都发现目前我国农村老年人获取农村基层社区和民间社会组织的养老福利供给是极其有限的。目前，农村社区基层组织的力量薄弱，民间社会组织在发展空间上受到很大限制，因而农村基层社区和民间社会组织的福利供给效率极其低下，这也印证了约翰逊和吉尔伯特的相关理论观点。

　　基于本书定量数据分析对福利多元主义理论和分析框架的检验和验证，以及定性访谈分析对养老福利供给中各个福利主体的语境分析，结合约翰逊和吉尔伯特对福利多元主义理论批评的相关观点，本书认为福利多元主义理论及其分析框架应当明确以下两个问题：

　　第一，福利多元供给体系的构建，绝对不能过多地依赖一个主体而忽略其他主体来构建，其基本原则应当是各个主体之间责任的均衡分担。尽管福利多元主义理论对于福利多元体系的构建原则、存在优势及其存在问题都进行了相关的说明，但是在具体领域的相关实践过程中，往往会演化成为仅仅依托一个福利主体来构建具体的福利制度，而其他的福利主体仅仅充当补充或者陪衬的角色。而本书的实证分析已经证明，这种过度依赖单一福利主体构建起来的福利体系存在着巨大的漏洞和风险，因而必须要保持各个福利主体的责任共担。这是本书对福利多元主义理论及其分析框架向前发展完善的启示和建议。

　　第二，福利多元主义理论的修正和完善，以及福利多元主义分析框架的构建，应当以提升人们的福祉水平为导向和终极目标。一些学者的研究认为，福利制度的设计、终极目标和最终归宿点就是提升人们的福祉水平。①② 在本书的实证分析中，判断单一养老福利主体以及多元养老福利体系的责任分担的基本依据，就是看其能否提升农村老年人的福祉水平。因而福利多元主义作为福利制度设计的一种范式，评价其建构优劣的标准就是能否提升人们的福祉水平。而这一点在当前福利多元主义的研究中应当给予明确的标示和强调，以推动福利多元主义理论不断向前发展和完善。

二　对福祉与家庭代际互惠的验证与讨论

在本书中，福祉与家庭代际互惠是两个紧密联系的理论，这两大理论在本书的第五章内容中已经用定量和定性资料得以分析和验证。而在养老福利供给三大主体对农村老年人福祉提升中，家庭主体对农村老年人福祉提升承担的责任最为重要。本部分将对这两个既相对独立又相互关联的两大理论，进行一个整合性的讨论。

（一）对福祉理论的验证与讨论

福祉理论的内涵和本质就在于，福祉是指在人类生产生活过程中，符合人类本质的自我精神和物质欲望得到满足而带来的积极愉快的心理体验，它是一种有意义的生活经历和存在状态。③ 福祉是人类的一种生存状态，是健康的、满意的、幸福的生活状态。④ 福祉理论研究历来分为主观福祉和客观福祉两种研究维度。其中，客观福祉研究将好的生活状态看作是客观的，从健康、环境、收入、教育、住房、文化休闲等人们的客观生活整体或某一方面进行相对客观的测量和研究。而主观福祉研究将人的良好生活状态认定为主观的，对自身生活的整体或某一方面进行主观感知或评价，如生活满意度、幸福感、自评健康状况等进行主观上的测量和研究。⑤ 客观福祉优劣的评

---

① 景天魁、毕天云、高和荣等：《当代中国社会福利思想与制度——从小福利迈向大福利》，中国社会出版社 2011 年版。

② 秦永超：《老人福祉视域下养老福利多元建构》，《山东社会科学》2015 年第 12 期。

③ 万树：《国民福祉理论与实证研究》，中国财政经济出版社 2012 年版。

④ Gasper, D., "Understanding the Diversity of Conceptions of Well-Being and Quality of Life", *Journal of Socio-Economics*, Vol. 39, No. 3, 2010.

⑤ 檀学文、吴国宝：《福祉测量理论与实践的新进展》，《中国农村经济》2014 年第 9 期。

价标准最终都要落脚到人的主观福祉的感知和体验上，客观福祉是主观福祉的基础，而主观福祉是客观福祉的主观终极体验。本书的研究对象是农村老年人的个体层面的主观福祉，老年人福祉的概念内涵就是老年人良好的生活状态。老年人福祉的概念是从个体层面的主观维度出发来进行定义，因而本书就是从主观维度对农村老年人福祉来展开讨论和研究，实证研究结果也是对农村老年人主观福祉进行假设和验证。

本书通过定量分析方法从自评健康、生活满意度、抑郁倾向三个维度来测量农村老年人的主观福祉水平，探讨了农村老年人在主观福祉三个维度上的总体状况。在此基础上，通过养老福利多元主体对农村老年人主观福祉各维度的影响关系，来探讨各个福利主体对农村老年人福祉的责任分担，旨在构建责任相对均衡的养老福利多元体系，最终提升农村老年人的主观福祉水平。本书通过自评健康、生活满意度和抑郁倾向三个维度来对农村老年人主观福祉进行测量和检验，其中，自评健康是对农村老年人主观福祉在健康状况方面的评价与反映；生活满意度是对农村老年人主观福祉在生活质量整体认知的评价与反映；抑郁倾向是对农村老年人在负向情感及心理健康方面的评价与反映。从实证研究结果来看，由这三个维度所组成的老年人主观福祉基本上符合农村老年人所具有的主观生活质量特征，能够准确反映农村老年人日常生活质量的主观水平。

从本书的实证分析发现，无论是代表农村老年人绝对收入指标的个人储蓄，还是代表农村老年人相对收入的家庭收入水平，两者都对农村老年人主观福祉的所有维度具有显著影响。具体来看，在控制了其他因素之后，无论是代表绝对收入指标的个人储蓄的增加，还是代表相对收入的家庭收入水平的提高，都能显著提升农村老年人的主观福祉水平。另外，获得子女经济支持和参加新农保这两个变量，也对提升农村老年人福祉水平具有显著的正向影响。也就是说，这一研究结果也验证了伊斯特林幸福悖论这一经济学界影响最为深远的主观福祉理论在中国农村老年人群体使用的局限性。换句话说，中国农村老年人整体经济收入水平依然处于非常低下的水平，还远远没有达到幸福悖论能够出现的富裕程度。

本书还对黄有光快乐论这一主观福祉理论进行了实证性的验证，通过建立国家及社会养老福利与老年人福祉的模型，来探讨国家与社会主体对农村老年人福祉提升的责任分担状况。研究结果表明，黄有光的快乐论在国家及社会养老主体对农村老年人福祉提升问题上有其使用的局限性，也就是说，黄有光的快乐论不能较好地解释国家及社会养老主体在农村老年人福祉提升中的作用和成效。本书通过对以上实证资料的分析，对主观福祉理论进行了本土的验证和讨论，同时也丰富和发展了主观福祉理论。

（二）对家庭代际互惠理论的验证与讨论

家庭代际互惠理论认为，互惠常常被认为是一种助人的动机，互惠发生在一定的社会关系中，给予和获取这两种行为的持续被认为是个体权力的一种象征[①]；作为社会支持的一个层面，互惠影响成年子女对老年父母的赡养关系，子女对晚年父母的赡养是对过去父母抚养子女的一种回馈。[②] 代际互惠是指家庭内部的老年父母与其成年子女之间的利益交换关系，即家庭内部老年父母与成年子女两代人之间在日常生活中在金钱、时间、情感、生活照顾等资源方面的给予和获取的相互支持和交换的关系。在中国传统的伦理文化中，子女具有不可推卸的赡养父母的责任，它体现了养儿防老的代际均衡互惠关系，这一代际之间的供养关系是双向的互惠关系，是中国传统家庭养老模式赖以存在的经济和伦理基础。[③][④]

从本书的实证分析发现，由来自子女的经济支持、亲人的生活照料，以及子女的情感支持共同构成的家庭代际互惠行为，能够显著提升农村老年人的福祉水平，也就是说，家庭代际互惠行为是影响农村老年人福祉的重要因素。因此，这一研究结果也验证了家庭代际互惠理论，即成年子女对老年父母在经济、生活、情感等多方面的赡养，

---

① 熊跃根：《需要、互惠和责任分担——中国城市老人照顾的政策与实践》，上海人民出版社 2008 年版。

② Lee，G. R.，J. K. Netzer and R. T. Coward，"Filial Responsibility Expectation of Intergenerational Assistance"，*Journal of Marriage and the Family*，Vol. 56，No. 8，1994.

③ 费孝通：《家庭结构变动中的老年赡养问题——再论中国家庭结构的变动》，《北京大学学报》（哲学社会科学版）1983 年第 3 期。

④ 王跃生：《中国家庭代际关系的维系、变动和趋向》，《江淮论坛》2011 年第 2 期。

报答了父母对子女的养育之恩，让父母能够安度晚年，从而大大提升了他们的福祉水平。也就是说，子女是老人物质生活的基本保障，同时也是老人精神世界的快乐之源。因此，以上研究表明，家庭代际互惠理论在解释当今中国农村家庭养老主体与农村老年人福祉问题上，依然是比较合理和有效的分析视角。

基于本书定量数据分析对农村老年人福祉和家庭代际互惠关系的检验和验证，结合定性访谈分析对家庭福利供给对农村老年人福祉的语境分析，本书认为福祉与家庭代际互惠理论及其分析框架应当明确以下两个问题：

第一，养老福利多元体系构建应当以家庭代际互惠作为逻辑起点，从而进行多元福利框架的整体设计。本书的实证结果已经表明，家庭是养老福利多元主体中最为基础最为核心的福利主体，因而家庭代际互惠应当成为农村养老福利多元体系构建的逻辑起点。

第二，家庭代际互惠关系应当以老年人福祉提升为主要突破点，来完善家庭代际互惠在养老福利供给中的责任分担。本书的定性访谈分析已经表明，当代中国农村家庭代际互惠关系已经发生变迁，因而农村老年人福祉提升应当成为完善和改进农村家庭代际互惠关系的主要突破点。

综上所述，本书通过对主观福祉理论和家庭代际互惠理论进行中国本土农村家庭数据的实证性检验，加深了对主观福祉理论和家庭代际互惠理论的理解与把握，丰富了主观福祉理论和家庭代际互惠理论的内涵及研究领域，推动了主观福祉理论和家庭代际互惠理论向更深层次、领域发展和延伸。同时也给农村老年人主观福祉和家庭代际互惠领域今后的相关研究，提供了经验性实证分析结果的参考和借鉴，本书对农村老年人主观福祉概念和家庭代际互惠概念进行具体操作化的研究成果，并对主观福祉和家庭代际互惠之间的关系进行一定的理论思考，也在一定程度上推动了主观福祉和家庭代际互惠之间关系的相关理论不断向前发展和完善。

第三节　政策建议

根据本书的研究发现，即经济状况对农村老年人福祉提升具有重要影响，多元治理主体对农村老年人福祉提升的责任分担的不均衡性。基于研究发现，本书提出以下政策建议：一是建立家庭养老支持政策；二是缩小社会保障城乡差距；三是开展农村社会养老服务，最终构建一个由家庭、国家和社会三大主体组成的，各个主体均衡分担责任的，以提升农村老年人福祉为终极目标的农村养老福利多元治理机制。

一　建立家庭养老支持政策

本书通过定量与定性相结合的实证分析已经发现，家庭福利主体在农村老年人福祉提升中，依然承担着最为重要的养老福利责任，家庭仍旧是农村老年人养老所能依赖的绝对核心主体。家庭养老方式在中国，尤其在广大农村地区，是其他任何养老方式都不可能完全替代的。另外，世界上许多发达国家的养老实践也都表明，社会养老不可能替代家庭养老。[①] 同时，从客观条件上看，我国农村迅猛发展的人口老龄化进程，再加上农村失能、留守、独居等特殊老年群体不断增多，使得农村养老服务需求急剧增加，然而能够满足农村老年人养老需求的各类养老设施，以及相配套的社会养老服务体系还极其薄弱，在有些农村地区甚至是一片空白。因此，如何解决数以亿计的农村老年人养老问题，依靠家庭养老抑或是依靠社会化养老，这两者孰轻孰重，如何走出一条适合中国农村实际情况的养老之路，从而真正提升农村老年人的福祉水平，这一问题的解决迫在眉睫。

然而从近年来国家推动的养老方面相关政策来看，国家倡导的养老发展思路是社区养老和机构养老，更侧重于社会化养老服务。国家对农村家庭养老的关注相对较少，而对农村家庭养老的相关政策支持

---

① 董彭滔：《建立健全中国家庭养老支持政策探析》，《老龄科学研究》2014 年第 2 期。

和实际投入更为严重不足。国家强调社会养老的政策导向，进而也就助推了相应的公众舆论导向，在提升了公众对社会养老期望值的同时，传统家庭养老却被淡化和忽略了。① 而在社会化养老极其薄弱的农村地区，试图单纯依靠社会化养老来解决数以亿计的农村老年人养老问题，几乎是不可能的。而拥有几千年文明的中国，有着悠久的家庭养老传统和深厚的家庭养老文化底蕴，虽然目前农村家庭养老功能弱化，但家庭养老的基础地位在中国，尤其是广大农村地区是不可能动摇的。因此，在家庭养老功能不断弱化的形势下，国家应当通过制定并实施家庭养老支持政策，修复并强化家庭养老功能，是解决农村地区养老问题的必由之路。

在家庭养老支持政策方面，世界上一些发达国家的诸多成功实践经验，为我国解决农村地区养老问题提供了借鉴和参考。比如在受儒家文化影响较深的东亚地区，特别是韩国、日本、新加坡等国家，已形成诸多非常成熟的可供借鉴的家庭养老支持政策。韩国坚持家庭照顾第一，而公共照顾第二的相关养老政策，还制定了非常详细的税收优惠政策，依此来支持和鼓励家庭养老。日本政府鼓励成年子女与老年父母一同居住，支持老人与子女家庭同居养老，对于日常生活中需要护理的老年人，一般都以家庭护理为基础，而市场化服务仅仅是一种补充形式。新加坡政府在制定养老方面的相关法律时，就直接明确了家庭成员的赡养责任，还推出了赡养老人的相关津贴计划，提高子女赡养老人的积极性。而英国和美国等西方国家也认识到了家庭在解决老年人养老问题中的重要功能，并通过老人赡养专项立法，对家庭照料者给予经济、社会服务、就业、社会参与等多方面照顾和优惠的政策性支持，旨在提升家庭养老的功能和作用。②

借鉴以上发达国家的家庭养老支持政策的成功经验，结合当前中国农村老年人养老福利供给制度的具体状况。本书认为家庭养老支持政策应该从以下两个层面进行构建：

第一，给予农村老人家庭经济收入保障。国家要通过建立并实施

---

① 崔恒展：《基于唐朝给侍制度的家庭养老支持政策思考》，《山东社会科学》2013年第8期。

② 李小健：《家庭养老支持政策的国外镜鉴》，《中国人大》2012年第14期。

长期护理保险制度①，提高新型农村社会养老保险的基础养老金金额，降低新型农村合作医疗保险的报销门槛，提高最低生活保障金的标准等福利性政策，增加农村老年人及其家庭成员的经济收入，给予农村老人家庭经济收入保障，这是农村老年人家庭养老赖以存在的最重要和最直接的基础性资源支持，同时也是能够提升农村老年人福祉的物质基础。

第二，建立老年人照料者的相关福利政策。贯彻实施《老年人权益保障法》相关规定，即国家应建立健全家庭养老支持政策，鼓励家庭成员与老年人共同生活或者就近居住，为老年人随配偶或者赡养人迁徙提供条件，为家庭成员照料老年人提供帮助。建立实施老年人随子女迁徙、购房和保障房的供给、探亲的车船费用优待等福利政策。整合现有的探亲假和带薪休假等制度，对家有高龄或重病老人的在职职工，允许其定期或不定期休假，通过建立实施孝亲假制度，发扬中华民族敬老爱老的传统美德，倡导现代社会的孝文化，鼓励成年子女照料其老年父母。

通过以上两个层面的农村养老社会福利政策和措施，构建完善的家庭养老支持相关福利政策，充分发挥家庭养老的功能和作用，最终旨在提升农村老年人的福祉水平。

二　缩小社会保障城乡差距

社会福利制度的最终目标是提升人们的福祉，并在此基础上，推动社会的公平与正义。尽管我国在提升农村老年人福祉和推动农村社会公平正义方面已经做出了不少努力，但时至今日，我国城乡二元结构的社会福利双轨制度仍然没有根本性变化。在城乡社会保障方面，农村老年人根本无法享受到与城市老年人相同的社会福利待遇，他们在养老保险、医疗保险、社会救助以及公共服务等各个方面的福利获取都与城市老年人差距较大，这种严重不平等的养老福利供给已经阻碍了农村老年人福祉水平的提升。这种城乡二元结构的福利制度，正

---

① 姜向群、丁志宏：《我国建立长期照料社会保险制度的意义及基本构想》，《中州学刊》2011 年第 6 期。

是我国长期以来补缺型福利制度的典型标志，它恰恰反映出了当前我国城乡养老福利体系的双重标准。

反观西方发达国家的养老福利供给制度，西方发达国家之所以没有形成城乡分化的二元结构，是与西方国家的经济发展水平和城镇化水平有直接关系的，而且与他们实行普惠型社会福利制度有着紧密的关系。在这种普惠型社会福利制度下，基于公民权利而获取的福利供给在城乡老年人群体中基本是比较平等的，而并不是基于老年人的城乡二元结构进行福利供给，这样就能有效地防止社会福利供给过程中城乡差异问题。而我国目前实行的以补缺型为主体的社会福利制度，其在缩小城乡差距上的措施是极其有限的，城市老年人所获取的福利资源远远高于农村老年人，其背后就反映出我国长期坚持城乡分化的二元结构福利发展政策。

中共十八届三中全会提出，加快完善城乡发展一体化体制机制，着力在基本公共服务等方面推进一体化，促进城乡公共资源均衡配置，让广大农民共享现代化成果。① 这正是我国逐步打破社会福利制度的城乡二元结构，缩小社会保障城乡差距，真正提升农村老年人福祉的政策性举措。本书认为以下三个方面的政策性措施，旨在缩小社会保障的城乡差距。

第一，在城乡社会保险方面。实现城镇居民社会养老保险和新型农村社会养老保险并轨，合并为城乡居民基本养老保险制度。继续提高新型农村社会养老保险的基础养老金金额，进一步缩小与城镇职工养老保险的差距，提升新型农村社会养老保险对农村老年人的经济收入保障功能。另外，还应抓紧推进城乡医疗保险统筹发展，建立统一的城乡居民基本医疗保险制度。积极实施城乡居民大病医疗保险制度，解决农村困难老人的因病致贫和因病返贫问题，让医疗保险能够真正提升农村老年人的健康水平。

第二，在城乡社会救助方面。加强城乡低保制度和户籍制度改革的衔接，完善低保标准确定和调整办法，实现城乡低保资金统筹使

① 中共中央：《中共中央关于全面深化改革若干重大问题的决定》，2013 年 11 月 15 日，中华人民共和国中央人民政府网（http：//www.gov.cn/jrzg/2013-11/15/content_ 2528179.htm）。

用，实施特困人员供养制度，统筹整合农村五保供养制度，彻底让农村困难老人的基本生活得到保障。将城市和农村医疗救助基金合并为统一的城乡医疗救助基金，积极推进重特大疾病医疗救助制度。①

第三，在城乡慈善与福利事业方面。以保基本为基础，逐步建立健全老年人各项福利保障的城乡统筹发展政策，完善农村经济困难的失能、失独、独居、留守以及高龄老年人养老补贴制度。鼓励企业和社会组织开展面向农村老年人的慈善捐赠和志愿帮扶，充分发挥社会力量帮扶和支持农村养老福利事业发展的积极作用。

国家应通过社会保险、社会救助及慈善福利事业三个方面的社会保障型政策性举措，来整体推动社会保障城乡统筹发展，逐步缩小农村老年人在养老福利获取上与城市老年人之间的差距，进而构建更加公平可持续的农村养老福利供给体系，真正提升农村老年人福祉水平。

三 开展农村社会养老服务

构建相对健全的农村养老福利制度，需要明确农村老年人的实际需要，这样才能够形成在需要满足基础上的农村养老福利供给体系。对于我国很多农村老年人来说，其福利需要的主要方面在于照顾性福利服务的缺失，由于成年子女外出务工而无法给老人提供相应的照顾性服务，因此，很多农村家庭的成年子女只能以资金福利供给代替服务福利供给。同时，我国长期以来坚持的农村补缺型养老福利制度，重视资金保障而忽视服务保障，从而使我国农村老年人福利服务供给方面严重缺失。另外，倡导建立健全家庭养老支持政策，并不意味着要否定农村社会化养老服务，反而要在建立家庭养老支持政策的基础上，大力发展农村社会养老服务，满足农村老年人多方面福利需要。从内在关系上讲，家庭养老支持是基础，社会养老服务是补充，不倡导和发扬家庭养老，社会养老服务也就无从谈起，不发展社会养老服务，家庭养老就难以持续。因此，应当坚持资金福利与服务福利相结

---

① 马凯：《国务院关于统筹推进城乡社会保障体系建设工作情况的报告》，2014 年 12 月 24 日，中国人大网（http://www.npc.gov.cn/npc/xinwen/2014-12/24/content_18908 84.htm）。

合，家庭养老和社会养老服务相结合，构建可以满足老年人多方面需要的农村多元化养老福利供给体系。

从农村社会养老服务体系上看，应建立以居家养老服务、社区养老服务和机构养老服务相结合的，以提升农村老年人福祉为导向和总计目标的农村多元化社会养老服务体系。

第一，增强农村社区养老服务功能。加强农村社区养老设施建设，积极拓宽融资渠道，调动社会资本和力量投入农村社区养老服务事业，丰富农村社区养老服务内容，创新农村社区养老服务形式，倡导农村社区老年人之间的互助式养老服务，构建涵盖老年人生活照顾、精神慰藉及休闲娱乐等为一体的多层次的农村社区养老服务模式。①

第二，赋权社会组织开展农村居家养老服务。将居家老年人养老护理服务作为社会组织介入农村居家养老业的重点发展方向，积极赋权社会组织发展空间，支持社会组织介入农村居家养老服务领域，实现从农村老年人基本生活照料向老年人医疗健康、法律服务、养老设施配置、紧急救援服务等方面延伸，构建社会组织承办农村居家养老服务的新型模式。

第三，赋权社会组织开展农村机构养老服务。充分发挥社会组织在农村机构养老服务建设中的积极作用，鼓励社会组织兴办公益性养老服务性质的专业养老院。在农村社会组织中设置专业社会工作岗位，打通社工岗位人员职务晋升和职称评定渠道，吸引专业社会工作人才投身农村养老服务业，提升社会组织开展农村机构养老服务的专业化水平。②

综上所述，在构建农村养老福利多元化体系过程中，农村老年人福祉提升应为其宗旨和终极目标，家庭养老支持政策、国家养老社会保障和社会专业养老服务应为其基本内容，各个福利供给主体之间责任的大致均衡分担应为其基本标准。因此，应当构建一个由家庭、国

---

① 秦永超：《老人福祉视域下养老福利多元建构》，《山东社会科学》2015 年第 12 期。

② 秦永超：《农村社会工作专业人才队伍建设的困境与出路》，《河南师范大学学报》（哲学社会科学版）2014 年第 6 期。

家和社会三大养老福利主体组成的，各个主体均衡分担责任的，旨在提升农村老年人福祉的农村养老福利多元治理机制。

第四节　未来研究议题

本书通过定量与定性相结合的多元研究方法，对农村养老福利多元主体与农村老年人福祉之间的关系进行了实证研究，分析了各个福利主体在农村老年人福祉提升中责任分担存在的问题，并在此基础上提出了农村老年人福祉提升的政策性建议。由于受时间、研究资料和研究者能力的限制，还有不少问题在本书中没有涉及，另外，本书也引出了一些有待以后研究的课题：

第一，养老福利多元主体的传统历史文化背景。本书主要探讨养老福利多元主体与农村老年人福祉之间的关系，而这种客观供给主体与老年人主观感受之间的关系应该放到中国历史所特有的养老文化背景中探讨，充分考虑这种主客观关系所蕴含的传统历史文化背景。而伊瓦斯（Evers）在他的理论中也提到了文化背景的作用。[1][2] 本书虽然也探讨了传统养老文化，但并没有做更细致更深入的剖析，而深层次的中国传统历史文化背景因素在养老福利多元主体影响农村老年人福祉的过程中起什么作用？它和国家养老主体、家庭养老主体、社会养老主体的关系是什么？这些都是有待研究的问题。

第二，家庭支持与居家养老服务。中国传统文化提倡养儿防老，赡养老人被视为家庭内部成年子女理所当然去做的分内之事。而新兴的居家养老服务如果在农村地区推广，它带来的绝对不是社会养老服务的变革，而是农村养老观念的巨大变革。在本书的访谈中也发现，农村地区很少有家庭提出要将养老的责任交给社会来承担。在养儿防老的背景下，新兴的居家养老服务概念和具体服务在多大程度上能够被农村老年人接受？如果居家养老服务需要收费的话，有多少农村家

---

① Evers, A., *Shifts in the Welfare Mix: Introducing a New Approach for the Study of Transformations in Welfare and Social Policy*, Vienna: Eurosocial, 1988.

② Evers, A. and I. Svetlik, *Banlancing Pluralism: New Welfare Mixes in Care for the Elderly*, London: Averbury, 1993.

庭能够承担这项费用？如果不收费的话，国家和农村基层政府能否承担得起这项服务的财政开支？这些都是有待研究的问题。

第三，福祉理论的深入研究。福祉理论是一个跨学科研究领域，在西方已经有很成熟的研究，而且不同学科之间对福祉的研究相互补充和趋向融合。然而中国的福祉理论研究仍处于起步阶段，福祉理论领域中仍然还有不少值得深入研究的问题，比如：如何更加科学地量化福祉的概念？主观福祉与客观福祉的区别和联系分别是什么？主观福祉的操作指标包含哪些内容？老年人主观福祉应该怎样更加科学地操作化？这些问题都有更加深入而广阔的研究空间，本书对福祉理论的研究只是一个抛砖引玉的探索性研究。建议未来的研究者可以沿着以上的问题，继续探讨养老福利多元主体与农村老年人福祉之间的关系，并对二者之间的关系有一定的理论思考，提出更加符合本土实践的社会政策建议，旨在真正提升农村老年人福祉。

参考文献

一　中文

期刊：

曹艳春:《我国适度普惠型社会福利制度发展研究》,上海人民出版社2013年版。

陈功:《社会变迁中的养老和孝观念研究》,中国社会出版社2009年版。

陈立行、柳中权:《向社会福祉跨越:中国老年社会福祉研究的新视角》,社会科学文献出版社2007年版。

陈向明:《质的研究方法与社会科学研究》,教育科学出版社2000年版。

陈肇男、林惠玲:《家庭、社会支持与老人心理福祉:二十世纪末的台湾经验》,台北:"中央研究院"联经出版公司2015年版。

费孝通:《乡土中国　生育制度》,北京大学出版社1998年版。

风笑天:《社会研究方法》,中国人民大学出版社2013年版。

傅红春等:《满足与幸福的经济学》,上海人民出版社2008年版。

高启杰等:《福利经济学——以幸福为导向的经济学》,社会科学文献出版社2012年版。

关信平:《社会政策概论》(第三版),高等教育出版社2014年版。

韩央迪:《第三部门视域下的中国农民福利治理》,上海三联书店2012年版。

贺雪峰:《新乡土中国》(修订版),北京大学出版社2013年版。

胡锦涛：《坚定不移沿着中国特色社会主义道路前进，为全面建成小康社会而奋斗》，人民出版社 2012 年版。

华宏鸣：《积极养老的全方位探索——应对人口老龄化方针、内容和动力的研究》，复旦大学出版社 2013 年版。

黄晨熹：《社会福利》，上海人民出版社 2009 年版。

景天魁、毕天云、高和荣等：《当代中国社会福利思想与制度——从小福利迈向大福利》，中国社会出版社 2011 年版。

联合国千年生态系统评估委员会：《生态系统与人类福祉——评估框架》，张永民译，赵士洞审校，中国环境科学出版社 2007 年版。

刘渝琳：《养老质量测评——中国老年人口生活质量评价与保障制度》，商务印书馆 2007 年版。

娄伶俐：《主观幸福感的经济学理论与实证研究》，上海人民出版社 2010 年版。

骆为祥：《中国老年人的福祉：贫困、健康及生活满意度》，社会科学文献出版社 2016 年版。

苗元江：《心理学视野中的幸福——幸福感理论与测评研究》，天津人民出版社 2009 年版。

穆光宗：《家庭养老面临的挑战及社会政策问题——中国的养老之路》，中国劳动出版社 1998 年版。

亓寿伟：《中国居民主观幸福感与公共政策——基于微观调查数据的计量分析》，中国社会科学出版社 2013 年版。

钱宁：《现代社会福利思想》（第二版），高等教育出版社 2013 年版。

沈可：《中国老年人居住模式之变迁》，社会科学文献出版社 2013 年版。

史柏年：《社会保障概论》（第二版），高等教育出版社 2012 年版。

苏振芳：《人口老龄化与养老模式》，社会科学文献出版社 2014 年版。

同雪莉：《抗逆力：留守儿童研究新视角》，中国社会科学出版社 2017 年版。

佟新：《人口社会学》，北京大学出版社 2010 年版。

万树：《国民福祉理论与实证研究》，中国财政经济出版社 2012

年版。

王存同：《进阶回归分析》，高等教育出版社 2017 年版。

王莉莉：《老年人健康自评和生活自理能力》，中国社会出版社 2009
　　年版。

王萍、李树茁：《农村家庭养老的变迁和老年人的健康》，社会科学
　　文献出版社 2011 年版。

吴国宝：《福祉测量：理论、方法与实践》，东方出版社 2014 年版。

吴华、张韧韧：《老年社会工作》，北京大学出版社 2011 年版。

奚恺元、王佳艺、陈景秋：《撬动幸福——一本系统介绍幸福学的
　　书》，中信出版社 2008 年版。

习近平：《决胜全面建成小康社会，夺取新时代中国特色社会主义伟
　　大胜利》，人民出版社 2017 年版。

肖仲华：《西方幸福经济学理论研究》，中国社会科学出版社 2010 年版。

邢占军：《测量幸福——主观幸福感测量研究》，人民出版社 2005
　　年版。

邢占军：《公共政策导向的生活质量评价研究》，山东大学出版社
　　2011 年版。

熊跃根：《需要、互惠和责任分担——中国城市老人照顾的政策与实
　　践》，上海人民出版社 2008 年版。

杨国枢：《中国人孝道的概念分析》，载杨国枢《中国人的心理》，台
　　北：桂冠图书公司 1989 年版。

杨立雄：《老年福利制度研究》，人民出版社 2013 年版。

叶敬忠、贺聪志：《中国农村留守人口之留守老人：静寞夕阳》，社
　　会科学文献出版社 2014 年版。

张敏杰：《新中国 60 年人口老龄化与养老制度研究》，浙江工商大学
　　出版社 2009 年版。

周长城：《生活质量的指标构建及其现状评价》，经济科学出版社
　　2009 年版。

［澳］黄有光：《福祉经济学：一个趋于更全面分析的尝试》，张清津
　　译，东北财经大学出版社 2005 年版。

［澳］黄有光：《社会福祉与经济政策》，唐翔译，北京大学出版社

2005 年版。

［美］安格斯·迪顿：《逃离不平等——健康、财富及不平等的起源》，崔传刚译，中信出版社 2014 年版。

［美］肯尼思·阿罗：《社会选择与个人价值》，陈志武等译，四川人民出版社 1987 年版。

［英］庇古：《福利经济学》，金镝译，华夏出版社 2007 年版。

［英］边沁：《道德与立法原理导论》，时殷弘译，商务印书馆 2000年版。

［英］亚当·斯密：《道德情操论》，蒋自强等译，商务印书馆 2009年版。

［英］约翰·穆勒：《政治经济学原理》，金镝等译，华夏出版社 2009年版。

边燕杰、肖阳：《中英居民主观幸福感比较研究》，《社会学研究》2014 年第 2 期。

曹克奇、孙淑云：《关于新型农村合作医疗基金所有权——在福利多元主义的视角下》，《理论探索》2009 年第 1 期。

陈东、张郁杨：《不同养老模式对我国农村老年群体幸福感的影响分析——基于 CHARLS 基线数据的实证检验》，《农业技术经济》2015 年第 4 期。

陈惠雄、刘国珍：《快乐指数研究概述》，《财经论丛》2005 年第3 期。

陈惠雄、吴丽民：《国民快乐指数调查量表设计的理论机理、结构与测量学特性分析》，《财经论丛》2006 年第 9 期。

陈皆明：《中国养老模式：传统文化、家庭边界和代际关系》，《西安交通大学学报》（社会科学版）2010 年第 6 期。

陈静、周沛：《老年社会福利供给中的市场作用及实现机制研究——基于福利多元主义视角》，《天津行政学院学报》2015 年第 2 期。

陈友华：《居家养老及其相关的几个问题》，《人口学刊》2012 年第4 期。

慈勤英、宁雯雯：《家庭养老弱化下的贫困老年人口社会支持研究》，《中国人口科学》2018 年第 4 期。

崔恒展：《基于唐朝给侍制度的家庭养老支持政策思考》，《山东社会科学》2013 年第 8 期。

狄金华、郑丹丹：《伦理沦丧抑或是伦理转向现代化视域下中国农村家庭资源的代际分配研究》，《社会》2016 年第 1 期。

狄金华、钟涨宝：《社区情理与农村养老秩序的生产——基于鄂东黄村的调查》，《中国农业大学学报》（社会科学版）2013 年第 2 期。

丁志宏：《中国老年人经济生活来源变化：2005—2010》，《人口学刊》2013 年第 1 期。

董春晓：《福利多元视角下的中国居家养老服务》，《中共中央党校学报》2011 年第 4 期。

董彭滔：《建立健全中国家庭养老支持政策探析》，《老龄科学研究》2014 年第 2 期。

方黎明：《健康状况、公共服务与农村老人的主观幸福感》，《江汉学术》2014 年第 1 期。

方黎明：《社会支持与农村老年人的主观幸福感》，《华中师范大学学报》（人文社会科学版）2016 年第 1 期。

费孝通：《家庭结构变动中的老年赡养问题——再论中国家庭结构的变动》，《北京大学学报》（哲学社会科学版）1983 年第 3 期。

风笑天：《生活质量研究：近三十年回顾及相关问题探讨》，《社会科学研究》2007 年第 6 期。

高歌、高启杰：《农村老年人生活满意度及其影响因素分析》，《中国农村观察》2011 年第 3 期。

顾大男：《婚姻对中国高龄老人健康长寿影响的性别差异分析》，《中国人口科学》2003 年第 3 期。

顾大男、柳玉芝：《我国机构养老老人与居家养老老人健康状况和死亡风险比较研究》，《人口研究》2006 年第 5 期。

郭于华：《代际关系中的公平逻辑及其变迁——对河北农村养老事件的分析》，《中国学术》2001 年第 4 期。

郭志刚、刘鹏：《中国老年人生活满意度及其需求满足方式的因素分析——来自核心家人构成的影响》，《中国农业大学学报》（社会科学版）2007 年第 3 期。

何铨、张实、王萍：《"老年宜居社区"建设过程中社区管理对老年
　　人幸福感的影响——以杭州市的调查为例》，《西北人口》2015年
　　第4期。

何寨平：《社会经济地位、社会支持网与农村老年人身心状况》，《中
　　国社会科学》2002年第3期。

贺雪峰：《关于实施乡村振兴战略的几个问题》，《南京农业大学学
　　报》（社会科学版）2018年第3期。

贺雪峰：《农村家庭代际关系的变动及其影响》，《江海学刊》2008年
　　第4期。

贺雪峰：《实施乡村振兴战略要防止的几种倾向》，《中国农业大学学
　　报》（社会科学版）2018年第3期。

胡宏伟、刘国恩：《城镇居民医疗保险对国民健康的影响效应与机
　　制》，《南方经济》2012年第10期。

黄佳豪：《福利多元视域下民办养老福利机构的发展思考——以安徽
　　为例》，《天府新论》2011年第1期。

黄黎若莲：《"福利国"、"福利多元主义"和"福利市场化"》，《中
　　国改革》2000年第10期。

纪传如、邢大伟：《农村老年人生活满意度实证分析——以苏北5市
　　1008个样本为例》，《南京人口管理干部学院学报》2012年第
　　3期。

姜向群、丁志宏：《我国建立长期照料社会保险制度的意义及基本构
　　想》，《中州学刊》2011年第6期。

姜向群、魏蒙、张文娟：《中国老年人口的健康状况及影响因素研
　　究》，《人口学刊》2015年第2期。

焦娜娜、张静平、谢丽琴、彭芳：《农村空巢老人主观幸福感及影响
　　因素分析》，《中国老年学杂志》2010年第1期。

乐章：《依赖与独立：新农保试行条件下的农民养老问题》，《中国农
　　村经济》2012年第11期。

雷雨若、王浦劬：《西方国家福利治理与政府社会福利责任定位》，
　　《国家行政学院学报》2016年第2期。

黎春娴：《新农保背景下农村老年人的社会支持与生活满意度研究》，

《华南农业大学学报》（社会科学版）2013 年第 4 期。

李建新：《老年人口生活质量与社会支持的关系研究》，《人口研究》
　　2007 年第 3 期。

李建新、李春华：《城乡老年人口健康差异研究》，《人口学刊》2014
　　年第 5 期。

李建新、李嘉羽：《城市空巢老人生活质量研究》，《人口学刊》2012
　　年第 3 期。

李建新、李毅：《性别视角下中国老年人健康差异分析》，《人口研
　　究》2009 年第 2 期。

李建新、刘保中：《城乡老年人口生活满意度差异及变化分析——基
　　于 CLHLS 项目调查数据》，《学海》2015 年第 1 期。

李小健：《家庭养老支持政策的国外镜鉴》，《中国人大》2012 年第
　　14 期。

林闽钢：《福利多元主义的兴起及其政策实践》，《社会》2002 年第
　　7 期。

林闽钢、王章佩：《福利多元化视野中的非营利组织研究》，《社会科
　　学研究》2001 年第 6 期。

林南、卢汉龙：《社会指标与生活质量的结构模型探讨——关于上海
　　城市居民生活的一项研究》，《中国社会科学》1989 年第 4 期。

林南、王玲、潘允康、袁国华：《生活质量的结构与指标——1985 年
　　天津千户户卷调查资料分析》，《社会学研究》1987 年第 6 期。

林艳艳、曹光海、赵洁：《山东省老年人抑郁症状、孤独感与社会支
　　持特点》，《中国老年学杂志》2015 年第 24 期。

刘宏、高松、王俊：《养老模式对健康的影响》，《经济研究》2011 年
　　第 4 期。

刘继同：《现代社会福祉概念与中国特色社会福利制度框架建设研
　　究》，《黑龙江社会科学》2012 年第 5 期。

刘军强、熊谋林、苏阳：《经济增长时期的国民幸福感——基于 CGSS
　　数据的追踪研究》，《中国社会科学》2012 年第 12 期。

刘晓婷：《社会医疗保险对老年人健康水平的影响——基于浙江省的
　　实证研究》，《社会》2014 年第 2 期。

刘瑜：《社会保障制度的幸福效应实证研究——基于医疗保险、养老保险的视角》，《商业经济研究》2015 年第 6 期。

陆建兰、潘清泉：《城市空巢老人主观幸福感及相关影响因素》，《中国老年学杂志》2013 年第 12 期。

陆杰华、张金慧：《我国城市老年妇女生活满意度的影响因素分析》，《老龄科学研究》2013 年第 3 期。

马庆堃：《高龄老人健康自评的比较分析》，《西北人口》2002 年第 2 期。

梅锦荣：《老人主观幸福感的社会性因素》，《中国心理卫生杂志》1999 年第 2 期。

聂鑫、汪晗、张安录：《城镇化进程中失地农民多维福祉影响因素研究》，《中国农村观察》2013 年第 4 期。

潘杰、雷晓燕、刘国恩：《医疗保险促进健康吗？——基于中国城镇居民基本医疗保险的实证分析》，《经济研究》2013 年第 4 期。

彭华民：《中国政府社会福利责任：理论范式演变与制度转型创新》，《天津社会科学》2012 年第 6 期。

彭华民：《中国组合式普惠型社会福利制度的构建》，《学术月刊》2011 年第 10 期。

彭华民、黄叶青：《福利多元主义：福利提供从国家到多元部门的转型》，《南开学报》2006 年第 6 期。

彭华民、孙维颖：《福利制度因素对国民幸福感影响的研究》，《社会建设》2016 年第 3 期。

蒲德祥：《幸福测量研究综述》，《中国统计》2009 年第 8 期。

蒲德祥、傅红春：《经济学的重新解读：基于幸福经济学视角》，《经济学家》2013 年第 8 期。

亓寿伟、周少甫：《收入、健康与医疗保险对老年人幸福感的影响》，《公共管理学报》2010 年第 1 期。

钱雪飞：《影响城市老年人生活满意度的社区因素探讨》，《南京人口管理干部学院学报》2009 年第 3 期。

秦永超：《福祉、福利与社会福利的概念内涵及关系辨析》，《河南社会科学》2015 年第 9 期。

秦永超：《老人福祉视域下养老福利多元建构》，《山东社会科学》2015 年第 12 期。

秦永超：《农村社会工作专业人才队伍建设的困境与出路》，《河南师范大学学报》（哲学社会科学版）2014 年第 6 期。

邱夏、陈惠雄：《幸福悖论下居民生活质量提升的政策思考》，《财经论丛》2014 年第 5 期。

曲绍旭：《福利多元主义视角下灾后残疾人社会救助体系的构建》，《学术论坛》2012 年第 6 期。

任强、唐启明：《中国老年人的居住安排与情感健康研究》，《中国人口科学》2014 年第 4 期。

宋月萍：《精神赡养还是经济支持：外出务工子女养老行为对农村留守老人健康影响探析》，《人口与发展》2014 年第 4 期。

檀学文：《时间利用对个人福祉的影响初探——基于中国农民福祉抽样调查数据的经验分析》，《中国农村经济》2013 年第 10 期。

檀学文、吴国宝：《福祉测量理论与实践的新进展》，《中国农村经济》2014 年第 9 期。

唐咏：《孝文化的文献综述与孝观念的调查》，《社会工作》（学术版）2007 年第 1 期。

陶艳兰：《代际互惠还是福利不足？——城市双职工家庭家务劳动中的代际交换与社会性别》，《妇女研究论丛》2011 年第 4 期。

同春芬、汪连杰、耿爱生：《中国养老保障体系的四维供给主体与职责定位——基于福利多元主义范式的分析框架》，《湘潭大学学报》（哲学社会科学版）2015 年第 3 期。

同钰莹：《亲情感对老年人生活满意度的影响》，《人口学刊》2000 年第 4 期。

宛燕、郑雪、余欣欣：《SWB 和 PWB：两种幸福感取向的整合研究》，《心理与行为研究》2010 年第 3 期。

王丹华：《"新农合"健康绩效及其作用机制研究——基于 CLHLS 数据》，《社会保障研究》2014 年第 5 期。

王德福、陈文琼：《弹性城市化与接力式进城——理解中国特色城市化模式及其社会机制的一个视角》，《社会科学》2017 年第 3 期。

王德文、叶文振：《中国老年人健康状况的性别差异及其影响因素》，《妇女研究论丛》2006 年第 4 期。

王名、蔡志鸿、王春婷：《社会共治：多元主体共同治理的实践探索与制度创新》，《中国行政管理》2014 年第 12 期。

王萍、李树苗：《代际支持对农村老年人生活满意度影响的纵向分析》，《人口研究》2011 年第 1 期。

王兴华、王大华、申继亮：《社会支持对老年人抑郁情绪的影响研究》，《中国临床心理学杂志》2006 年第 1 期。

王彦方、王旭涛：《影响农村老人生活满意度和养老模式选择的多因素分析——基于对留守老人的调查数据》，《中国经济问题》2014 年第 5 期。

王跃生：《中国家庭代际关系的理论分析》，《人口研究》2008 年第 4 期。

王跃生：《中国家庭代际关系的维系、变动和趋向》，《江淮论坛》2011 年第 2 期。

王争亚、吕学静：《福利多元主义视角下我国养老服务供给主体问题解析》，《中国劳动》2015 年第 4 期。

韦克难：《我国城市社区福利服务弱可获得性的实证分析——以成都市为例》，《社会科学研究》2013 年第 1 期。

韦玮等：《上海奉贤区农村高龄老人自评健康状况及其影响因素分析》，《中国卫生统计》2007 年第 5 期。

韦艳、贾亚娟：《社会交往对农村老年女性健康自评的影响：基于陕西省调查的研究》，《人文杂志》2010 年第 4 期。

吴炜、朱力：《农民工住房福利现状与政策走向——基于福利多元主义的视角》，《长白学刊》2012 年第 2 期。

吴愈晓：《我国农村养老的几个问题》，《宁夏社会科学》2000 年第 1 期。

吴愈晓、黄超：《中国教育获得性别不平等的城乡差异研究——基于 CGSS 2008 数据》，《国家行政学院学报》2015 年第 2 期。

奚恺元、张国华、张岩：《从经济学到幸福学》，《上海管理科学》2003 年第 3 期。

邢占军、金瑜：《城市居民婚姻状况与主观幸福感关系的初步研究》，《心理科学》2003 年第 6 期。

熊跃根：《中国城市家庭的代际关系与老人照顾》，《中国人口科学》1998 年第 6 期。

徐婧：《我国老年健康的性别差异及其影响因素分解》，《西北师范大学学报》（社会科学版）2015 年第 1 期。

徐岩：《社会资本与儿童福祉——基于社会学视角的理论述评》，《中山大学学报》（社会科学版）2015 年第 5 期。

徐勇、朱国云：《农村社区治理主体及其权力关系分析》，《理论月刊》2013 年第 1 期。

薛立勇：《低保对象的精神健康状况及其影响因素——以山东省低保对象抑郁状况为例的研究》，《东岳论丛》2014 年第 9 期。

闫金山、乌静：《老年健康与社区参与——基于我国四城市老年人问卷调查数据》，《中国卫生事业管理》2015 年第 7 期。

严标宾、郑雪、邱林：《SWB 和 PWB：两种幸福感研究取向的分野与整合》，《心理科学》2004 年第 4 期。

杨发祥：《社区福利建构的理念与实践——基于广州市的实证分析》，《社会主义研究》2010 年第 6 期。

杨金龙：《村域社会资本、家庭亲和对老年人生活满意度影响的实证分析》，《统计与决策》2013 年第 15 期。

杨菊华、姜向群、陈志光：《老年社会贫困影响因素的定量和定性分析》，《人口学刊》2010 年第 4 期。

易松国、鄢盛明：《养老院老人与居家老人健康状况比较分析》，《中国人口科学》2006 年第 3 期。

喻承甫、张卫、李董平、肖婕婷：《感恩及其与幸福感的关系》，《心理科学进展》2010 年第 7 期。

岳经纶、郭英慧：《社会服务购买中政府与 NGO 关系研究——福利多元主义视角》，《东岳论丛》2013 年第 7 期。

曾宪新：《居住方式及其意愿对老年人生活满意度的影响研究》，《人口与经济》2011 年第 5 期。

张苏、王婕：《健康老龄化与养老服务体系构建》，《教学与研究》

2013 年第 8 期。

张旭、李晓铭、吴金晶：《社会支持因素对城市老年人健康自评的影响——以北京市朝阳区为例》，《南京人口管理干部学院学报》2013 年第 1 期。

张友琴：《城市化与农村老年人的家庭支持——厦门市个案的再研究》，《社会学研究》2002 年第 5 期。

张友琴：《老年人社会支持网的城乡比较研究——厦门市个案研究》，《社会学研究》2001 年第 4 期。

赵忻怡、潘锦棠：《城市女性丧偶老人社会活动参与和抑郁状况的关系》，《妇女研究论丛》2014 年第 2 期。

郑晓冬、方向明：《农村空巢老人主观福利：经济支持还是情感支持》，《华南理工大学学报》（社会科学版）2016 年第 6 期。

朱昕婷、徐怀伏：《医疗保险对老年人健康影响研究》，《中国卫生经济》2016 年第 1 期。

佐斌：《"为了中国人民的幸福和尊严——心理学解读与建议"研讨会发言纪要》，《心理科学进展》2010 年第 7 期。

学位论文：

雷继明：《家庭、社区与国家：农村多元养老机制的构建》，博士学位论文，华中师范大学，2013 年。

亓寿伟：《转型期中国居民主观幸福感的计量分析》，博士学位论文，华中科技大学，2010 年。

万国威：《社会福利转型下的福利多元建构：兴文县留守儿童的实证研究》，博士学位论文，南开大学，2013 年。

王圣云：《区域发展不平衡的福祉空间地理学透视》，博士学位论文，华东师范大学，2009 年。

网站：

马凯：《国务院关于统筹推进城乡社会保障体系建设工作情况的报告》，2014 年 12 月 24 日，中国人大网（http://www.npc.gov.cn/npc/xin-wen/2014-12/24/content_ 1890884. htm）。

谭康荣、吴菲:《中国城市居民的社会经济地位和福祉（Well-Being）:
CLDS 2012 和 CGSS 2003—2011 的比较分析》,中山大学社会科学调
查中心中国劳动力动态调查会议论文,广州,2013 年 12 月。

中共中央:《中共中央关于全面深化改革若干重大问题的决定》,
2013 年 11 月 15 日,中华人民共和国中央人民政府网（http://
www. gov. cn/jrzg/2013-11/15/content_ 2528179. htm）。

中共中央:《中共中央关于制定国民经济和社会发展第十三个五年规划
的建议》,2015 年 11 月 3 日,新华网（http://news. xinhuanet. co m/
fortune/2015-11/03/c_ 1117027676_ 7. htm）。

中华人民共和国国家统计局:《2010 年第六次全国人口普查主要数据公
报（第 1 号）》,2012 年 4 月 20 日,中华人民共和国中央人民政府网
（http://www. gov. cn/test/2012-04/20/content_ 2118413. htm）。

中华人民共和国国家统计局:《2015 年全国 1% 人口抽样调查主要数据公
报》,2016 年 4 月 20 日,中华人民共和国中央人民政府网（http://
www. stats. gov. cn/tjsj/zxfb/201604/t20160420_ 134615 1. html）。

中华人民共和国民政部:《关于加快实现社会福利社会化的意见》,
2008 年 9 月 8 日,中国社会福利网（http://shfl. mca. gov. cn/arti-
cle/zcfg/200809/20080900019761. shtml）。

二 外文著作

Alberto Alesina, Rafael Di Tella and Robert MacCulloch, "Inequality and
Happiness: Are Europeans and Americans Different?", *Journal of Pub-
lic Economics*, Vol. 88, 2004.

Anderson, A., *The Three Words of Welfare Capitalism*, Cambridge: Poli-
cy Press, 1990.

Andrews, F. M. and S. B. Withey, *Social Indicators of Well-Being: Americ-
ans' Perceptions of Life Quality*, New York: Plenum Press, 1976.

Barbara, K. H., "Clarification and Integration of Similar Quality of Life
Concepts", *Journal of Nursing Scholarship*, Vol. 31, 1999.

Blanchflower, D. G. and A. J. Oswald, "Well-Being Over Time in Britain
and the USA", *Journal of Public Economics*, Vol. 88, 2004.

Bowling, A. and P. D. Browne, "Social Networks, Health, and Emotional Well-Being Among the Oldest Old in London", *Journal of Gerontology: Social Science*, Vol. 46, No. 1, 1991.

Bradburn, N. M., *The Structure of Psychological Well-Being*, Chicago: Aldine, 1969.

Brown, J. K., "Molecular Markers for the Identification and Global Tracking of Whitefly Vector-begomovirus Complexes", *Virus Research*, Vol. 71, 2000.

Brown, M. E., B. B. Andrew and L. Nicole, "Monitoring the Consequences of Un-insurance: A Review of Methodologies", *Medical Care Research Review*, Vol. 55, No. 2, 1998.

Campbell, A., P. E. Converse and W. L. Rodgers, *The Quality of American Life: Perceptions, evaluations and satisfactions*, New York: Russell Sage Foundation, 1976.

Cantril, H., *The Pattern of Human Concerns*, New Brunswick: Rutgers University Press, 1965.

Card, D., D. Carlos and M. Nicole, "The Impact of Nearly Universal Insurance Coverage on Health Care Utilization: Evidence from Medicare", *The American Economic Review*, Vol. 98, No. 5, 2008.

Case, A., "Does Money Protect Health Status? Evidence from South African Pensions", NBER Working Paper, No. 8495, in D. Wise (Eds), *Perspectives on the Economics of Aging*, University of Chicago Press, 2001.

Chen, F. and S. E. Short, "Household Context and Subjective Well-Being among the Oldest Old in China", *Journal of Family Issues*, Vol. 29, No. 10, 2008.

Clark, A. E., "Satisfaction and Comparison Income", *Journal of Public Economics*, Vol. 61, 1996.

Clark, A. E. and A. J. Oswald, "Unhappiness and Unemployment", *Economic Journal*, Vol. 104, No. 424, 1994.

Crisp, R., "Well-Being", in Zalta, E. N., The Stanford Encyclopedia of Philosophy, 2013. http：//plato. stanford. edu/archives/sum2013/ entries/Well-Being.

Cummins, R. A. , et al. , "The Australian Unity Well-Being Index： An Overview", *Social Indicators Research*, Vol. 76, 2003.

Daniel Kahneman, Alan B. Krueger, David A. Schkade, Norbert Schwarz and A. Arthur Stone. , "A Survey Method for Characterizing Daily Life Experience： The Day Reconstruction Method", *Science*, Vol. 306, 2004.

Daniel Kahneman, Peter P. Wakker and Rakesh Sarin, "Back to Bentham? Explorations of Experienced Utility", *Quarterly Journal of Economics*, Vol. 112, 1997.

Day, R. , "Relationship Between Life Satisfaction and Consumer Satisfaction", in *Marketing and the Quality of Life Interface*, edited by A. Coskun Samli. NY： Quorum Books, 1987.

Dekker, P. and A. Evers, "Civicness and the Third Sector： Introduction", *Voluntus*, Vol. 20, 2009.

Diener, E. , M. S. Eunkook, R. E. Lucas and H. L. Smith, "Subjective Well-Being： Three Decades of Progress", *Psychology Bulletin*, Vol. 125, No. 2, 1999.

Diener, E. , R. A. Emmons, R. J. Larsen and S. Griffin, "The Satisfaction With Life Scale", *Journal of Personality Assessment*, Vol. 49, No. 1, 1985.

Diener, E. , "Subjective Well-Being", *Psychology Bulletin*, Vol. 95, No. 2, 1984.

Easterlin, R. A. , "Does Economic Growth Improve the Human Lot? Some Empirical Evidence", in Paul A. David and Melvin W. Reader (eds.), *Nations and Households in Economic Growth： Essays in Honor of Moses Abramowitz*, New York： Academic Press, 1974.

Evers, A. , *Shifts in the Welfare Mix： Introducing a New Approach for the Study of Transformations in Welfare and Social Policy*, Vienna： Eurosocial, 1988.

Evers, A. and I. Svetlik, *Banlancing Pluralism： New Welfare Mixes in*

Care for the Elderly, London: Averbury, 1993.

Fahey, T. and E. Smyth, "Do Subjective Indicators Measure Welfare? Evidence From 33 European Societies", *European Societies*, Vol. 6, No. 1, 2004.

Ferrer-i-Carbonell, A., "Income and Well-Being: An Empirical Analysis of the Comparison Income Effect", *Journal of Public Economics*, Vol. 89, 2005.

Finkelstein, A., S. Tanbman, B. Wright, M. Bernstein, J. Gruber, H. Allen and K. Baicker, "*The Oregon Health Insurance Experiment: Evidence from the First Year*", National Bureau of Economic Research (NBER) Working Paper No. 10365, Cambridge, MA, 2011.

Frey, B. S. and A. Stutzer, "Happiness, Economy and Institutions", *Economic Journal*, Vol. 110, No. 446, 2000.

Gasper, D., "Human Well-Being: Concepts and Conceptualizations", *WIDER Discussion Papers//World Institute for Development Economics (UNU-WIDER)*, No. 6, 2004.

Gasper, D., "Understanding the Diversity of Conceptions of Well-Being and Quality of Life", *Journal of Socio-Economics*, Vol. 39, No. 3, 2010.

Gilbert, N., "Welfare Pluralism and Social Policy", in Midgley, J. M. B. Tracy and M. Livermore (eds.), *Handbook of Social Policy*, Thousand Oaks, CA: Sage Publications, 2000.

Gu, D., M. E. Dupre and G. Liu, "Characteristics of the Institutionalized and Community-Residing Oldest-Old in China", *Social Science and Medicine*, Vol. 64, 2007.

Gurin, G., L. Veroff and S. Feled, *Americans View Their Mental Health*, New York: Books, 1960.

Helliwell, J. F., "How is Life? Combining Individual and National Variables to Explain Subjective Well-Being", *Economic Modelling*, Vol. 20, 2003.

Inglehart, R., *Culture Shift in Advanced Industrial Society*, New Jersey:

Princeton University Press, 1990.

Jenson, J. , "Redesigning the Welfare Mix for Famillies: Policy Challen-ges", *Disscution Paper F | 30 Fammilly Network*, 2003.

Johnson, N. , *Mixed Economies of Welfare: A Comparative Perspective*, London: Prentice Hall, 1999.

Johnson, N. , "Problems for the Mixed Economy of Welfare", in Alan Ware and Robert E. Goodin (eds.), *Need and Welfare*, London: Sage, 1990.

Katarina Wilhelmsonand Kajsa Eklund, "Positive Effects on Life Satisfac-tion Following Health-promoting Interventions for Frail Older Adults: A Randomized Controlled Study", *Health Psychology Research*, Vol. 1, No. 12, 2013.

Keyes, C. L. M. , D. Shmotkin and C. D. Ryff, "Optimizing Well-Being: The Empirical Encounter of Two Traditions", *Journal of Personality and Social Psychology*, Vol. 82, 2002.

Kharicha, K. , S. Iliffe, D. Harari, C. Swift, G. Umann and A. E. Stuck, "Health Risk Appraisal in Older People: Are Older People Liv-ing Alone An At-risk Group", *The British Journal of General Practice*, Vol. 57, No. 537, 2007.

King, G. , E. Gakidou, K. Imai, J. Lakin, R. T. Moore, C. Nall, N. Ravishankar, M. Vargas, M. M. Tellez-Rojo, J. E. H. Avila, M. H. Avila and H. H. Llamas, "Public Policy for the Poor? A Randomized Assessment of the Mexican Universal Health Insurance Programme", *The Lancet*, Vol. 373, 2009.

Krause, N. , J. Liang and S. Gu, "Financial Strain, Received Support, Anticipated Support, and Depressive Symptoms in the People's Republic of China", *Psychology and Aging*, Vol. 13, No. 1, 1998.

Krishna Mazumdar, "Causal Flow Between Human Well-Being and per Ca-pita Real Gross Domestic Product", *Social Indicators Research*, Vol. 50, 2000.

Krueger, A. B. and D. A. Schkade, "The Reliability of Subjective Well-

Being Measures", *Journal of Public Economics*, Vol. 92, 2008.

Lee, G. R. , J. K. Netzer and R. T. Coward, "Filial Responsibility Expectation of Intergenerational Assistance", *Journal of Marriage and the Family*, Vol. 56, No. 8, 1994.

Lerson, R. , "Thirty Years of Research on the Subjective Well-Being of Older American", *Journal of Gerontology*, Vol. 33, 1978.

Levy, H. , "The Impacts of Health Insurance on Health", *Annual Review of Public Health*, Vol. 29, 2008.

Levy, H. and D. Meltzer, "What do We Really Know about Whether Health Insurance Affects Health?", in Catherine. G. Mclaughlin (ed.), *Health Policy and the Uninsured*, Washington, D. C. : The Urban Institute Press, 2004.

Li, L. W. , J. Zhang and J. Liang, "Health among the Oldest-Old in China: Which Living Arrangements Make a Difference?", *Social Science and Medicine*, Vol. 68, 2009.

Lichtenberg, F. R. , "The Effects of Medicare on Health Care Utilization and Outcomes", *Frontiers in Health Policy Research*, Vol. 5, No. 3, 2002.

Litwak, E. , *Helping the Elderly: Complementary Roles of Informal Networks and Formal Systems*, New York: The Guilford Press, 1985.

Liu, X. , J. Liang and S. Gu, "Flows of Social Support and Health Status Among Older Persons in China", *Social Science and Medicine*, Vol. 41, No. 8, 1995.

Lucas, R. E. , "Time Does not Heal All Wounds: A Longitudinal Study of Reaction and Adaptation to Divorce", *Psychological Science*, Vol. 16, 2005.

Lund, R. , P. Due, J. Modvig, B. E. Holstein, M. T. Damsgaard and P. K. Andersen, "Cohabitation and Marital Status as Predictors of Mortality—An Eight Year Follow-Up Study", *Social Science and Medicine*, Vol. 55, 2002.

Lyubomirsky, S. and H. S. Lepper, "Measure of Subjective Happiness:

Preliminary Reliability and Construct Validation", *Social Indicators Research*, Vol. 46, 1999.

McGregor, I. and B. R. Little, "Personal Projects, Happiness and Meaning: On Doing Well and Being Yourself", *Journal of Personality and Social Psychology*, Vol. 74, 1998.

Meijs, L., "Changing the Welfare Mix: Going from Acorporatist to a Liberal Non-profit Regime", Toronto: ISTR Sixth International Conference, July 11 – 14, 2004.

Milyavskaya, M., F. L. Philippe and R. Koestner, "Psychological Need Satisfaction Across Levels of Experience: Their Organization and Contribution to General Well- being", *Journal of Research in Personality*, Vol. 47, 2013.

Mroczek, D. K. and A. Spiro, "Change in Life Satisfaction during Adulthood: Findings from the Veterans Affairs Normative Aging Study", *Journal of Personality and Social Psychology*, Vol. 10, 2005.

Neumark, D. and A. Postlewaite, *Relative Income Concerns and the Rise in Married Ng*, Mary: Natido Binwag Weaves the Bango, 1998.

Okun, M. A., R. W. Olding and C. M. Cohn, "A meta-analysis of subjective Well-Being intervention among elders", *Psychological Bulletin*, Vol. 108, No. 2, 1990.

Ostrom Elinor, *Governing the Commons: The Evolution of Institutions for Collective Action*, New York: Harvard University Press, 1990.

Raymo, J. M., S. Kikuzawa, J. Liang and E. Kobayashi, "Family Structure and Well-Being at Older Ages in Japan", *Journal of Population Research*, Vol. 25, No. 3, 2008.

Robert, L. K. and F. T. Juster, "Well-Being: Concepts and Measures", *Journal of Social Issues*, Vol. 58, No. 4, 2002.

Rose, R., *Common Goals but Different Roles: The State's Contribution to the Welfare Mix*, Oxford: Oxford University Press, 1986.

Ryan, R. M. and E. L. Deci, "On Happiness and Human Potentials : A Review of Research on Hedonic and Eudaimonic Well-Being", *Annual*

Review of Psychology, Vol. 52, 2001.

Ryff, C. D. and C. L. M. Keyes, "The Structure of Psychological Well-Being Revisited", *Journal of Personality and Social Psychology*, Vol. 69, 1995.

Sen, A., "Capability and Well-Being", in Sen, A. and M. Nussbaum, *The Quality of Life*, Oxford: Clarendon Press, 1993.

Silverstein, M., Z. Cong and S. Li, "Intergenerational Transfers and Living Arrangements of Older People in Rural China: Consequences for Psychological Well-Being", *Journal of Gerontology*, Vol. 61, No. 5, 2006.

Silverstein, M. and V. L. Bengtson, "Does Intergenerational Social Support Influence the Psychological Well-Being of Older Parents? The Contingencies of Declining Health and Widowhood", *Social Science and Medicine*, Vol. 38, No. 7, 1994.

Silverstein, M. and X. Chen, "Too Much of a Good Thing? Intergenerational Social Support and the Psychological Well-Being of Older Parents", *Journal of Marriage and Family*, Vol. 58, No. 4, 1996.

Stutzer, A., "The Role of Income Aspirations in Individual Happiness", *Journal of Economic Behaviour and Organization*, Vol. 54, 2004.

Suk-sun Kim R., D. Hayward and Youngmi Kang, "Psychological, Physical, Social, and Spiritual Well-Being Similarities Between Korean Older Adults and Family Caregivers", *Geriatric Nursing*, Vol. 34, 2013.

Sussman, M., "Family, Bureaucracy, and the Elderly Individual: An Organizational Linkage Perspective", in E. Shans and M. B. Sussman (eds), *Family, Bureaucracy, and the Elderly*, Durham, N. C. : Duke University Press, 1977.

Titmuss, R. M., *Social Policy: An Introduction*, London: Allen and Unwin, 1974.

Travers, P. and S. Richardson, "Material Well-Being and Human Well-Being", Summary in F. Ackerman et al. (eds), 1993.

Veenhoven, R., "Freedom and Happiness: A Comparative Study in Forty-four Nations in the Early 1990s", in Ed Diener and Eunkook M. Suh, *Culture and Subjective Well-Being*, Cambridge, Mass: MIT Press, 2000.

Veenhoven, R., "Subjective Measures of Well-Being", *WIDER Discussion Papers//World Institute for Development Economics (UNU-WIDER)*, No. 7, 2004.

Waite, L. J. and M. E. Hughes, "At Risk on the Cusp of Old Age: Living Arrangements and Functional Status among Black, White and Hispanic Adults", *The Journals of Gerontology: Series B*, Vol. 54, No. 3, 1999.

Waterman, A. S., "Two Conceptions of Happiness: Contrasts of Personal Expressiveness (Eudaimonia) and Hedonic Enjoyment", *Journal of Personality and Social Psychology*, Vol. 64, 1993.

Wildman, J. and A. Jones, *Is It Absolute Income or Relative Deprivation That Leads to Poor Psychological Well-Being? A Test Based on Individual Level Longitudinal Data*, YSHE, University of York, mimeo, 2002.

Wilenskey, H. L. and C. N. Lebeaux, *Industrial Society and Social Welfare*, New York: The Free Press, 1965.

Wilson, W., "Correlates of avowed happiness", *Psychological Bulletin*, Vol. 67, 1967.

Wolfenden, J., *The Future of Voluntary Organizations: Report of the Wolfenden Committee*, London: Croom-Helm, 1978.

Wood, W., N. Rhodes and M. Whelan, "Sex Differences in Positive Well-Being: A Consideration of Emotional Style and Marital Status", *Psychological Bulletin*, Vol. 106, 1989.

Xu, L. and I. Chi, "Life Satisfaction Among Rural Chinese Grandparents: The Roles of Intergenerational Family Relationship and Support Exchange with Grandchildren", *International Journal of Social Welfare*, Vol. 20, 2011.

Yeung, G. T. Y. and H. H., Fung, "Social Support and Life Satisfaction Among Hong Kong Chinese Older Adults: Family First?", *European Journal Ageing*, Vol. 4, 2007.

Zsuzsa, S. , "The Voluntary Sector in the Welfare Mix : The Hungarian Maltese Charity Service", *Journal of European Social Policy*, Vol. 1 , 1993.

Zunzunegui, M. V. , B. E. Alvarado, T. Delser and A. Otero, "Social Networks, Social Integration, and Social Engagement Determine Cognitive Decline in Community Dwelling Spain Older Adults", *The Journals of Gerontology: Series B*, Vol. 58, No. 2, 2003.

Zunzunegui, M. V. , F. Béland, A. Llácer and I. Keller, "Family, Religion, and Depressive Symptoms in Caregivers of Disabled Elderly", *Journal of Epidemiology and Community Health*, Vol. 53, No. 6, 1999.

Zunzunegui, M. V. , F. Béland and A. Otero, "Support from Children, Living Arrangements, Self-Rated Health and Depressive Symptoms of Older People in Spain", *International Journal of Epidemiology*, Vol. 30, No. 5 , 2001.

附　录

第一部分

对农村居家老年人的访谈提纲

1. 老年人基本情况：姓名、性别、年龄、婚姻状况、文化程度、以前职业、居住方式、子女数量等。

2. 您身体健康状况怎么样？如果不健康，原因是什么？您是否患有慢性病？您日常生活能够自理吗？

3. 您的经济条件怎么样？您还通过劳动获得收入吗？您的子女平时给您钱花吗？您还有其他收入来源吗？您对经济收入方面还有什么需求和建议吗？儿女经济上的供养能让您更健康吗？能让您对生活更满意吗？能让您更幸福吗？

4. 您的子女平时帮您干家务活吗？您日常生活遇到困难或生病时，老伴或子女会悉心照料您吗？您对生活照料方面还有什么需求和建议吗？家庭成员生活上的照料能让您更健康吗？能让您对生活更满意吗？能让您更幸福吗？

5. 您愿意和子女住在一起吗？您与子女的关系怎样？您经常跟子女见面或联系吗？您对精神安慰方面还有什么需求和建议吗？家庭成员精神上的安慰能让您更健康吗？能让您对生活更满意吗？能让您更幸福吗？

6. 您认为家庭养老的好处是什么？困难是什么？家庭养老能让您更健康吗？能让您对生活更满意吗？能让您更幸福吗？

7. 您参加新农合了吗？它能解决您平时看病吃药问题吗？您参加新农保了吗？领取过吗？它对您日常生活的改善有帮助吗？您对新

农合与新农保还有什么需求和建议吗？参加新农合与新农保能让您更健康吗？能让您对生活更满意吗？能让您更幸福吗？

8. 您家得到过低保或其他形式的社会救助金或相关补贴？它能解决您日常生活的困难吗？您对低保或其他形式社会救助还有什么需求和建议吗？这些社会救助能让您更健康吗？能让您对生活更满意吗？能让您更幸福吗？

9. 您认为国家养老（指医疗保险、养老保险、低保及其他救助补贴）能解决什么问题？不足之处是什么？国家养老能让您更健康吗？能让您更幸福吗？能让您对生活更满意吗？

10. 您所在社区（或村委会）是否有老年活动设施及场所？社区（或村委会）提供老年照顾服务吗？您对社区（或村委会）服务还有什么需求和建议吗？社区服务能让您更健康吗？能让您更幸福吗？能让您对生活更满意吗？

11. 您对机构养老（敬老院、养老院、社会福利院、老年公寓等）怎么看？您愿意入住养老机构吗？如果不愿意，原因是什么？您对机构养老还有什么需求和建议吗？

12. 您认为社会养老（指社区服务与机构养老）的优势是什么？不足之处是什么？社会养老能让您更健康吗？能让您更幸福吗？能让您对生活更满意吗？

13. 总体而言，您对自己的生活感到满意吗？如果不满意，原因是什么？您觉得自己的生活幸福吗？如果不幸福，原因是什么？

14. 您认为家庭（指配偶、子女）、国家（指养老保险、医疗保险、低保及救助补贴）、社会（指社区服务、机构服务）三者之间应如何分担老年人养老的责任？

第二部分

对农村养老机构老年人的访谈提纲

1. 老年人基本情况：姓名、性别、年龄、婚姻状况、文化程度、以前职业、子女数量、入院时间、入住费用及承担情况等。

2. 您身体健康状况怎么样？如果不健康，原因是什么？您是否患有慢性病？您日常生活能够自理吗？

3. 您的经济条件怎么样？您的子女平时给您钱花吗？您还有其他收入来源吗？您对经济收入方面还有什么需求和建议吗？儿女经济上的供养能让您更健康吗？能让您对生活更满意吗？能让您更幸福吗？

4. 您愿意入住该养老机构吗？如果愿意，原因是什么？如果不愿意，原因是什么？既然不愿意，怎么还住到这里来了呢？您的子女经常来看您吗？

5. 该养老机构属于国有、私营，还是非营利性社会组织？该养老机构接受怎样的老人入院？该养老机构为您提供了哪些照料服务（包括日常生活、家务活、生病时三方面的照料）？该养老机构有哪些休闲娱乐文化活动？您对机构养老还有哪些需求和建议？

6. 您认为机构养老能让您更健康吗？能让您对生活更满意吗？能让您更幸福吗？

7. 您参加新农合了吗？它能解决您平时看病吃药问题吗？您参加新农保了吗？领取过吗？它对您日常生活的改善有帮助吗？您对新农合与新农保方面还有什么需求和建议吗？参加新农合与新农保能让您更健康吗？能让您对生活更满意吗？能让您更幸福吗？

8. 您领取过低保或其他形式的社会救助金或相关补贴吗？它能解决您日常生活的困难吗？您对救助补贴还有什么需求和建议吗？这些社会救助能让您更健康吗？能让您对生活更满意吗？能让您更幸福吗？

9. 您认为国家养老（指医疗保险、养老保险、低保及其他救助补贴）能解决什么问题？不足之处是什么？国家养老能让您更健康吗？能让您更幸福吗？能让您对生活更满意吗？

10. 总体而言，您觉得自己的生活幸福吗？如果不幸福，原因是什么？您对自己的生活感到满意吗？如果不满意，原因是什么？

11. 您认为家庭（指配偶、子女）、国家（指养老保险、医疗保险、救助补贴）、社会（指社区服务、机构服务）三者之间应如何分担老年人养老的责任？

第三部分

深度访谈对象基本情况

编号	访谈对象	年龄	婚姻状况	健康状况	子女数量	居住情况
个案1	王大爷	69	已婚	一般	两儿一女	与老伴同住
个案2	关大娘	83	丧偶	重病	四个儿子	独居
个案3	张大娘	65	已婚	有慢性病	一儿三女	与老伴、孙子女同住
个案4	杨大娘	70	丧偶	有慢性病	一儿两女	与儿子一家同住
个案5	戴大爷	75	未婚	一般	没有儿女	在敬老院居住
个案6	卫大爷	61	未婚	肢体残障	没有儿女	在敬老院居住
个案7	戴大娘	74	已婚	有慢性病	两儿三女	与老伴同住
个案8	薛大爷	75	已婚	一般	一儿两女	与老伴同住
个案9	杨大娘	82	丧偶	有慢性病	两儿一女	独居
个案10	孟大娘	63	已婚	有慢性病	两儿一女	与老伴同住
个案11	卫大爷	63	已婚	常年重病	两个女儿	与老伴同住
个案12	薛大爷	67	丧偶	一般	一个儿子	独居
个案13	戴大娘	67	已婚	有慢性病	两儿一女	与老伴同住
个案14	杨大娘	69	丧偶	有慢性病	三儿一女	与孙子女同住
个案15	吉大娘	66	已婚	有慢性病	两儿一女	与老伴、大儿子一家同住
个案16	张大娘	61	已婚	健康	一儿一女	与老伴、儿子家同住
个案17	戴大娘	61	已婚	有慢性病	一儿三女	与老伴同住
个案18	戴大娘	67	已婚	有慢性病	两个女儿	与老伴同住
个案19	卫大娘	75	丧偶	有慢性病	两儿一女	与单身的大儿子、单身的女儿一起居住
个案20	罗大爷	63	丧偶	一般	一儿一女	独居
个案21	兰大爷	62	已婚	健康	一儿一女	与老伴同住

编号	访谈对象	年龄	婚姻状况	健康状况	子女数量	居住情况
个案 22	卫大娘	64	已婚	有慢性病	两儿一女	与老伴同住
个案 23	杨大爷	68	已婚	有慢性病	五个女儿	与老伴同住
个案 24	张大娘	80	丧偶	有慢性病	两儿四女	轮流在四个女儿家里居住
个案 25	张大娘	60	已婚	健康	三儿两女	与老伴同住
个案 26	杨大爷	76	丧偶	有慢性病	一儿一女	独居
个案 27	纪大娘	67	已婚	有慢性病	一儿两女	与老伴同住
个案 28	杨大爷	84	丧偶	有慢性病	四儿一女	轮流在四个儿子家里居住
个案 29	吉大娘	67	已婚	健康	一儿两女	与老伴、儿子一家同住
个案 30	张大娘	62	已婚	有慢性病	一儿一女	与老伴同住
个案 31	张大爷	67	已婚	一般	一儿两女	与老伴、孙子女同住
个案 32	张大爷	70	已婚	有慢性病	三儿一女	与老伴、孙子同住
个案 33	冯大娘	78	丧偶	健康	三儿一女	独居
个案 34	杨大娘	68	已婚	有慢性病	两儿一女	与老伴同住
个案 35	张大爷	80	已婚	健康	三儿两女	与老伴同住
个案 36	张大娘	75	已婚	有慢性病	三儿三女	与老伴同住
个案 37	张大爷	67	已婚	一般	两儿三女	与老伴及 94 岁的老母亲一起居住
个案 38	赵大爷	76	已婚	一般	一儿两女	与老伴同住
个案 39	郭大娘	72	已婚	健康	两儿三女	与老伴同住
个案 40	李大爷	77	已婚	一般	三儿一女	与老伴同住
个案 41	赵大爷	65	已婚	有慢性病	一儿一女	与老伴及 80 多岁的老父亲一起居住
个案 42	王大爷	81	已婚	一般	两儿两女	与老伴同住
个案 43	王大爷	62	已婚	健康	一儿一女	与老伴及 80 多岁的老母亲一起居住
个案 44	许大娘	85	丧偶	一般	一儿两女	与儿子一家同住
个案 45	赵大娘	72	已婚	健康	两儿三女	与老伴同住
个案 46	邓大爷	72	已婚	健康	三儿一女	与老伴同住
个案 47	刘大爷	73	已婚	有慢性病	两儿一女	与老伴、小儿子一家同住
个案 48	王大爷	60	已婚	健康	一儿一女	与老伴、儿子一家同住
个案 49	李大娘	75	丧偶	健康	两儿一女	与大儿子一家同住
个案 50	周大娘	73	已婚	有慢性病	两儿一女	与老伴同住

续表

编号	访谈对象	年龄	婚姻状况	健康状况	子女数量	居住情况
个案 51	肖大爷	76	丧偶	有慢性病	两儿两女	与单身大儿子同住
个案 52	刘大爷	84	已婚	有慢性病	三儿三女	与老伴同住
个案 53	邵大爷	63	已婚	健康	三个儿子	独居，老伴在上海帮儿子看孩子
个案 54	张大爷	60	已婚	健康	一儿一女	与老伴、儿媳孙女同住，儿子在外打工
个案 55	郑大娘	64	已婚	健康	一儿两女	与老伴、儿子家同住
个案 56	李大娘	75	丧偶	有慢性病	三儿一女	独居
个案 57	孙大娘	67	已婚	有慢性病	一儿一女	与老伴、儿子一家同住
个案 58	白大娘	74	已婚	有慢性病	三儿一女	与老伴同住
个案 59	丁大娘	65	已婚	健康	一儿一女	与老伴同住
个案 60	张大娘	75	已婚	有慢性病	一儿一女	与老伴同住
个案 61	翟大爷	60	已婚	一般	三个女儿	与老伴、女儿一家同住
个案 62	邱大娘	81	丧偶	健康	一儿一女	与儿子一家同住
个案 63	于大娘	68	已婚	有慢性病	一儿一女	与老伴同住
个案 64	邵大爷	68	丧偶	健康	两儿一女	独居
个案 65	牛大娘	80	丧偶	生活不能自理	四儿两女	在养老院住
个案 66	李大娘	77	丧偶	有慢性病	三儿两女	在养老院住

后　记

本书是在我的博士学位论文基础上修改而成。

光阴似箭，在南京大学求学三年如弹指一挥间。一纸论文载不动求学之艰辛。曾几何时，佩服自己当初选择读博这条道路之独上高楼、望尽天涯路的勇气和胆量，难忘自己三年求学之衣带渐宽终不悔、为伊消得人憔悴的功夫和毅力。然而历经艰辛、众里寻他千百度之后，蓦然回首，不远之处，灯火一片阑珊。

地处仙林屯的南大校园，这里风景如画，美丽而富有浓厚的文化气息。山上郁郁葱葱的树木、富有生机的花草、高高耸立的天文台，山脚下静谧安详、厚重沉稳、富有社会情怀的河仁楼，校园内以灰、红为主色调的、错落有致、民国风格式的建筑，让我深深感受到这所名校厚重的底蕴和独特的魅力。正如南大的校训所言：诚朴雄伟、励学敦行，这所已经走过一百一十多个春秋的名校，在励学敦行中践行着诚朴雄伟，担负了民族进步之重任，培养出了众多天下之英才。很庆幸自己能够有机会在南大学习深造，度过自己最难忘的三年博士时光。

首先最需要感谢的就是我的恩师彭华民教授。很庆幸彭老师当初能够接收我这个没有任何社会学专业背景的学生，从福利、社会福利、人类需要、适度普惠、制度主义、社会排斥、抗逆力、福利三角、福利多元到福祉，正是在彭老师孜孜不倦的教诲下，我才慢慢进入社会学的殿堂，开始进行社会福利与社会工作方向的研究。彭老师知识渊博，学贯中西，治学严谨。在生活上对学生宽厚仁慈，但在学业上要求严格，令学生受益良多。从论文最初的选题、核心概念的确定、研究框架的设计、访谈提纲的修改、研究思路的调整、学术观点的提炼，到最终的论文定稿，彭老师都给予了弟子自始至终的悉心指导。在未来的学术成长道路上，彭老师一直身体力行地将做学问与做人相结合，认识社会、研究社会、服务社会相结合的精神必将成为引领我前行的一盏明灯。

求学路上，良师指引，得益良多。感谢南京大学社会学院的周晓虹教授、风笑天教授、成伯清教授、翟学伟教授、陈友华教授、张鸿雁教授、朱力教授、刘林平教授、范可教授、汪和建教授、张玉林教授、郑震教授等，能够在社会学专业的学术成长道路上聆听你们的悉心教诲，汲取你们的研究精华，领悟你们的学术魅力，感受你们的大家风范，实乃万分荣幸。特别要感谢吴愈晓教授，正是在吴老师的定量数据分析课程指引下，我这个统计学零基础的学生，才真正开始了定量研究之征程，在论文写作过程中，吴老师也在定量分析技术上给予了诸多指导。还要感谢方长春副教授和郭未副教授在论文写作过程中就研究方法和定量技术方面给予的指点和帮助。

感谢各位同门好友。臧师兄、袁师兄、军强兄、玉兰姐、小玲姐、国威、丽茹、彬彬、金山、黄君、梦怡、冯元、同姐等为我三年来在社会学专业的学习、社会福利方向的研究、博士学位论文的撰写与修改提供了各种宝贵的建议和意见，各位同门的鼓励和帮助给予了我坚持本项研究的无限动力。尤其要感谢同门的进忠老弟，当年我俩在考场上撞衫，穿着同一品牌同一款式的衣服考入彭老师门下，实乃缘分啊！兄弟间相互鼓励、一起考博、一起学习、共同进步！感谢进忠老弟三年来的一路陪伴！尤其你一直在学术之路上的执着追求和不懈坚持的那种劲头，是我永远学习的榜样。

还要感谢南大社院 2013 级博士班的诸位同学。感谢老大，正是在你老大哥的带领和关心下，我们班的集体生活变得丰富多彩；感谢占国，我们一起打球、吃饭、学习的日子成为我求学过程中的美好记忆；感谢东洋，正是你在定量方法上不厌其烦的讲解和帮助，我才顺利完成了论文定量分析部分的写作；还要感谢佳鹏、陈然、尹总、元来、张忠、长煜、芬姐、亚红、立松、乌静、晶晶、瑞婷、潇晓、时昱等同学。同大家在一起指点江山、激扬文字、探讨学问、分享人生、共同成长的三年时光，将成为我记忆中不可磨灭的一部分。

特别要感谢北京大学国家发展研究院中国经济研究中心的中国健康与养老追踪调查（CHARLS）提供的数据支持，正是有了该数据，才使我的定量分析成为可能。感谢所有热心接受深度访谈的60余名农村老人们，正是有了他们的深度访谈，才使我的定性分析成为可能。感谢我们2013级社会工作本科班的6名同学，正是他们的大力协助，才让我最终完成了对60余名农村老年人的深度访谈，并协助我整理每一份访谈录音，撰写成详尽的文字资料。特别感谢中国社会科学出版社的刘艳编辑，为本书的出版给予了大量支持和帮助。

感谢我的家人为我的付出。感谢我年迈的父母，他们含辛茹苦将我抚养成人，坚持供我读书，让我有机会跳出农门，实现人生的跨越，对父母我一生都怀着不尽的感恩。感谢我的妻子，义无反顾地支持我出来深造，独自撑起家里的整片天空，让我没有任何后顾之忧地投身学业，十余年来你用艰辛的付出支持着我去实现梦想。感谢我的岳父，自退休之后就来帮我们照看孩子，操劳家务，从无怨言。感谢我的弟弟和妹妹，主动分担照料父母的重任，让我有更多时间在南京学习。感谢我的儿子，读博期间虽然没有经常陪你玩耍和学习，但你依然成长为一个健康聪明的男子汉，你的健康成长，给了我莫大的自豪、快乐和幸福。家是我最温暖的港湾，也是我奋斗的动力。

坚持到底，实现梦想，福祉丰盛！

秦永超

2016 年 8 月 26 日初稿于南大河仁楼

2016 年 12 月 7 日修改稿

2019 年 2 月 5 日修改稿